IDEIAS REBELDES

Outras obras de Matthew Syed

Bounce: The Myth of Talent and the Power of Practice

Black Box Thinking:
Marginal Gains and the Secrets of High Performance

The Greatest: What Sport Teaches Us About Achieving Success

PARA CRIANÇAS

You Are Awesome: Find Your Confidence and
Dare to be Brilliant at (Almost) Anything

A DIVERSIDADE
DE PENSAMENTO
TRANSFORMANDO MENTES

IDEIAS REBELDES

O PODER DE PENSAR DIFERENTE

MATTHEW SYED

Autor best-seller no jornal *Sunday Times*, colunista do *Times*

ALTA LIFE
EDITORA
Rio de Janeiro, 2021

Ideias Rebeldes: O Poder de Pensar Diferente

Copyright © 2021 da Starlin Alta Editora e Consultoria Eireli. ISBN: 978-85-508-1522-0

Translated from original Rebel Ideas. Copyright © 2019 by Matthew Syed Consulting Limited. ISBN 978-1-47361-391-1. This translation is published and sold by permission of John Murray (Publishers), an Hachette UK company, the owner of all rights to publish and sell the same. PORTUGUESE language edition published by Starlin Alta Editora e Consultoria Eireli, Copyright © 2021 by Starlin Alta Editora e Consultoria Eireli.

Todos os direitos estão reservados e protegidos por Lei. Nenhuma parte deste livro, sem autorização prévia por escrito da editora, poderá ser reproduzida ou transmitida. A violação dos Direitos Autorais é crime estabelecido na Lei nº 9.610/98 e com punição de acordo com o artigo 184 do Código Penal.

A editora não se responsabiliza pelo conteúdo da obra, formulada exclusivamente pelo(s) autor(es).

Marcas Registradas: Todos os termos mencionados e reconhecidos como Marca Registrada e/ou Comercial são de responsabilidade de seus proprietários. A editora informa não estar associada a nenhum produto e/ou fornecedor apresentado no livro.

Impresso no Brasil — 1ª Edição, 2021 — Edição revisada conforme o Acordo Ortográfico da Língua Portuguesa de 2009.

Produção Editorial
Editora Alta Books

Gerência Editorial
Anderson Vieira

Gerência Comercial
Daniele Fonseca

Produtor Editorial
Illysabelle Trajano
Juliana de Oliveira
Thiê Alves

Assistente Editorial
Ian Verçosa

Equipe de Marketing
Livia Carvalho
Gabriela Carvalho
marketing@altabooks.com.br

Coordenação de Eventos
Viviane Paiva
eventos@altabooks.com.br

Editor de Aquisição
José Rugeri
j.rugeri@altabooks.com.br

Equipe Editorial
Luana Goulart
Raquel Porto
Rodrigo Ramos
Maria de Lourdes Borges
Thales Silva

Equipe de Design
Larissa Lima
Marcelli Ferreira
Paulo Gomes

Equipe Comercial
Daiana Costa
Daniel Leal
Kaique Luiz
Tairone Oliveira
Vanessa Leite

Tradução
Carolina Gaio

Copidesque
Vivian Sbravatti

Revisão Gramatical
Fernanda Lutfi
Hellen Suzuki

Diagramação
Daniel Vargas

Capa
Larissa Lima

Publique seu livro com a Alta Books. Para mais informações envie um e-mail para autoria@altabooks.com.br

Obra disponível para venda corporativa e/ou personalizada. Para mais informações, fale com projetos@altabooks.com.br

---

Erratas e arquivos de apoio: No site da editora relatamos, com a devida correção, qualquer erro encontrado em nossos livros, bem como disponibilizamos arquivos de apoio se aplicáveis à obra em questão.

Acesse o site **www.altabooks.com.br** e procure pelo título do livro desejado para ter acesso às erratas, aos arquivos de apoio e/ou a outros conteúdos aplicáveis à obra.

Suporte Técnico: A obra é comercializada na forma em que está, sem direito a suporte técnico ou orientação pessoal/exclusiva ao leitor.

A editora não se responsabiliza pela manutenção, atualização e idioma dos sites referidos pelos autores nesta obra.

Ouvidoria: ouvidoria@altabooks.com.br

Dados Internacionais de Catalogação na Publicação (CIP) de acordo com ISBD

S982i   Syed, Matthew
       Ideias Rebeldes: O Poder de Pensar Diferente / Matthew Syed ; traduzido por Carolina Gaio. - Rio de Janeiro : Alta Books, 2021.
       320 p. : il. ; 16cm x 23cm.

       Tradução de: Rebel Ideas
       Inclui índice.
       ISBN: 978-85-508-1522-0

       1. Ideias. 2. Diversidade de pensamento. 3. Comunicação. I. Gaio, Carolina. II. Título.

2020-3652   CDD 302.2
                    CDU 316.77

Elaborado por Vagner Rodolfo da Silva - CRB-8/9410

Rua Viúva Cláudio, 291 — Bairro Industrial do Jacaré
CEP: 20.970-031 — Rio de Janeiro (RJ)
Tels.: (21) 3278-8069 / 3278-8419
www.altabooks.com.br — altabooks@altabooks.com.br
www.facebook.com/altabooks — www.instagram.com/altabooks

   ASSOCIADO

Para Abbas,

pai e inspiração

Sumário

1. CEGUEIRA COLETIVA 1
2. REBELDES VERSUS CLONES 39
3. DISSIDÊNCIA CONSTRUTIVA 81
4. INOVAÇÃO 127
5. CÂMARAS DE ECO 173
6. ALÉM DA MÉDIA 207
7. O QUADRO GERAL 247

SOLUÇÃO DAS PALAVRAS CRUZADAS 279
AGRADECIMENTOS 281
AGRADECIMENTOS AOS DETENTORES DOS DIREITOS
AUTORAIS DAS IMAGENS 285
NOTAS 287
ÍNDICE 305

1

CEGUEIRA COLETIVA

I

No dia 9 de agosto de 2001, o franco-marroquino de 33 anos Habib Zacarias Moussaoui matriculou-se na Academia de Voo Internacional Pan Am, de Eagan, Minnesota.[1] A instalação era completa, continha um simulador de alto nível, com um programa abrangente de treinamento para pilotar aviões comerciais. À primeira vista, Moussaoui era como qualquer um dos outros homens que queriam aprender a pilotar jatos gigantes. Amigável, curioso e, aparentemente, rico. Porém, em dois dias, os instrutores começaram a desconfiar dele. Pagou a maior parte dos US$8.300 do curso com notas de US$100.[2] Era estranhamente interessado nas portas das cabines e perguntava, com certa insistência, sobre os padrões de voo em Nova York e nos arredores.

A equipe ficou tão desconfiada de Moussaoui que, dois dias após sua matrícula, o denunciou ao FBI de Minnesota, e ele foi devidamente preso. O FBI o interrogou e solicitou um mandado de busca para seu apartamento, mas não encontrou evidências. Ninguém conseguiu associar o que se sabia de Moussaoui à ameaça do extremismo islâmico. O caso era o de um homem suspeito de violação de imigração matriculado em uma escola de voo semanas antes do maior ataque terrorista da história.

*

IDEIAS REBELDES

Nos meses após o 11/9 foram iniciadas várias investigações para descobrir por que uma conspiração tão audaciosa não foi frustrada pelas agências de inteligência norte-americanas, um grupo com dezenas de milhares de funcionários, apoiado por um orçamento combinado de dezenas de bilhões de dólares. Muitas dessas investigações concluíram que a incapacidade de ter impedido o ataque representava uma falha catastrófica.

A CIA foi alvejada pelas críticas mais severas. Afinal, o órgão foi criado especificamente para coordenar as atividades da comunidade de inteligência contra ameaças, em particular, as oriundas do exterior. Desde a aprovação dos ataques por Osama bin Laden, entre o final de 1998 e o início de 1999, as agências tiveram 29 meses para impedir a conspiração. Elas não o fizeram. Richard K. Betts, diretor do Instituto de Estudos de Guerra e Paz de Saltzman, chamou o ataque de "o segundo Pearl Harbor dos Estados Unidos". Milo Jones e Philippe Silberzahn, dois importantes especialistas em inteligência, descreveram-no como "o maior desastre da história da CIA".

É tentador fazer algumas conexões, dadas as pistas levantadas nos anos anteriores ao 11/9. A Al-Qaeda quebrara seu tabu religioso no tocante a atentados suicidas em 1993. Bin Laden, filho de um rico empresário da Arábia Saudita, era presença constante nos relatórios de inteligência brutos sobre grupos terroristas árabes. Richard Clarke, ex-coordenador nacional de segurança de Ronald Reagan, disse: "Parecia haver uma força centrípeta, e talvez fosse ele. Ele era a única pista em comum que tínhamos sobre os grupos terroristas."

Bin Laden declarou publicamente guerra aos EUA no dia 2 de setembro de 1996, dizendo em uma gravação que queria destruir o "opressor do Islã". A mensagem incisiva ganhava voz entre os muçulmanos desprivilegiados. Metade das organizações

CEGUEIRA COLETIVA

terroristas dura menos de um ano, e apenas 5% sobrevive a uma década. A Al-Qaeda tinha longevidade. Era uma discrepância.[3]

A ideia de usar um avião como arma circulava há quase uma década. Em 1994, um grupo argelino sequestrou um avião em Argel e pretendia explodi-lo sobre a Torre Eiffel.[4] Mais tarde naquele ano, Tom Clancy escreveu um suspense sobre um Boeing 747 sendo pilotado em direção ao edifício do Capitólio dos EUA. Ele estreou encabeçando a lista de best-sellers do *New York Times*. Em 1995, a polícia de Manila encaminhou um relatório detalhado sobre um plano de suicídio no qual um avião colidiria com a sede da CIA.

Em 1997, Ayman Al Zawahiri — vice de bin Laden — endossou as intenções da Al-Qaeda ao incitar um massacre de turistas no Egito, uma atrocidade que deixou 62 mortos, incluindo crianças. Uma suíça testemunhou a decapitação do pai. A polícia federal suíça concluiu que bin Laden financiara a operação. Diferentemente dos outros grupos terroristas, a Al-Qaeda mostrava um engajamento para maximizar o sofrimento humano, incluindo o de inocentes.

Em 1998, bin Laden foi ainda mais longe em sua sede de violência contra os EUA. Em uma fátua amplamente difundida, ele disse: "Matar os norte-americanos e seus aliados — civis e militares — é um dever pessoal de todo muçulmano, que pode e deve fazê-lo em todo país em que puder." No dia 7 de agosto, atentados simultâneos da Al-Qaeda em Nairóbi e em Dar es Salaam mataram 224 pessoas e deixaram mais de 4 mil feridos. O primeiro contou com um dispositivo explosivo com mais de 1kg de TNT.

No dia 7 de março de 2001, seis meses antes do ataque ao World Trade Center, os russos apresentaram um relatório sobre a Al-Qaeda que descrevia 31 militares paquistaneses que apoiavam bin Laden e localizava 55 bases no Afeganistão.[5] Logo depois, o então presidente egípcio Hosni Mubarak alertou Washington de que os terroristas planejavam atacar Bush em Roma com um avião abarrotado de explosivos. O ministro das Relações Exteriores do Taleban comunicou ao cônsul-geral norte-americano de Peshawar que a Al-Qaeda planejava uma greve devastadora nos EUA. Ele temia que a retaliação destruísse seu país.

Em junho de 2001, poucas semanas antes de Moussaoui se matricular na escola de aviação de Minneapolis, Kenneth Williams, analista do FBI do Arizona, enviou um e-mail aos colegas em que dizia: "Venho por meio desta alertar o departamento e NY da possibilidade de uma iniciativa de Osama bin Laden de enviar estudantes para frequentar universidades e faculdades de aviação civil." Ele aconselhou o QG da necessidade de registrar todas as escolas de voo do país, entrevistar os operadores e compilar todos os estudantes árabes que solicitassem visto para treinamento. Isso ficou conhecido como o lendário "memorando de Phoenix", que, no entanto, não foi implementado.

Com tantas evidências, os críticos não perdoaram as agências de inteligência por não terem identificado e, muito menos, impedido a trama. O Comitê Conjunto do Senado concluiu: "O problema fundamental [...] foi a incapacidade da nossa comunidade de inteligência de 'ter conectado os pontos' antes do 11 de Setembro de 2001 sobre o interesse dos terroristas em atacar alvos norte-americanos simbólicos."

Foi uma avaliação condenatória. Talvez, compreensivelmente, a CIA tenha respondido com firmeza. Eles defenderam seu histórico, argumentando que é fácil detectar conspirações terroristas — depois que aconteceram. Eles indicaram a pesquisa dos psicólogos Baruch Fischhoff e Ruth Beyth, que, antes da viagem histórica de Richard Nixon à China, pediram a várias pessoas

CEGUEIRA COLETIVA

que estimassem os possíveis resultados. Isso acarretaria relações diplomáticas permanentes entre a China e os EUA? Nixon se encontraria com Mao Tsé-Tung pelo menos uma vez? Nixon consideraria a viagem um sucesso?

No evento, a visita foi um triunfo para Nixon, mas o que é digno de destaque foi a forma como os sujeitos "lembraram" suas estimativas. Quem pensou que seria um desastre, por exemplo, lembrou-se de ter sido altamente otimista. Como Fischhoff disse: "Os indivíduos reconstruíram o fato de terem se surpreendido menos com os eventos do que realmente deveriam." Ele chamou isso de "determinismo gradual".[6]

Traduzido para o cenário do 11/9, o enredo parece óbvio após o ocorrido — mas foi realmente tão óbvio de antemão? Não foi esse outro caso de "determinismo gradual"? A CIA estava sendo condenada por um ataque que, na época, era difícil de detectar em meio a tantas outras ameaças?[7]

Uma nação como os EUA é alvo de inúmeros perigos. Os grupos terroristas se alastram pelo planeta. A vigilância capta as vibrações digitais momento a momento, e a maioria representa pouco mais que conversa fiada e ameaças que ladram, mas não mordem. As agências poderiam investigar *todas* as ameaças, mas ficariam sobrecarregadas. Elas apenas esgarçariam o problema, dificilmente o solucionariam. Como um chefe de contraterrorismo disse, o problema era classificar "sinais de alerta em um mar cheio deles".[8]

Para a CIA e seus defensores, o 11/9 não foi uma falha de inteligência, mas um sintoma da complexidade. Desde então, o debate vive. De um lado, estão os que dizem que as agências negligenciaram alertas óbvios. De outro, há quem diga que a CIA fez tudo o que podia, e que as tramas não são tão detectáveis antes do evento.

IDEIAS REBELDES

O que poucas pessoas consideraram é a possibilidade de ambos os lados estarem errados.

II

Nos anos após sua fundação, em 1947, a CIA instituiu políticas rigorosas de contratação. A organização exigia os melhores dos melhores. Os aspirantes a analistas da CIA, além de serem submetidos a investigações aprofundadas, testes com polígrafo e análises financeiras e de crédito, também passavam por uma bateria de exames psicológicos e médicos. E não há dúvidas de que pessoas excepcionais foram contratadas.

"Os dois principais exames são testes no estilo vestibular para investigar a inteligência dos candidatos e um perfil psicológico para examinar seu estado mental", disse-me um veterano da CIA. "As pessoas que não tinham um desempenho absurdo em todos os testes eram limadas. No ano em que me inscrevi, entrava um candidato a cada 20 mil. Quando a CIA disse que só contratava os melhores, era literal."[9]

E, no entanto, muitos desses recrutas eram semelhantes: norte-americanos, homens, brancos, anglo-saxões e protestantes. Este é um fenômeno comum no recrutamento, conhecido como "homofilia": as pessoas tendem a contratar pessoas com aparência e pensamento semelhantes. É validador estar cercado por pessoas que compartilham suas perspectivas, suposições e crenças. Como diz o velho ditado: "Diga-me com quem andas, e te direi quem és." Em seu meticuloso estudo da CIA, Milo Jones e Philippe Silberzahn escrevem: "O aspecto mais marcante da identidade e cultura da CIA, de 1947 a 2001, é a homogeneidade de seu pessoal em termos de raça, gênero, etnia e histórico de classe (em relação ao restante dos EUA e ao mundo como um todo)."[10] Um inspetor-geral conclui sobre o recrutamento:

CEGUEIRA COLETIVA

> Em 1964, o Escritório da National Estimates [filiado à CIA] não tinha profissionais negros, judeus nem mulheres, e católicos eram poucos. [...] Em 1967, havia menos de vinte afro-americanos entre os aproximadamente doze mil colaboradores não administrativos da CIA. De acordo com um ex-funcionário e recrutador, a agência não contratou afro-americanos, latinos nem outras minorias na década de 1960, um hábito que perdurou até 1980 [...] Até 1975, a IC [Comunidade de Inteligência dos EUA] proibia abertamente o emprego de homossexuais.[*][11]

Em junho de 1979, a agência foi levada a tribunal por não promover oficiais femininas de operações, saindo do litígio um ano depois. Pouco tempo depois, pagou US$410 mil por um caso de discriminação movido por um oficial com 24 anos de experiência. Em 1982, pagou US$1 milhão por uma ação coletiva que acusava a agência dos mesmos preconceitos. E, no entanto, a CIA não alterou significativamente suas políticas de pessoal. "Nada mudou de fato", disse um analista.[12]

Falando sobre sua experiência com a CIA nos anos de 1980, uma fonte escreveu: "O processo de recrutamento para o serviço clandestino contratava oficiais muito parecidos com os recrutadores — brancos, majoritariamente anglo-saxões; de classe média e alta; graduados por instituições liberais. [...] Poucos não caucasianos, poucas mulheres. Poucas etnias, mesmo de origem europeia. Em outras palavras, não havia muita diversidade nem entre aqueles que ajudaram a criar a CIA."[13]

Em uma conferência em 1999 sobre a inteligência dos EUA e o fim da Guerra Fria, dos 35 palestrantes e apresentadores, 34 eram homens brancos. "A única exceção foi uma mulher branca

---

[*] Isso se deve, em parte, ao medo de que os funcionários gays, principalmente os não assumidos, sejam vítimas de chantagem.

10 IDEIAS REBELDES

que apresentou um palestrante que falaria durante o jantar."[14] Dos 300 presentes, apenas 4 não eram brancos.

Não há números disponíveis ao público sobre a orientação religiosa dos funcionários da CIA responsáveis por decidir as prioridades da agência, mas Jones e Silberzahn afirmam: "Com base no que sabemos sobre a homogeneidade de Langley, é presumível que haja poucos muçulmanos (se houver) entre eles."[15] Isso foi corroborado por um ex-funcionário da CIA, que disse: "Muçulmanos eram praticamente inexistentes."

A diversidade se reduziu ainda mais após o fim da Guerra Fria. Em *Legado de Cinzas*, do repórter vencedor do Pulitzer Tim Weiner, há uma citação atribuída ao diretor da CIA do começo dos anos 1990, Robert Gates, sobre a agência ter ficado menos disposta a empregar "pessoas diferentes, pessoas excêntricas, pessoas que não ficam bem de terno e gravata, pessoas que não se alinham às outras. Os testes que aplicamos, psicológicos e tudo mais, dificultam a entrada de pessoas peculiares na agência."

Um ex-oficial de operações disse que, nos anos 1990, a CIA tinha uma cultura "branca como a neve". Nos meses que antecederam o 11/9, um ensaio escrito para o *International Journal of Intelligence and CounterIntelligence* dizia: "Desde o início, a Comunidade de Inteligência [foi] organizada pela elite protestante branca, não só porque ela era a classe no poder, mas porque se achava capaz de garantir e proteger a ética e os valores norte-americanos."

Em alguns momentos, a homogeneidade da CIA encontrava resistência de políticos que a percebiam. Eles temiam que a CIA não representasse a sociedade que foi criada para proteger. Acreditavam que, se houvesse mais mulheres e minorias étnicas, isso encorajaria outros representantes a tomarem a dianteira.

Queriam uma mão de obra mais inclusiva, mas os membros da CIA sempre tiveram um trunfo. Se o foco na capacidade se dispersasse, diziam, a segurança nacional estaria em risco. Quando você contrata uma equipe de revezamento, seleciona os corredores mais rápidos. E daí se forem da mesma cor e gênero? Usar *qualquer outro* critério de recrutamento além da velocidade prejudica o desempenho. No contexto da segurança nacional, colocar o politicamente correto acima da segurança não era uma opção aceitável.

Essa ideia de que excelência e diversidade são excludentes tem uma longa tradição. Nos EUA, formou a base de um argumento seminal do juiz Antonin Scalia para a Suprema Corte. Você pode escolher a diversidade, argumentou, ou ser "extraordinário". Se uma mão de obra ou população estudantil diversificada, ou o que quer que seja, surgir organicamente ao se buscar a excelência, é uma coisa. Mas privilegiar a diversidade em detrimento da excelência é diferente. E é provável que ela mine os próprios objetivos que a inspiram.

Em uma equipe de revezamento, você perderia a corrida. Se você é uma empresa, é ainda pior: prejudica sua existência. Uma empresa falida não sustenta mão de obra nenhuma, diversificada ou não. E, quando se trata de segurança nacional, você arrisca a própria população que está encarregado de proteger. E como essa seria uma opção ética? Como um ex-analista da CIA me disse: "Havia uma forte sensação de que o meio-termo não era opção. Não fazia sentido 'ampliar' a força de trabalho — o que quer que significasse — se isso representasse um enfraquecimento de nossa vantagem. Não é improbidade; é patriotismo."

Até 2016, essa opinião era unânime entre os especialistas em segurança. Em uma coluna da *National Review*, Fred Fleitz, ex-analista da CIA que se tornou chefe de equipe do Conselho de Segurança Nacional do presidente Trump, criticou uma iniciativa para aumentar a diversidade da CIA. "Para proteger nossa nação de tais ameaças, precisamos de indivíduos extremamente competentes e aptos para conduzir operações de inteligência e escrever análises em ambientes legais e de segurança desafiadores. [...] A missão da CIA é muito séria para ser distraída pelos esforços de engenharia social."

Parte da relutância em recrutar minorias étnicas era o medo da contraespionagem, mas a questão era mais profunda. Quem clamava pelo recrutamento mais abrangente era silenciado pela diluição da excelência. A CIA deve ser a mais brilhante e a melhor! A defesa é importante demais para permitir que a diversidade supere a capacidade! Como um crítico disse: "Colocar o politicamente correto acima da segurança não era uma opção aceitável."

O que eles não perceberam foi que essa era uma dicotomia falaciosa e perigosa.

III

Este livro fala de diversidade, do poder de unir pessoas que pensam diferente umas das outras. Em certo sentido, é um objetivo intrigante. É claro que devemos procurar pensar corretamente ou com precisão, e não de maneira diferente. Só se deve pensar diferente de outras pessoas quando elas estão erradas. Quando outras pessoas estão certas, pensar de forma diferente só o levará ao erro. É o senso comum.

O juiz Scalia fez uma declaração que parece sensata. Ele argumentou que recrutar pessoas só por serem diferentes, de uma forma ou de outra, acaba prejudicando o desempenho. Você deve contratar pessoas por serem inteligentes, terem conhecimento ou por pensarem rápido. Por que você contrataria pessoas com menos talento, conhecimento ou prontidão, apenas por serem diferentes?

CEGUEIRA COLETIVA

Nas próximas páginas, mostraremos que essas duas deduções são falsas, pelo menos no que diz respeito aos nossos problemas mais desafiadores. Se pretendemos responder a nossas questões mais graves, desde as mudanças climáticas à pobreza, desde a cura de doenças até o design de novos produtos, precisamos trabalhar com pessoas que pensem de maneiras diferentes, não apenas com precisão. E isso exige tomarmos distância e avaliarmos o desempenho de um ponto de vista fundamentalmente diferente.

Considere a ironia da nossa maneira tradicional de pensar sobre o sucesso. Se pensar na ciência ou na literatura popular, verá que o foco está nos indivíduos. Como melhoramos o conhecimento ou a percepção de nós mesmos e de nossos colegas? Bons livros, como *Direto ao Ponto*, de Anders Ericsson e Robert Pool, *Sources of Power* ["Fontes de Poder", em tradução livre], de Gary Klein, e *Mindset*, de Carol Dweck, tornaram-se best-sellers. Todos examinam, de diferentes maneiras, como podemos melhorar nossas habilidades pessoais com o tempo.

Uma série de outros livros excelentes segue essa abordagem, mas de maneira um pouco diferente. Mesmo quando adquirimos conhecimento, ainda podemos ficar vulneráveis a preconceitos e peculiaridades que minam nossa capacidade de fazer julgamentos sábios. *Rápido e Devagar: Duas Formas de Pensar*, de Daniel Kahneman, *Previsivelmente Irracional*, de Dan Ariely, e *Misbehaving*, de Richard Thaler, procuram melhorar o desempenho, entendendo esses preconceitos e como evitá-los.

Mas, ao focar os indivíduos, houve uma tendência a ignorar a "perspectiva holística". Uma forma de entender essa diferença é considerar um formigueiro. Um entomologista ingênuo procura entender a colônia examinando as formigas nela. Afinal, cada formiga desenvolve uma vasta gama de comportamentos, como colecionar folhas, marchar etc. São criaturas ocupadas e fascinantes. E, no entanto, você poderia passar um ano, na verdade, uma vida, examinando indivíduos sem aprender quase nada sobre o formigueiro. Por quê? Porque o interessante das formigas não são as partes, mas o todo. Em vez de focar cada formiga, a única maneira de entender a colônia é se distanciando. Assim, você compreende a colônia como um organismo capaz de resolver problemas complexos, como construir casas sofisticadas e encontrar fontes de alimento. Um formigueiro é um sistema emergente. O todo é maior que a soma de suas partes.

Este livro argumenta que uma ironia semelhante se aplica aos grupos humanos. Praticamente todos os trabalhos mais desafiadores são feitos em grupo por um simples motivo: os problemas são complexos demais para qualquer pessoa resolver sozinha. O número de artigos escritos por um único autor tem diminuído em quase todas as áreas da academia. Na ciência e na engenharia, 90% dos trabalhos são escritos por equipes. Na pesquisa médica, as colaborações superam os artigos individuais em três a um.

Nos negócios, vemos a mesma tendência. Uma equipe liderada por Brian Uzzi, psicólogo da Kellogg School of Management, examinou mais de 2 milhões de patentes emitidas pelos EUA desde 1975 e descobriu que as equipes dominam em todas as 36 categorias. A mesma tendência é vista no mercado. Há 25 anos, a maioria dos fundos de ações era administrada por indivíduos. Agora, por equipes. "A tendência mais relevante para a criatividade humana é a passagem do indivíduo para a equipe, e a lacuna entre equipes e indivíduos só aumenta", escreve Uzzi.

E é por isso que a perspectiva holística é imperativa. Precisamos pensar no desempenho humano do ponto de vista do grupo, não individual. A partir dessa perspectiva mais abrangente, veremos que a diversidade é o ingrediente crítico do que podemos chamar de inteligência *coletiva*.

Existem, é claro, muitos tipos de diversidade. As diferenças de gênero, raça, idade e religião são agrupadas sob o rótulo de "diversidade demográfica" (ou "diversidade de identidade"). Não focaremos a diversidade demográfica, mas a *diversidade cognitiva*. Ou seja, as diferenças de perspectiva, ideias, experiências e formas de pensar. Muitas vezes há uma sobreposição entre esses dois conceitos. Pessoas de diferentes origens, com experiências diferentes, geralmente pensam nos problemas de maneiras diferentes. Analisaremos a relação exata mais adiante.

A diversidade cognitiva não era tão importante algumas centenas de anos atrás, porque os problemas que enfrentávamos tendiam a ser lineares, simples, dissociáveis ou os três. Uma física que previsse com precisão a posição da lua não precisava de uma opinião diferente para ajudá-la a fazer seu trabalho. Ela já acertou na mosca. Qualquer outra opinião é falaciosa. Isso remonta à nossa intuição de senso comum. Pensar de maneira diferente é uma distração. Com problemas complexos, no entanto, essa lógica falha. Grupos com visões diversas têm uma vantagem enorme, muitas vezes, decisiva.

Outro ponto digno de nota é que essas não são reivindicações especulativas; pelo contrário, emergem de axiomas rigorosos, embora inicialmente intrigantes. De fato, como apontou Scott Page, especialista em ciências da complexidade da Universidade de Michigan, Ann Arbor, esses axiomas se aplicam tanto aos computadores quanto aos humanos. Como veremos, hoje em dia a inteligência artificial não é mais algoritmos únicos, por mais sofisticados que sejam. Em vez disso, trata-se de conjuntos de algoritmos que "pensam" de maneira diferente, pesquisam de maneira diferente e codificam problemas de diversas formas.

Nas próximas páginas, surgirão os contornos de uma nova ciência. Nossa jornada nos levará a destinos incomuns: a zona da morte no cume do Monte Everest, o movimento neonazista

16 IDEIAS REBELDES

norte-americano após a eleição presidencial de 2008 e a África subsaariana no alvorecer de nossa espécie. Vamos ver por que a Força Aérea dos EUA sofreu tantos acidentes no início, como os holandeses reinventaram o futebol e por que a maioria das dietas não serve para quase ninguém. Examinaremos as histórias de sucesso, descascando suas camadas para analisar sua lógica oculta. Também veremos falhas seminais. Muitas vezes, concentraremo-nos no que deu errado para obter os indicadores mais úteis de como fazer as coisas direito.

No final do livro, teremos uma nova perspectiva sobre como o sucesso acontece, com implicações que não se restringem a governos e a empresas, mas abrangem a todos nós. Aproveitar o poder da diversidade cognitiva deve ser a fonte essencial da vantagem competitiva e o caminho mais seguro para a reinvenção e o crescimento. Pode-se até dizer que estamos entrando na era da diversidade.

Mas vamos começar analisando uma seleção de quebra-cabeças e experimentos de pensamento. Isso esclarecerá o que são diferenças cognitivas e por que são importantes. Voltaremos então ao 11/9 e falaremos de uma das falhas dos tempos modernos na definição de inteligência. Muitas vezes, a verdadeira epifania está nos exemplos do mundo real.

IV

Em 2001, Richard E. Nisbett e Takahiko Masuda, dois psicólogos sociais da Universidade de Michigan de Ann Arbor, reuniram dois grupos — um do Japão e outro dos EUA — e lhes mostraram vídeos de cenas subaquáticas. Quando solicitados a descrever o que viram, os norte-americanos falaram sobre os peixes. Pareciam capazes de recordar mínimos detalhes sobre os objetos. Disseram coisas como: "Bem, vi três grandes peixes nadando para a esquerda, tinham barrigas brancas e pontos cor-de-rosa." Os japoneses, por outro lado, falaram predominantemente do contexto, e não dos objetos: "Vi o que parecia um riacho, a água era verde, havia pedras, conchas e plantas no fundo. Ah, e havia três peixes nadando à esquerda."[16]

Para os instrutores, foi como se os grupos vissem cenas distintas, moldadas pelas diferenças culturais. A sociedade norte-americana é individualista; a japonesa, interdependente. Os norte-americanos focam mais objetos; os japoneses, contextos.

Na etapa seguinte do experimento, os sujeitos viram novas cenas subaquáticas, com alguns objetos que já haviam visto e outros novos. Quando os objetos iniciais foram colocados em um contexto diferente, os japoneses ficaram perdidos. Lutaram para reconhecê-los. Era como se o novo contexto desviasse sua atenção. Os norte-americanos, por outro lado, tiveram o problema oposto. Eram cegos para as mudanças no contexto.

Para os pesquisadores, o resultado foi acachapante. Por décadas, o princípio central da psicologia dizia que os seres humanos apreendem o mundo de maneiras similares. Isso se chama "universalismo". Como Nisbett disse: "Durante toda a minha vida, fui universalista no tocante à natureza do pensamento humano... Todo mundo tem os mesmos processos cognitivos básicos. Os pastores maori, os caçadores-coletores de Kung e os empreendedores pontocom contam com as mesmas ferramentas para percepção, memória, análise causal etc."

Mas o experimento subaquático mostrou que, mesmo em nossa interação mais direta com o mundo — o ato de olhá-lo — há diferenças sistemáticas moldadas pela cultura. O artigo de Nisbett já foi citado mais de mil vezes e inspirou um próspero programa de pesquisa. Olhando o quadro geral, podemos dizer que norte-americanos e japoneses operam com um "quadro de referência" diferente. Os norte-americanos — em média e reconhecendo diferenças dentro do grupo — têm uma estrutura individualista. Os japoneses, por outro lado, têm uma estrutura contextual. Cada quadro atende a informações úteis. Cada quadro seleciona características importantes da cena subaquática. Cada quadro também contém pontos cegos. As imagens são incompletas.

Mas agora imagine reunir um japonês e um norte-americano em uma "equipe". Sozinhos, eles percebem imagens parciais. Sozinhos, cada um perde aspectos da cena. Juntos, no entanto, são capazes de combinar objetos e contexto. Ao juntar dois quadros de referência parciais, forma-se a imagem geral. Eles agora têm uma compreensão mais abrangente da realidade.

Esse experimento foi a primeira tentativa de destituir uma das convenções mencionadas. Você deve lembrar que o juiz Scalia argumentou que as organizações poderiam escolher a diversidade ou "ser extraordinárias". Isso implica ter que optar entre diversidade e excelência. E isso vale completamente para uma tarefa linear como correr (ou prever a órbita da Lua).

E, no entanto, o experimento da cena subaquática sugere que, em diferentes contextos, essa lógica se desfaz. Se duas pessoas têm perspectivas parciais, juntá-las propicia o surgimento de ideias, não o reduz. Ambas estão erradas, por assim dizer. Ambas deixam algo passar, mas erram de formas diferentes. Isso significa que a imagem compartilhada é mais rica e precisa. Você pode vislumbrar essa ideia de uma maneira um pouco diferente, examinando um novo problema; dessa vez, algo chamado de "quebra-cabeça da epifania". Considere o seguinte problema:

> Suponha que você seja um médico diante de um paciente com um tumor maligno no estômago. É impossível operá-lo, mas, a menos que o tumor seja destruído, o

CEGUEIRA COLETIVA

paciente morrerá. Existe um tipo de raio que pode ser usado para destruir o tumor. Se os raios atingirem o tumor de uma só vez, em uma intensidade suficientemente alta, o tumor é destruído. Infelizmente, nessa intensidade, o tecido saudável pelo qual os raios passam, até chegar ao tumor, também será destruído. Em intensidades mais baixas, os raios são inofensivos para os tecidos saudáveis, mas não afetam o tumor. Que tipo de procedimento pode ser feito para destruir o tumor com os raios e ao mesmo tempo evitar a destruição do tecido saudável?[17]

Se não consegue resolver esse quebra-cabeça, não está sozinho. Mais de 75% das pessoas diz que não há solução e que o paciente morrerá. Mas leia a seguinte história, aparentemente desconexa:

Uma fortaleza se situava no meio do país, cercada por fazendas e aldeias. Muitas estradas levavam a ela através do campo. Um general rebelde prometeu sequestrar a fortaleza, mas soube que foram implantadas minas em cada uma das estradas. As minas foram alocadas de forma que as pessoas pudessem passar por elas em segurança, mas qualquer grande força as detonaria. O general dividiu seu exército em pequenos grupos e despachou cada um deles por uma estrada. Quando tudo estava pronto, ele deu o sinal e cada grupo marchou por uma estrada diferente. Cada grupo seguiu seu caminho para que todo o exército chegasse junto à fortaleza ao mesmo tempo. Assim, o general sequestrou a fortaleza.[18]

Pense novamente no problema médico. Você vê a solução agora? Quando testadas, mais de 70% das pessoas encontra uma maneira de salvar o paciente após ler a história sobre a fortaleza, o triplo do número inicial. De alguma forma, ao ouvir a analogia da fortaleza, conseguem vislumbrar a solução que lhes escapara. (A solução é colocar várias pistolas de raios ao redor do tumor do paciente, cada uma com 10% da radiação. Isso destrói o tumor sem danificar o tecido saudável.)

Obviamente, esse exemplo é hipotético. Mas dá uma noção de como as diferentes perspectivas contribuem para solucionar um problema desafiador — aqui, alguém com formação militar pode ser útil para um oncologista. Nesses casos, não se trata tanto de uma pessoa estar certa e a outra, errada. Pelo contrário, se trata de como a observação de um problema através de lentes diferentes gera novas ideias, metáforas — e soluções.

Esse exemplo também desafia a intuição de outra forma. Ao nos depararmos com um problema médico difícil, ficamos tentados a recrutar mais médicos. Afinal, eles têm mais conhecimento da área. Mas, se esses especialistas agregarem formação e treinamento semelhantes (e, em consequência, quadros de referência semelhantes), tenderão a compartilhar os mesmos pontos cegos. Às vezes, você precisa olhar para um problema de uma nova maneira, talvez, com os olhos de alguém de fora.

O ponto crítico é que as soluções de problemas complexos dependem de várias camadas de epifanias e, portanto, de vários pontos de vista. O grande acadêmico norte-americano Philip Tetlock coloca assim: "Quanto mais diversas as perspectivas, maior a variedade de soluções viáveis que um grupo de solucionadores de problemas pode encontrar." O truque é encontrar pessoas com diferentes perspectivas que, de maneira útil, afetem o problema em questão.

V

Antes de retomar nossa análise do 11/9, examinaremos brevemente outra área de pesquisa, que será crucial para este livro: a "cegueira de perspectiva". Ela se refere à falta de percepção de nossos próprios pontos cegos. Percebemos e interpretamos o mundo através de quadros de referência, mas não os percebemos. Isso, por sua vez, significa que tendemos a subestimar a extensão em que podemos aprender com pessoas com diferentes pontos de vista.

A cegueira de perspectiva foi tema do discurso de David Foster Wallace no Kenyon College em 2005, classificado pela revista *Time* como um dos maiores discursos de boas-vindas já registrados. Ele começa falando de um tanque de peixes. "Dois peixes jovens estão nadando e encontram um mais velho indo para o outro lado, que acena com a cabeça e diz: 'Bom dia, rapazes. Como está a água?' E os dois jovens continuam nadando, até que se olham e um deles diz: 'Que diabos é isso de água?'"

A tese de Wallace é a de que nossos modos de pensar são tão habituais que mal percebemos como filtram nossa percepção da realidade. O perigo surge quando negligenciamos o fato de que, para todas as áreas da vida, há outras pessoas, com diferentes maneiras de ver as coisas, que podem aprofundar nosso próprio entendimento, assim como o delas. John Cleese, o comediante britânico, descreve assim: "Todo mundo tem teorias. As pessoas perigosas são as que não têm consciência das próprias teorias. Ou seja, as teorias com base nas quais agem são inconscientes."

A jornalista Reni Eddo-Lodge deu muitos exemplos de cegueira de perspectiva. Em um deles, descreve um período em que não podia pegar o trem até o trabalho, então teve que pedalar parte do caminho. A experiência lhe abriu uma nova perspectiva:

> Uma verdade desconfortável me ocorreu quando eu carregava minha bicicleta para cima e para baixo de escadas nas estações de trem da cidade: a maioria dos transportes públicos em que eu viajava não era facilmente acessível. Sem rampas. Sem elevadores. O acesso era quase impossível para pessoas com carrinhos de bebê, cadeirantes ou com problemas de mobilidade, com próteses ou órteses. Antes de carregar minhas próprias rodas, nunca havia notado esse problema. Eu era alheia ao fato de que essa falta de acessibilidade afeta centenas de pessoas.[19]

Essa experiência lhe conferiu uma perspectiva que ela não só negligenciava, como nem sequer sabia que existia. Abriu seus olhos para um ponto cego sobre seus pontos cegos. Esse exemplo não implica, é claro, que todas as estações urbanas precisem necessariamente ser equipadas com rampas, escadas e elevadores. Mas mostra que só podemos fazer uma análise significativa de custo-benefício se os custos e os benefícios forem percebidos. Temos que ver as coisas para que possamos entendê-las. Isso, por sua vez, depende das diferenças de perspectiva. Pessoas que podem nos ajudar a ver nossos próprios pontos cegos e a quem podemos ajudar a ver os seus.

Mesmo quando procuramos ir além de nossos próprios quadros de referência, é surpreendentemente difícil fazê-lo. É possível entender isso de uma maneira intuitiva, considerando o "paradoxo da lista de casamentos". Os casais prestes a se casar costumam fazer listas com os presentes que gostariam de receber. Mas o que é notável é a frequência com que os convidados ignoram a lista e compram um presente pessoal, que escolheram.

Por que os convidados fazem isso? Em 2001, Francesca Gino, de Harvard, e Frank Flynn, de Stanford, realizaram um experimento para descobrir o motivo. Recrutaram 90 pessoas e as alocaram a uma das duas condições. Metade era "destinatária" e a outra, "remetente". Pediram aos destinatários que fossem à Amazon e fizessem uma lista de presentes com preços entre US$10 e US$30. Enquanto isso, os remetentes foram alocados para escolher um presente da lista ou um exclusivo.

Os resultados foram categóricos. Os remetentes pensavam que os destinatários prefeririam presentes exclusivos — aqueles que escolheram pessoalmente. Supunham que os destinatários apreciariam o toque pessoal. Mas estavam errados. Na verdade, os destinatários preferem os presentes da lista. O psicólogo Adam Grant relata o mesmo padrão para presentes de casamento dados por amigos. Os remetentes preferem presentes exclusivos; os destinatários, aqueles da lista de casamento.

Por quê? Isso se relaciona à cegueira de perspectiva. Os remetentes têm dificuldade de ir além do próprio quadro de referência. Imaginam como *eles* se sentiriam recebendo o presente que escolheram. E, como eles gostariam muito de recebê-lo, o escolhem. Os destinatários, por outro lado, não experimentam a alegria antecipada, porque têm um conjunto diferente de preferências. Do contrário, o teriam colocado na lista.

Isso ajuda a explicar por que a diversidade demográfica (diferenças de raça, gênero, idade, classe, orientação sexual, religião e assim por diante), em certas circunstâncias, aumenta a sabedoria do grupo. Equipes que tiveram experiências pessoais diversas tendem a ter uma compreensão mais rica e sutil de seus semelhantes. Têm uma variedade maior de perspectivas — menos pontos cegos. Conectam os quadros de referência. Um estudo do professor Chad Sparber, economista norte-americano, descobriu que o aumento na diversidade racial de um desvio-padrão aumentou a produtividade em mais de 25% em serviços jurídicos, de saúde e financeiros.[20] Uma análise da McKinsey de empresas da Alemanha e do Reino Unido constatou que o retorno sobre o patrimônio líquido era 66% maior para as empresas com equipes executivas no quartil superior da diversidade étnica e de gênero do que para as do inferior.[21] Nos Estados Unidos, o retorno sobre o patrimônio líquido era 100% maior.**

Obviamente, nem todas as pessoas da mesma população compartilham as *mesmas* experiências. Os negros não são, como grupo, homogêneos. Existe diversidade dentro dos grupos étnicos, bem como entre cada um deles. Mas isso não altera a percepção de que reunir pessoas com experiências diferentes amplia e aprofunda o conhecimento do grupo, principalmente para entender as pessoas. Isso também explica outra descoberta: grupos homogêneos não apenas apresentam um desempenho abaixo do esperado; eles agem de maneiras previsíveis. Quando você está cercado por semelhantes, é provável que não só compartilhe seus pontos cegos, como também os reforce. Isso se chama "espelhamento". Cercado por pessoas que refletem sua imagem da realidade e cuja imagem você reflete de volta para elas, é fácil tornar-se cada vez mais confiante em julgamentos parciais ou totalmente equivocados. A certeza torna-se inversamente proporcional à precisão.

Em um estudo liderado por Katherine Phillips, professora da Colombia Business School, as equipes tiveram a tarefa de resolver um mistério de assassinato. Receberam bastante material complexo, compondo álibis, declarações de testemunhas, listas de suspeitos e coisas do gênero. Para a metade dos casos, os grupos encarregados de resolver o problema eram compostos por quatro amigos. Para a outra metade, três amigos e um estranho — alguém de fora, alheio ao meio social, com uma perspectiva diferente. Dado o que aprendemos até agora, não deve

---

** Esses estudos são sugestivos, mas ainda não são conclusivos. Pode não ser a diversidade que conduz ao sucesso, mas o contrário. As empresas bem-sucedidas podem conseguir mais diversidade. Posteriormente, reforçaremos o argumento de que a relação é causal.

surpreender que as equipes com alguém de fora tenham tido um desempenho melhor.

Muito melhor. Eles chegaram à resposta certa em 75% das vezes, em comparação com os 54% dos grupos homogêneos e os 44% dos indivíduos que trabalharam sozinhos.

Eis o segredo. Os membros dos grupos tiveram experiências diferentes da tarefa. Os membros das equipes diversificadas acharam a discussão cognitivamente exigente. Houve muito debate e desacordo, porque diferentes perspectivas foram levantadas. Eles tomavam as decisões corretas, mas sem estar certos delas. Terem tido uma discussão tão franca e completa do caso lhes expunha à sua complexidade inerente.

Mas e as equipes homogêneas? Suas experiências foram radicalmente diferentes. Elas acharam a sessão mais agradável porque passaram a maior parte do tempo concordando. Espelhavam as perspectivas um do outro. E, embora fossem mais propensas a erros, sentiam-se muito mais confiantes. Seus pontos cegos não foram desafiados, por isso, não conseguiram vê-los. Elas não foram expostas a outras perspectivas, o que endossou as suas próprias. E isso indica o perigo dos grupos homogêneos: é mais provável que formem julgamentos que combinem confiança excessiva com erro grave.

VI

Osama bin Laden fez sua declaração de guerra contra os EUA de uma caverna em Tora Bora, no Afeganistão, em 23 de agosto de 1996. "Meus irmãos muçulmanos do mundo", disse ele. "Seus irmãos na terra dos dois lugares mais sagrados e na Palestina lhes pedem ajuda, para que participem da luta contra o inimigo, seu inimigo: israelenses e norte-americanos."

IDEIAS REBELDES

As imagens mostravam um homem com a barba descendo até o peito. Ele usava um pano simples por baixo da roupa de combate. Hoje, dado o que sabemos sobre o horror desencadeado no mundo, sua declaração parece ameaçadora. Mas leia esta informação privilegiada da principal agência de inteligência dos EUA, que descreve como ele foi percebido pela CIA: "Ninguém achou que aquele saudita alto, de barba, agachado ao redor de um acampamento, seria uma ameaça para os EUA."[22]

Para uma massa crítica de analistas da CIA, bin Laden parecia primitivo e, portanto, não representava perigo grave para um gigante tecnológico como os EUA. Richard Holbrooke, um dos maiores funcionários de Clinton, disse o seguinte: "Como um homem em uma caverna pode se comunicar com a principal sociedade de comunicações do mundo?"[23] Outro especialista próximo da CIA disse: "Ninguém cogitou a ideia de rastrear bin Laden e a Al-Qaeda, já que o sujeito morava em uma caverna. Para eles, era a essência do atraso."[24]

Agora, considere como alguém mais familiarizado com o islã teria percebido as mesmas imagens. Bin Laden usava roupas simples, não porque fosse primitivo em termos de intelecto ou tecnologia, mas porque se inspirou no Profeta. Jejuava nos dias em que o Profeta jejuou. Suas poses e posturas, que pareciam tão atrasadas para o público ocidental, eram as que a tradição islâmica atribui ao mais sagrado dos profetas. As mesmas imagens que dessensibilizaram a CIA para os perigos de bin Laden foram as que fizeram seu nome no mundo árabe.

Como Lawrence Wright defende em *O Vulto das Torres*, seu livro sobre o 11/9 vencedor do Pulitzer: bin Laden orquestrou toda a sua operação "invocando imagens profundamente significativas para muitos muçulmanos, mas praticamente invisíveis para quem não era familiarizado com aquela fé." Isso foi corroborado por um membro da CIA, que disse que a agência foi

CEGUEIRA COLETIVA

"enganada pela aparência esfarrapada de bin Laden e seus subordinados — agachados na terra, vestidos com robes e turbantes, segurando AK-47s e de barbas desgrenhadas — e automaticamente assumiu que eram uma ralé atrasada e sem instrução".[25]

O simbolismo da caverna era ainda mais profundo. Como quase todo muçulmano sabe, Maomé se refugiou em uma caverna após escapar dos perseguidores, na Meca. O período ficou conhecido como Hégira. A caverna era guardada por intervenções divinas, incluindo uma acácia que ocultava a entrada e uma teia de aranha milagrosa e ovo de pomba para parecer desocupada. Os muçulmanos também sabem que a visão de Maomé sobre o Alcorão ocorreu em uma caverna na montanha.[26]

Para um muçulmano, então, as cavernas são sagradas. Têm um profundo significado religioso. A arte islâmica transborda de imagens de estalactites. Bin Laden modelou seu exílio em Tora Bora como uma Hégira pessoal e usou a caverna como cenário panfletário. Como disse um estudioso muçulmano e especialista em inteligência: "Bin Laden não era primitivo; era estratégico. Sabia como manejar as imagens do Alcorão para incitar aqueles que mais tarde se tornariam mártires nos ataques do 11/9." Wright colocou assim: "Foi um produto do gênio das relações públicas de bin Laden escolher explorar as cavernas de munição de Tora Bora como forma de se identificar com o Profeta na mente de muitos muçulmanos que desejavam purificar a sociedade islâmica e restaurar o domínio outrora desfrutado."

A potência de suas mensagens era visível, então, mas apenas para aqueles que olhavam através das lentes certas. As mensagens de bin Laden chegavam à Arábia Saudita, Egito, Jordânia, Líbano, Iraque, Omã, Sudão e até Hamburgo, onde um grupo que pedia asilo foi radicalizado, viajando para o Afeganistão em novembro de 1999 no momento em que a conspiração para atacar alvos ocidentais com aviões chegava ao ápice nas mentes da liderança da Al-Qaeda.

A "ralé atrasada e sem instrução" aumentara para um número estimado de 20 mil, que passava pelos campos de treinamento entre 1996 e 2000, muitos com formação superior, principalmente em engenharia. Muitos falavam até cinco ou seis idiomas. Yazid Sufaat, que se tornaria um dos pesquisadores de antraz da Al-Qaeda, era formado em química e ciências laboratoriais pela California State University, em Sacramento. Muitos estavam prontos para morrer por sua fé.

Surgiam alertas no mundo muçulmano, mas as deliberações da CIA os descartavam. A CIA era a mais brilhante e a melhor. Seu trabalho era analisar ameaças e priorizá-las. A Al-Qaeda estava no final da lista, não porque os analistas não a estudassem, mas porque não conseguiam concatenar o que viam.

"A história da barba e do fogo no acampamento é a evidência de um padrão maior, que os norte-americanos não muçulmanos — até mesmo consumidores experientes de inteligência — subestimaram por razões culturais", escreveram Jones e Silberzahn, em *Constructing Cassandra*. Um estudioso muçulmano e especialista em inteligência dos EUA concordou: "A CIA não podia perceber o perigo. Havia um buraco negro em sua perspectiva desde o início."[27] Os analistas também foram enganados pelo lirismo de bin Laden em seus pronunciamentos, outro argumento de Jones e Silberzahn. Após o ataque ao USS *Cole*, em 2000, por exemplo, ele poetizou linhas que incluíam as seguintes:

> Velas nas ondas flanqueadas por arrogância, hipocrisia e poder de mentira,
> Para sua destruição, lentamente ela se vira. Um bote a espera surfando na maresia,
> Em Aden, a guerra santa destruída, os jovens defenderam,

Um destruidor pelos poderosos temido.

Para os analistas brancos de classe média, isso parecia excêntrico, quase singular. Por que você daria ordens em versos? Isso estava de acordo com a noção de "um mulá primitivo que vive em uma caverna". Para os muçulmanos, no entanto, a poesia tem um significado diferente. É sagrada. O Taleban costuma se expressar assim. É um aspecto importante da cultura persa. A CIA estava estudando os pronunciamentos, mas com um quadro de referência distorcido. Como Jones e Silberzahn citaram: "A poesia em si não estava apenas na língua árabe; derivou de um universo conceitual anos-luz de Langley."

Nas semanas seguintes ao ataque do USS *Cole*, em 2000, o nome de bin Laden foi rabiscado nas paredes e nas capas de revistas. Fitas de seus discursos foram vendidas em bazares. No Paquistão, camisetas com sua foto foram vendidas com calendários rotulados: "EUA, cuidado, Osama está chegando." A inteligência recebia avisos mais enfáticos sobre um grande ataque. Palavras como "extravagante" e "novo Hiroshima" foram usadas. O rufar dos tambores anunciando o 11/9 era incessante.

Os graduados dos campos de Tora Bora já haviam passado por três etapas de treinamento militar, com aulas intensivas sobre sequestro, espionagem e assassinato. Os recrutas passaram horas explorando um manual de 180 páginas cujo tema eram estudos militares na jihad contra os tiranos, que oferecia conselhos de ponta sobre treinamento e infiltração de armas. As peças se moviam cada vez mais rápido.

A CIA poderia ter alocado mais recursos para vigiar a Al-Qaeda. Poderia ter tentado se infiltrar. Mas era incapaz de entender a urgência. Não alocou mais recursos porque não percebeu a ameaça. Não procurou penetrar na Al-Qaeda porque desconhecia a lacuna em sua análise. O problema não foi (apenas) a incapacidade de conectar os pontos no outono de 2001, mas uma falha em todo o ciclo da inteligência. A colaboração deveria ser sobre ampliar e aprofundar o entendimento. A homogeneidade da CIA criou um vasto ponto cego coletivo.

Em julho de 2000, dois jovens com nomes árabes, recém-chegados da Europa, matricularam-se na Human Aviation, uma escola de treinamento de voo na Flórida. Mohamed Atta e Marwan al-Shehhi começaram o treinamento em um Cessna 152. Ziad Jarrah iniciou suas aulas no Florida Flight Training Center. Ele foi descrito pelo professor como "o candidato perfeito". Hani Hanjour se envolvera no treinamento avançado em simuladores no Arizona. O final do jogo se aproximava.

Enquanto isso, os analistas da CIA se recusavam a acreditar que bin Laden falava sério sobre a guerra contra os EUA. Não conseguiam reconhecer a virulência do germe implantado pelo líder da Al-Qaeda, nem compreender o significado da rede que já havia erguido no Oriente Médio. Por que começar uma guerra que ele não poderia vencer? Isso não fazia sentido para os analistas ocidentais de classe média. Foi outra razão que os levou a duvidar da perspectiva de um ataque total.

Eles ainda não haviam tido a sacada — muito mais fácil para alguém familiarizado com uma interpretação extremista do Alcorão — de que a vitória dos jihadistas seria garantida não na terra, mas no paraíso. O codinome da trama no círculo interno da Al-Qaeda era o Grande Casamento. Na ideologia dos homens-bomba, o dia da morte de um mártir é o dia de seu casamento, no qual ele é recebido por virgens nos portões do céu. Esse era o prêmio e a inspiração deles.[28]

Um resumo diário que chegava ao presidente, em 1998, mencionou que bin Laden estava se preparando para sequestrar aviões, mas não discutiu a possibilidade de ataques suicidas, concentrando-se na trama para obter a libertação de Abdul Basit.

CEGUEIRA COLETIVA

Os pontos representavam um padrão, mas era necessário uma equipe diversificada para conectá-los.

No verão de 2001, a trama chegava a seu ápice. A inteligência jordaniana ouviu menção ao Grande Casamento e transmitiu os rumores a Washington, mas sua importância não foi compreendida. Todos os 19 sequestradores já estavam dentro das fronteiras dos EUA. Em seus ouvidos, ressoavam as palavras de bin Laden, mais tarde encontradas no computador de um membro da cela de Hamburgo: "Onde quer que você esteja, a morte o encontrará, mesmo no vulto da torre." As palavras se repetiam três vezes, um "sinal óbvio das intenções dos sequestradores."

Quase ao mesmo tempo, o oficial sênior da CIA Paul Pillar (branco, meia-idade, Ivy League) descartava a possibilidade de ocorrer um grande ato de terrorismo. "É um erro redefinir o contraterrorismo como uma forma de lidar com o terrorismo 'catastrófico', 'grandioso' ou 'supremo'", disse ele, "quando, na verdade, esses rótulos não representam a maior parte do terrorismo que os EUA provavelmente enfrentarão ou os custos que ele impõe aos interesses dos EUA".[29]

Em sua defesa, a CIA indicou mensagens e memorandos que implicavam uma ideia do que estava por vir, mas nenhuma análise razoável corroborava essa visão. O problema na CIA não estava nos detalhes, mas no quadro geral. Como disse um especialista em inteligência, ainda que em um contexto diferente: "Não se tratou tanto de relatórios de inteligência ou de políticas específicas, mas de um erro de julgamento intelectual mais profundo, de uma realidade histórica fundamental."

No dia 10 de setembro, de acordo com *O Vulto das Torres*, bin Laden e Ayman al-Zawahiri, seu vice, viajaram pelas montanhas acima de Khost. Seus homens carregavam consigo uma antena parabólica e um aparelho de televisão para que pudessem

32 IDEIAS REBELDES

assistir às atrocidades.[30] Na época, os sequestradores estavam no local, preparados e resolutos, ansiosos pelas virgens do paraíso.

Jones e Silberzahn especulam que bin Laden "sabia" da lacuna na inteligência norte-americana, pois, no dia 9 de setembro, 48 horas antes dos ataques, ele teve o *chutzpah* [audácia] de ligar para a mãe, na Síria, e lhe dizer: "Em dois dias, você ouvirá grandes notícias e depois não ouvirá de mim por um tempo." A falta de recursos alocados para vigiar a Al-Qaeda significava que, embora a ligação fosse interceptada, a análise para a região demoraria 72 horas. No momento em que foi estudada, era tarde demais.

Às 5h do dia 11 de setembro, Mohamed Atta acordou em seu quarto no hotel Comfort Inn, aeroporto de Portland. Ele se barbeou, juntou as coisas e foi até a recepção com Abdulaziz al-Omari, seu companheiro de quarto. Às 5h33, entregaram a chave do quarto na recepção e entraram no Nissan Altima azul. Poucos minutos depois, faziam o check-in no voo 5930 da US Airways para Boston, com conexão com o voo 11 da American Airlines, para Los Angeles.[31]

Quase ao mesmo tempo, Waleed e Wail al-Shehri saíram do quarto 432 do Park Inn, no subúrbio de Newton, em Boston, e seguiram para o Aeroporto Internacional de Logan para se juntar a Mohamed Atta. Ahmed e Hamza al-Ghamdi fizeram check-out no Days Hotel, na Soldiers Field Road, pagaram o filme pornográfico que compraram e partiram para o aeroporto com suas passagens de primeira classe para o voo 175 da United Airlines. Os outros sequestradores também estavam em movimento, com passagens nos bolsos e o manual da jihad da Al-Qaeda em suas mentes. *Ao entrar no avião, ore a Deus, porque o que você está fazendo é por Deus, e todos que oram a Deus devem triunfar.*

Nenhum dos sequestradores foi impedido pela segurança, porque as autoridades aeroportuárias não foram alertadas sobre a ameaça. Eles foram autorizados a levar facas de até 10cm para a cabine, porque os analistas de inteligência não se atentaram ao fato de que essas armas lhes permitiriam transformar aviões a jato em mísseis mortais.

Os dois primeiros aviões decolaram pouco antes de 8h. Às 8h15, o controlador do Centro de Controle de Tráfego Aéreo de Boston notou algo estranho: o voo 11 da American Airlines estava desviando para a esquerda, sobre Worcester, Massachusetts, quando deveria ter virado para o sul. Às 8h22, o transponder do avião parou de emitir sinais. Seis minutos depois, o avião fez uma curva acentuada, como se procurasse o vale do rio Hudson. Às 8h43, o avião varreu a ponte George Washington com um rugido ensurdecedor.

E então convergiu com a Torre Norte como uma bala.

A última coisa a fazer é pensar em Deus, e suas últimas palavras devem ser que não há Deus senão Alá e que Maomé é seu profeta. Você notará que o avião parará e recomeçará a voar. Nesta hora você encontrará Deus. Anjos chamarão seu nome.

VII

Os ataques do 11 de Setembro foram uma tragédia evitável. Os críticos da inteligência norte-americana estavam certos quanto a isso. Mas o problema não foi a CIA ter negligenciado alertas óbvios. É neste ponto que os críticos são vítimas do "determinismo gradual", como os defensores das agências alegam há muito tempo. Os alertas não eram óbvios para a CIA e, ironicamente, não o seriam para muitos dos grupos que a julgaram, muitos dos quais não tinham diversidade. A escassez de muçulmanos na CIA é apenas um exemplo, embora intuitivo, de como a homogeneidade prejudicou a principal agência de inteligência do mundo. Ele indica como um grupo mais diversificado teria tido uma compreensão mais rica, não apenas sobre a ameaça representada pela Al-Qaeda, mas também sobre perigos em todo o mundo. Como diferentes referências, diferentes perspectivas teriam criado uma síntese abrangente, diferenciada e poderosa.

Uma proporção extremamente alta de funcionários da CIA cresceu em famílias de classe média, passou por dificuldades financeiras mínimas, sem alienação ou extremismo, ou os sinais que seriam precursores da radicalização ou de uma infinidade de outras experiências que educariam os processos da inteligência. Cada um deles seria parte de uma equipe mais diversificada. Como grupo, no entanto, fracassaram. Seus quadros de referência se sobrepuseram. Isso não é uma crítica aos norte-americanos brancos e protestantes; muito pelo contrário. É um argumento de que os analistas norte-americanos brancos e protestantes estão sendo subaproveitados em equipes sem diversidade.

Considere que o testemunho mais devastador veio de dentro das fileiras da própria CIA, embora muito depois do evento. Carmen Medina, uma ex-diretora adjunta que, na época de sua nomeação, era uma das poucas mulheres a ocupar o alto escalão da agência, lutou pela diversidade durante seus 32 anos em Langley, em vão. Em uma notável entrevista em 2017 para The Cyber Brief, uma pequena plataforma digital para ciberespecialistas — uma entrevista que mal circulou pelos círculos de notícias —, ela atingiu o âmago de uma das maiores falhas de inteligência da história norte-americana. Ela disse:

> A CIA não atingiu os próprios objetivos em relação à diversidade. Se a comunidade de segurança nacional dos EUA fosse composta de forma que quase todo mundo tivesse uma visão de mundo particular, entenderíamos nossos adversários e anteciparíamos seus atos. Então, acho importante que a comunidade de inteligência

entenda e seja o lar de uma ampla gama de visões e perspectivas sobre o mundo.

Ela continuou: "Se você realmente considera diferenças de opinião, visões divergentes e diferentes bases experienciais, o resultado é uma perspectiva mais rica e precisa do mundo."

Talvez a ironia mais amarga seja a de que, mesmo que a CIA tivesse sentido os alertas que emanavam do Afeganistão e além, e decidido se infiltrar na rede da Al-Qaeda (o grupo tinha agentes em mais de 25 países), teria tido problemas para fazer isso. Por quê? Porque a falta de diversidade de seus analistas era refletida pela falta de diversidade no campo.

O especialista em inteligência Milo Jones observa que a CIA tinha poucos analistas que sabiam ler ou falar chinês, coreano, hindi, urdu, farsi ou árabe, que, juntos, formam os idiomas de mais de um terço da população mundial. De acordo com a acadêmica Amy Zegart, apenas 1% da turma de formandos de oficiais de casos clandestinos era fluente em um idioma não romano. Até então, a CIA não empregava uma única pessoa que falasse pashto, uma das principais línguas do Afeganistão. De muitas maneiras, isso sustentou a mistificação da Comissão do 11/9. Os métodos para detectar e advertir os ataques surpresa que o governo dos EUA desenvolvera tão minuciosamente nas décadas seguintes a Pearl Harbor não falharam; na verdade, nem sequer foram adotados.[32] A agência de inteligência mais valiosa do mundo nunca chegou ao ponto inicial.

Vale a pena notar que muitas das dramatizações do 11/9 na TV indicaram um culpado diferente: a falta de comunicação entre os serviços de inteligência devido à rivalidade das agências. Houve, de fato, muitos momentos cruciais — pelo menos uma reunião acalorada entre a CIA e o FBI em maio de 2001, quando a primeira se recusou a divulgar informações sobre Khalid

Muhammad Abdallahal-Mihdhar, que se tornaria um dos cinco sequestradores do voo 77 da American Airlines. Alguns argumentam que, se a CIA tivesse compartilhado o que sabia, o FBI teria percebido que os agentes da Al-Qaeda já estavam dentro das fronteiras dos EUA.

Mas, embora seja errado subestimar esses e outros problemas,[33] seria errado caracterizá-los como a causa raiz da falha. A questão mais profunda era mais sutil; um problema que existia à vista por décadas e que Carmen Medina apontou, embora tarde demais. Em 2017, ela disse: "[A falta de diversidade] é uma ironia porque, se alguma organização precisa de uma maneira eficaz de lidar com as diferenças de opinião, é a comunidade de inteligência."

E essa talvez seja a maior tragédia de todas. Milo Jones argumentou que as falhas que caracterizaram o 11/9 foram repetidas ao longo da história da CIA, desde a Crise dos Mísseis Cubanos até a Revolução Iraniana e o fracasso em antecipar o colapso da União Soviética. "Cada uma dessas falhas pode ser rastreada, direta e irrefutavelmente, até o mesmo ponto cego no coração da agência", disse Jones quando nos encontramos, em Londres. E isso mostra por que os dois lados desse longo e, às vezes, amargo debate — tanto os que defendem os serviços de inteligência quanto os que o atacam — ignoraram a questão principal. Os detratores estavam certos ao dizer que a ameaça era óbvia. Os defensores, ao responder que a CIA contratou pessoas altamente talentosas e que a ameaça não era óbvia para elas.

O certo é que nenhuma culpa deve ser atribuída a nenhum analista em particular. Eles não eram preguiçosos, nem dormiam no trabalho, nem eram negligentes ou qualquer um dos pejorativos normalmente usados para explicar o baixo desempenho. Não lhes faltavam discernimento, patriotismo ou ética de trabalho. Na verdade, não se pode argumentar que algum analista de inteligência tinha nenhum problema. O que lhes faltava estava no âmbito do grupo.

A CIA era perspicaz do ponto de vista individual, mas, do coletivo, cega. E é na mira desse paradoxo que vislumbramos o imperativo da diversidade.

2

REBELDES VERSUS CLONES

I

Em meados de 2016, recebi um e-mail de David Sheepshanks, presidente do Centro Nacional de Futebol, me convidando para participar do Conselho da Associação de Futebol [FA, do inglês Football Association], formado para aconselhar Martin Glenn, executivo-chefe, Dan Ashworth, diretor técnico das equipes de elite masculina e feminina da Inglaterra, e Gareth Southgate, o treinador do time masculino. Eu me vi em um grupo que incluía Manoj Badale, anglo-asiático fundador de startups de alta tecnologia; Sue Campbell, administradora de esportes olímpicos; Sir Michael Barber, educador; Stuart Lancaster, ex-treinador da equipe de rugby da Inglaterra; Sir Dave Brailsford, treinador de ciclismo; e, mais tarde, Lucy Giles, a primeira reitora da Royal Military Academy Sandhurst.

O objetivo do grupo era claro. A equipe masculina da Inglaterra estava com um desempenho ruim nas principais competições há décadas, sendo que a última derrota foi para a Islândia no Campeonato Europeu. Isso gerou investigações para entender por que uma nação que tanto fizera para popularizar o futebol em todo o mundo não vencia nem a Copa do Mundo nem o Campeonato Europeu há mais de 50 anos. Alguns argumentavam que era bloqueio mental. Outros, deficiências técnicas do treinamento. Outros, ainda, se preocupavam com a influência da Premier League. A maioria concordava que a Inglaterra tinha dificuldade na cobrança de pênaltis, eliminada das Copas do Mundo de 1990, 1998 e 2006, e dos Campeonatos da Europa de 1996, 2004 e 2012. Na verdade, nenhum time perdeu mais pênaltis nas Copas do Mundo e nos Campeonatos Europeus do que a Inglaterra.

Talvez, o que é compreensível, a comunidade inglesa de futebol tenha tido sérias dúvidas sobre o grupo que reunira. Afinal, continha muitas pessoas que não eram especialistas em futebol. Graeme Le Saux, ex-jogador da seleção da Inglaterra, era o único jogador de futebol. Em um artigo publicado no *Times*, Henry Winter disse: "A FA não precisa de especialistas em ciclismo, rugby e tênis de mesa para informá-la que muitos jogadores de futebol têm ido mal nos torneios." Na verdade, esse foi um dos comentários mais educados. A ideia era a de que figuras como Lancaster, que passara a vida inteira no rugby, e Badale, cuja experiência advinha do mundo da tecnologia, sabiam menos sobre futebol do que pessoas como, digamos, Harry Redknapp ou Tony Pulis, ambos gerentes de vários clubes. "Redknapp sabe muito mais sobre futebol do que aqueles que supostamente assessoram a FA", disse um jornalista de futebol. "Não faz sentido."

O que mais chamava a atenção nesses comentários é que eram indiscutivelmente verdadeiros. Redknapp provavelmente já esqueceu mais sobre futebol do que Badale jamais saberá, e o conhecimento de Pulis sobre o jogo excedia em muito o de Barber e Campbell, e de Lancaster e Giles, nem se fala. Quando li a coluna de Winter, tive que concordar. Como esse grupo poderia ajudar Southgate, sem mencionar Glenn ou Dan Ashworth?

REBELDES VERSUS CLONES

E, no entanto, foi por isso que fazer parte do conselho foi uma experiência reveladora. Nenhum dos membros foi remunerado, mas, quando nos conhecemos, ficamos ansiosos pelas reuniões, considerando-as uma fonte peculiar de educação. Os momentos mais emocionantes eram aqueles em que alguém na sala dizia algo que ninguém sabia; quando tinham sacadas de experiências que eram, de alguma forma, únicas. Em outras palavras, quando compartilhavam o que podemos chamar de "ideias rebeldes".

Momentos como quando Lancaster dividiu conosco uma perspectiva sobre seleção antes de uma grande competição, com base em suas experiências na Copa do Mundo de Rugby. Ou quando Brailsford compartilhou detalhes sobre o uso de grandes conjuntos de dados para melhorar a dieta e o físico. Ou quando Giles deu ideias para construirmos uma fortaleza mental, com base em seu conhecimento do exército. Ou quando Badale falou sobre as técnicas usadas pelas startups de tecnologia para impulsionar a inovação. Ou quando Barber falou sobre como colocar ideias abstratas em prática, aproveitando sua experiência como o primeiro chefe da Unidade de Entrega de Serviços do primeiro-ministro Tony Blair. Os detalhes específicos dessas contribuições são confidenciais, mas a questão vai além. Aquele grupo era repleto de diversidade cognitiva. Não duvido de que, alterando a composição do grupo de tempos em tempos, ele continuasse a oferecer conselhos úteis em um mundo competitivo.

Também me perguntei o que teria acontecido se a FA recrutasse Redknapp, Pulis e outras pessoas com experiência mais profunda no jogo. Esse grupo, sem dúvida, teria credenciais mais impressionantes. Todos os cérebros da sala transbordariam conhecimento e experiência sobre futebol, refletindo um paradigma do que é considerado um grupo sábio.

Mas teria sido eficaz? O problema é que Redknapp e Pulis têm conhecimentos muito semelhantes. Seus quadros de referência se sobrepõem. Eles foram socializados nas suposições dominantes do futebol inglês, com uma maneira determinada de jogar, treinar e muito mais. Eles sabem muito sobre futebol, mas, fundamentalmente, sabem muito pouco que Southgate ainda não saiba. Sua presença acarretaria uma dinâmica de espelhamento, reforçando inadvertidamente as suposições latentes do jogo inglês. Esta é a assinatura clássica da homofilia. Um grupo de indivíduos sábios quase certamente se tornaria um conselho imprudente. O problema não surgiria de uma pessoa específica, mas do todo.

Grupos diversificados expressam propriedades radicalmente diferentes. Foi fascinante ver como as pessoas que não eram especialistas em futebol perceberam algumas das fraquezas subjacentes nos métodos de seleção e treinamento, de levar uma nova perspectiva para as relações com a mídia ou do preparo para uma disputa de pênaltis. As ideias rebeldes eram rejeitadas com frequência. As trocas eram férteis. E quase sempre levavam a pensamentos divergentes e a soluções mais sofisticadas.

O grupo não é, de forma alguma, perfeito, enfatizo. Há muitas lacunas em nosso entendimento. E houve momentos em que a discussão não fluiu bem. Qualquer grupo se beneficia de mudanças em seus métodos e operações. A inteligência coletiva sempre precisa evoluir.

Mas foi essa experiência, acima de tudo, que me fez pensar no tema deste livro. Ficou claro que a diversidade tem um poder subestimado; algo que eu ainda não havia percebido. No entanto, também me vi querendo esclarecer o como e o porquê. Experimentar a dinâmica da diversidade é uma coisa; saber como fazê-la funcionar em diferentes contextos e setores — como realmente otimizá-la —, outra.

Comecei a frequentar conferências sobre diversidade e a conhecer pessoas que trabalham na área. Participei de sessões para profissionais de RH, executivos-chefes, até líderes políticos. Mas o que mais me impressionou nessas interações foi que, embora a diversidade seja um assunto muito falado, as pessoas englobam coisas diferentes no mesmo termo. Algumas falam em diversidade de gênero; outras, em neurodiversidade; outras ainda, em diversidade racial. Em geral, as pessoas não definem o significado nem sua importância. Havia uma imprecisão no debate.

E por isso era importante constituir uma *ciência* da diversidade. Queria cunhar conceitos que explicassem por que as instituições homogêneas tendem a falhar, muitas vezes, sem perceber o motivo, mas também por que equipes diversas são capazes de se tornar mais do que a soma das partes. Conceitos capazes de explicar por que a diversidade está surgindo em todos os ramos da academia e começando a dominar as estratégias de instituições de ponta, nos negócios, no esporte e muito mais.

Com isso em mente, este capítulo definirá um pouco melhor o que aprendemos até agora. Examinaremos os contornos da inteligência coletiva, como ela surge e as barreiras que impedem as organizações de realizar seu potencial máximo. Acima de tudo, veremos por que equipes de rebeldes vencem as de clones.

II

Podemos expressar visualmente a ideia básica da ciência da diversidade. Suponha que o retângulo da Figura 1 represente o universo de ideias úteis; isto é, ideias, perspectivas, experiências e estilos de pensamento relevantes para um problema ou objetivo específico. Podemos chamá-lo de "espaço do problema".

Com problemas simples, uma pessoa detém todas essas "informações". A diversidade é desnecessária. Mas, com problemas complexos, ninguém terá todas as informações relevantes. Mesmo o indivíduo mais inteligente terá apenas um subconjunto de conhecimentos. Representamos uma pessoa inteligente, David, com o círculo. Ele sabe muito, mas não tudo.

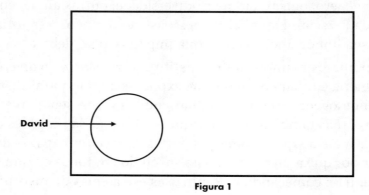

Figura 1

Inteligência individual

Agora, vemos os perigos da homofilia. A Figura 2 mostra o que acontece quando um grupo pensa da mesma maneira. Todos os indivíduos são inteligentes e têm conhecimentos impressionantes, mas são homogêneos. Sabem coisas similares e compartilham as mesmas perspectivas. São, por assim dizer, "clones". Basicamente, esse foi o problema da CIA.

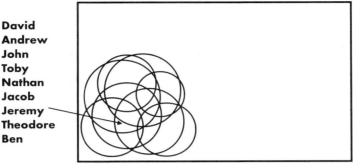

Figura 2

Estupidez coletiva
(Equipe de clones)

Pense em como é reconfortante estar cercado por pessoas que pensem da mesma maneira, que reflitam nossas perspectivas e confirmem nossos preconceitos. Isso faz com que nos sintamos mais inteligentes. Valida nossa visão de mundo. As evidências dos escâneres cerebrais indicam que, quando os outros espelham nossos pensamentos, os centros de prazer do cérebro são estimulados. A homofilia é uma força gravitacional oculta, atraindo grupos humanos para um canto problemático do espaço.

Esses perigos são tão antigos quanto a própria humanidade. E certamente foram bem compreendidos pelos gregos antigos. Em *Ética a Nicômaco*, Aristóteles escreve que as pessoas "amam os iguais a elas mesmas". Platão observa em *Fedro* que "a semelhança gera amizade".[1] A frase "os pássaros de mesma plumagem se reúnem" deriva das primeiras páginas da obra-prima de Platão, *A República*. Se observar atentamente, o perigo da conformidade intelectual é uma preocupação permanente da cultura grega. E é por isso que vale se lembrar da Figura 2 — pois representa um problema generalizado no mundo de hoje: grupos de pessoas individualmente inteligentes, mas coletivamente bem estúpidas.

48 IDEIAS REBELDES

*

O imposto comunitário (encargos comunitários) está cercado de infâmia desde que foi criado pelo governo britânico, no final dos anos 1950. O objetivo da política foi mudar a tributação local de uma taxa cobrada sobre a propriedade para outra paga por indivíduos. Tinha inúmeros defeitos, que poderiam tê-la destruído de cara. Era quase impossível de coletar. Sua entrega era impraticável. Também era regressivo, recaindo desproporcionalmente sobre famílias em residências modestas mal avaliadas.

Algumas famílias tiveram uma perda de £1.500 quando a política foi promulgada; outras, de pelo menos £500. Em 1989, isso representava uma proporção substancial da renda familiar combinada. Enquanto isso, outras, uma pequena minoria, tiveram um aumento de £10.000 em sua renda anual. Essa desigualdade teria efeitos indiretos. Os protestos seriam inevitáveis, exacerbando as dificuldades inerentes à cobrança do imposto. A inadimplência era praticamente parte de sua concepção. À medida que o imposto foi implementado, os resultados foram tão previsíveis quanto desastrosos. Como uma fonte disse: "O ônus da cobrança do imposto precipitou um colapso ilusório nas finanças de algumas autoridades da cidade."

Manifestantes pacíficos saíram às ruas gritando: "Não posso pagar, não vou pagar!" Com a chegada de alguns militantes, houve tumultos. Uma marcha por Londres com cerca de 250 mil pessoas gerou destruição de vitrines, carros em chamas e lojas saqueadas. No total, houve 339 prisões e mais de 100 feridos. Por alguns dias arrebatadores, houve um medo de que a violência contaminasse.

Anthony King e Ivor Crewe, dois especialistas em política britânica, escreveram:

REBELDES VERSUS CLONES

Mais de duas décadas depois, o episódio ainda evoca admiração e espanto. [...] Mais cedo ou mais tarde, todas as previsões terríveis sobre o imposto comunitário aconteceram. Seus criadores entraram em armadilhas óbvias, mas evidentemente não haviam percebido nada. Eles falharam, indiferentes a alertas. No final, o fracasso foi abjeto e total.[2]

Como isso aconteceu? Segundo King e Crewe, o fracasso do imposto comunitário faz parte de um padrão mais profundo, que se estende pela história política britânica do pós-guerra. Eles argumentam que, apesar de todas as diferenças superficiais, "uma proporção substancial" de todos os maiores erros cometidos pelos governos em todos os aspectos políticos compartilha a mesma causa raiz: a falta de diversidade. Em particular, a falta de diversidade social nas elites políticas. No caso do imposto comunitário, eles observam que Nicholas Ridley, secretário do meio ambiente responsável por sua implementação, era filho do Visconde Ridley e cresceu no magnífico Blagdon Hall, em Northumberland. Sua mãe era filha do arquiteto Sir Edwin Lutyens e sobrinha do pintor Neville Lytton. Todos os outros secretários ambientais da época do imposto, Patrick Jenkin (Clifton e Cambridge), Kenneth Baker (St Paul e Oxford), Chris Patten (St Benedict e Oxford), frequentaram escolas caras e, depois, Oxbridge. Ridley, por sua vez, foi para Eton e Oxford.

O grupo de revisão foi liderado por William Waldegrave, cujo pai era Geoffrey Noel Waldegrave, o 12º Earl Waldegrave, KG, GCVO, TD, conhecido como Visconde Chewton, Lorde Warden dos Stannaries. Sua mãe era Mary Hermione Grenfell, filha de Hilda Lyttleton e Arthur Morton Grenfell, de uma linhagem de empresários imperiais. Ele cresceu em Chewton House, uma das maiores mansões do condado de Somerset.

Em suas memórias, *A Different Kind of Weather*, Waldegrave é admiravelmente honesto sobre o quanto era alheio à vida da maioria das pessoas. "Nunca brinquei com uma criança local", escreveu. "Quando mencionamos nossos vizinhos, queríamos dizer os Jolliffes em Ammerdown, a 13km; os Asquiths, em Mells; os Duckworths, em Orchard Leigh; os Hobhouses, em Hadspen; ou os Bishop, em seu palácio em Wells."

Os Waldegraves passavam férias no Loch Moidart com outras pessoas da mesma classe — Lindsays, Heathcoat-Amorys, OrloffDavidoffs e Seymours —, onde um famoso pianista tocava piano de cauda na sala de estar. O outro destino de férias era Champéry, aonde iam por meio de um trenó puxado por cavalos até o Chalet des Frênes. O jovem Waldegrave tinha uma cozinheira e uma governanta. Ele e seu irmão matavam faisões em suas propriedades. Quando um negro foi visto perto da casa, o primeiro pensamento de sua mãe foi que ele era um terrorista e pegou um cortador de grama para confrontá-lo. Ela então percebeu que o "terrorista" estava auxiliando o jovem William, que caíra de bicicleta longe do alcance de seus olhos.

Segundo King e Crewe, Waldegrave — que também frequentou Eton — tinha um histórico diferente da população em geral, mas similar a outros membros da equipe de revisão. Nem todos eram tão privilegiados quanto ele, mas todos tinham origens altamente ricas. "Nenhum membro representava nenhuma outra classe da sociedade britânica", observam. O grupo não só estava espremido em um único quadrante do espaço do problema, mas no menor deles. Eles eram inteligentes, mas homogêneos. Não eram clones no sentido genético, mas no demográfico. E quando se trata de política, na qual a diversidade de experiências é crítica para direcionar as escolhas, isso é catastrófico.

REBELDES VERSUS CLONES

E, no entanto, eis a ironia: o grupo de revisores *adorava* trabalhar junto. Era a experiência mais maravilhosa. King e Crewe citam participantes que falavam sobre um "espírito de grupo sem precedentes". Eles concordavam, espelhavam, macaqueavam, corroboravam, confirmavam, refletiam os pensamentos uns dos outros. Eles se aqueciam no brilho acolhedor da homofilia. Essa harmonia social os iludia a pensar que eles seguiam uma política sábia. Na verdade, isso mostrava o contrário. Eles só consolidavam os pontos cegos uns dos outros.

Enquanto jogavam bridge e até iam a festas juntos, ficavam surdos para os alarmes que seriam ensurdecedores para qualquer pessoa familiarizada com a ciência da diversidade. É de admirar que um grupo de clones tenha tido dificuldades para prever os problemas práticos da coleta e de sua implementação, e o fato de as famílias não poderem pagar os impostos? É de admirar que eles não tenham reconhecido a pressão que isso colocaria sobre o governo local e, finalmente, sobre o próprio tecido social?

Para as pessoas idosas, o custo é particularmente devastador: "Um casal de pensionistas do interior de Londres poderia pagar 22% de sua renda líquida em impostos comunitários, enquanto um casal do subúrbio, apenas 1%." No entanto, quando confrontado com a situação trágica dos casais idosos que não tinham dinheiro para pagar, Nicholas Ridley não entendeu o problema. Ele respondeu (aparentemente, a sério): "Bem, eles sempre podem vender um quadro."

Anos antes, Patrick Jenkin, o antecessor de Ridley, fez um comentário igualmente revelador durante a crise de energia dos EUA nos anos de 1970. Em uma entrevista na TV, incentivou o público a economizar "escovando os dentes no escuro". Mais tarde, descobriu-se que ele usava uma escova elétrica, e sua casa

52 IDEIAS REBELDES

no norte de Londres foi fotografada com luzes acesas em todos os cômodos.

O problema do imposto comunitário, de acordo com King e Crewe, não tinha a ver com nenhum político ou oficial. Muitos eram funcionários públicos dedicados e continuariam a ter carreiras distintas. E também eram pensadores impressionantes. De acordo com o psefologista Sir David Butler, uma fonte disse que eles eram "a seleção mais brilhante de pessoas já reunidas" para considerar as reformas do governo local. King e Crewe também apontam que o privilégio nunca deve ser um obstáculo para os altos cargos, e que muitos de origens ricas, herdadas ou não, contribuíram bastante para o bem comum.

Mas esta é a essência do problema: quando pessoas inteligentes, com um passado similar, são colocadas em um grupo de tomada de decisão, tornam-se coletivamente cegas. Como King e Crewe colocam: "Todos projetam nos outros seus estilos de vida, preferências e atitudes. Alguns fazem isso o tempo todo; a maioria de nós acaba fazendo em algum momento. [Os oficiais de] Whitehall e Westminster, sem pensar, projetam valores, atitudes e modos de vida que não sejam remotamente parecidos com os seus."*[3]

Isso não se aplica apenas a políticos conservadores, é claro. King e Crewe citam muitos exemplos envolvendo governos trabalhistas. Um exemplo foi o discurso de Tony Blair em julho de 2000, que pedia novos poderes para a polícia lidar com comportamentos antissociais. "Um bandido pode pensar duas vezes antes de chutar seu portão, atirar cones pela rua ou atacar à noite, se cogitar o risco de ser pego pela polícia, levado a um caixa

---

* Por que o imposto não foi anulado no gabinete? De acordo com King e Crewe, os freios e contrapesos falharam: "A política foi gerida e nasceu quase totalmente internamente, em um canto do já secreto e isolado mundo de Whitehall." Ele acabou passando durante uma reunião na Chequers com apenas metade do gabinete presente, sendo que poucos sabiam antecipadamente o que estava sendo discutido e nenhum documento havia circulado.

REBELDES VERSUS CLONES

eletrônico e tiver que pagar uma multa no ato de, por exemplo, £100", disse ele. A resposta a esse discurso foi rápida, principalmente dos defensores dos direitos humanos, preocupados com a extensão dos poderes policiais. Mas o que poucos ativistas e jornalistas entenderam foi um problema mais prosaico, a falha *dos próprios termos* da política. Qual? Que uma grande proporção de bandidos não teria um cartão de débito válido, nem £100 na conta. Como King e Crewe colocaram: "O primeiro-ministro estava assumindo que outras pessoas viviam vidas muito parecidas com a dele. Sua suposição era infundada."*

III

A homofilia é generalizada. Nossas redes de contatos estão cheias de pessoas com experiências, visões e crenças semelhantes. Mesmo quando os grupos começam diversificados, a osmose social pode nivelá-los à medida que as pessoas convergem para as suposições dominantes, um fenômeno conhecido como "assimilação". O autor Shane Snow compartilhou uma citação reveladora de uma executiva sênior de um grande banco:

> Ela me disse, meneando a cabeça, que era doloroso ver a empresa contratar bons recém-formados — com muitas experiências e ideias brotando em suas cabeças — e vê-los ser remodelados gradualmente para "se encaixar" na cultura da organização. Eles chegavam com ideias e vozes únicas. Ela ouvia essas vozes sumirem, a menos que ecoasse o modo de pensar "aceito" da empresa.[4]

---

* É claro que é possível levantar exemplos históricos em que um grupo demográfico restrito (digamos, aristocratas ou camponeses) criou políticas esclarecidas, mas é errado inferir que dados demográficos restritos geram melhores grupos de tomada de decisão. O problema é que não vemos o contrafactual: Um grupo mais diverso teria tomado uma decisão melhor? É por isso que a ciência da diversidade é crucial. Processos aleatórios mostram que equipes diversificadas apresentam julgamentos e previsões melhores, e estratégias mais sábias.

54 IDEIAS REBELDES

O agrupamento de pessoas em pequenas partes do espaço problemático é, portanto, uma consequência previsível da psicologia humana. Os grupos tendem a se tornar clones. Nesse sentido, a CIA e a equipe de revisão do imposto comunitário são sintomas. Observe muitos gabinetes, escritórios de advocacia, equipes de liderança do exército, altos funcionários públicos e até executivos de algumas empresas de tecnologia. Constatar a homogeneidade desses grupos não é criticar os indivíduos; é notar que, quando indivíduos inteligentes têm referências sobrepostas, tornam-se coletivamente míopes.

Grupos sábios expressam uma dinâmica diferente. Eles *não* são clones. Não macaqueiam as mesmas visões. Em vez disso, são grupos de rebeldes. Eles não discordam apenas para discordar, mas trazem insights de diferentes regiões do espaço problemático. Esses grupos contêm pessoas com perspectivas que desafiam, ampliam, divergem e fazem polinização cruzada. Isso representa a marca da inteligência coletiva: como os conjuntos se tornam mais do que a soma de suas partes.

No diagrama a seguir, os indivíduos não são mais inteligentes do que os da equipe da Figura 2 na seção de abertura deste capítulo. E, no entanto, possui níveis muito mais altos de inteligência coletiva. Eles são *abrangentes*. E mostram por que, quando se trata de problemas complexos, é importante trabalhar com pessoas que pensem de maneiras diferentes.

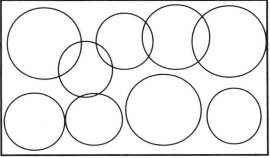

Figura 3

**Inteligência coletiva
(Equipe de rebeldes)**

O primeiro passo para qualquer grupo enfrentar um desafio difícil, então, *não* é aprender mais sobre o problema em si. Não é investigar mais profundamente suas várias dimensões. Antes, é se afastar e perguntar: quais são as lacunas em nosso entendimento coletivo? Estamos cercados pela cegueira conceitual? A homofilia nos levou a um canto apertado do espaço do problema?

A menos que essa questão profunda venha à tona, as organizações correm o risco de ter uma falha generalizada na deliberação em grupo: examinar um problema, investigar cada vez mais a fundo e só reforçar seus pontos cegos. Precisamos abordar a diversidade cognitiva *antes* de enfrentar os desafios. Só assim a deliberação da equipe levará à iluminação, não ao espelhamento.

*

Karlskoga é uma cidade bonita do norte da Suécia, que fica na extremidade norte do lago Möckeln. É repleta de bosques e edifícios refinados. Viajava sempre para lá quando morava na Suécia, no final da adolescência, e acho o lugar cativante.

Quem já foi à Suécia sabe que uma das políticas mais importantes do governo local é a retirada da neve. Em média, Estocolmo, a capital, tem cerca de 170 dias de precipitação, principalmente no outono e no inverno. Lembro-me de passar muitas manhãs ajudando meus colegas de quarto a retirar a neve da entrada da garagem. Por décadas, a operação de limpeza de neve em Karlskoga seguia uma abordagem aparentemente lógica. Começava nas principais vias e terminava nas passagens para pedestres e ciclovias. Os funcionários (principalmente homens) do conselho da cidade queriam otimizar o trajeto diário. Eles estavam cuidando dos interesses de seu eleitorado.

Mas o conselho chegou a uma conclusão peculiar, mas sagaz. Eles eram muito homogêneos. Lembre-se de que, na formulação de políticas, que afeta um grande número de pessoas, as diferenças demográficas orientam as deliberações. Em seu livro *Invisible Women*, Caroline Criado Perez destaca que, quando mais mulheres são colocadas em posições de tomada de decisão, a inteligência coletiva sofre uma mudança notável.

Uma nova análise revelou que os gêneros trafegam de formas diferentes, algo que os funcionários não notaram. Os homens vão para o trabalho de carro, enquanto as mulheres têm maior probabilidade de pegar transporte público ou caminhar. Na França, por exemplo, 66% dos passageiros do transporte público são mulheres, enquanto na Filadélfia e em Chicago, 64% e 62%.

Homens e mulheres seguem diferentes padrões de viagem. Os homens se deslocam duas vezes por dia dentro e fora da cidade em seus carros. As mulheres, que fazem 75% do trabalho de assistência não remunerado do mundo, "deixam os filhos na escola antes de ir para o trabalho; levam um parente idoso ao médico e fazem compras no caminho de casa", escreve Perez. Isso se chama encadeamento de viagens. Essa disparidade existe em toda a Europa e é acentuada em famílias com crianças pequenas.

À medida que novas perspectivas surgiram, outras estatísticas, até então esquecidas, saltaram à vista. Isso é importante porque os julgamentos inteligentes dependem não apenas da maneira como interpretamos os dados, mas dos dados que procuramos. As estatísticas do norte da Suécia mostraram que as internações por lesões são maiores entre pedestres, que são feridos três vezes mais do que os motoristas, em condições escorregadias ou geladas. Eles geram um custo em saúde e perda de produtividade, de acordo com uma estimativa, de 36 milhões de coroas ao condado de Skåne, em um único inverno. *Isso representa cerca do dobro do custo da manutenção de estradas no inverno.*

Sem a cegueira conceitual, Karlskoga optou por mudar décadas de política, priorizando pedestres e usuários de transportes públicos com o argumento de que "dirigir um carro sobre 10cm de neve é mais fácil do que empurrar um carrinho de bebê (ou uma cadeira de rodas ou uma bicicleta) nas mesmas condições". Isso não era melhor apenas para as mulheres, mas para a comunidade — e o orçamento público. "Priorizar pedestres no cronograma de limpeza de neve é uma sacada econômica", escreve Perez.

Talvez o principal aspecto a se destacar seja que a programação original não foi feita com intenção de prejudicar as mulheres. Não priorizava de propósito os motoristas em relação a pedestres empurrando carrinhos de bebê. Não, o problema era a cegueira de perspectiva. Como Perez diz: "Resultou de [...] uma lacuna na perspectiva. Os homens que criaram o cronograma sabiam como viajavam e o projetaram de acordo com suas necessidades. Não se propuseram a excluir as mulheres. Simplesmente não pensaram nelas."

IV

Talvez a melhor maneira de destacar a diferença entre equipes de rebeldes e de clones seja com a ciência da previsão. O tópico pode parecer místico, mas as previsões estão presentes no cotidiano. Sempre que uma organização decide fazer X em vez de Y, está prevendo tacitamente que X será melhor. A previsão é vital para praticamente todas as decisões que tomamos, no trabalho ou no dia a dia.*

Talvez o estudo mais brilhante sobre previsão dos últimos tempos tenha sido conduzido por Jack Soll, psicólogo da Universidade de Duke. Ele e seus colegas analisaram 28 mil previsões de economistas profissionais. Sua primeira descoberta não foi de todo surpreendente. Alguns economistas têm melhor desempenho do que outros. O melhor indicador foi cerca de 5% mais preciso do que a média.

Então Soll mudou tudo. Em vez de analisar previsões isoladas, fez a previsão média dos seis principais economistas. Trocando em miúdos, os analistas foram colocados em uma equipe. A média de suas previsões é o que você pode entender como julgamento coletivo. Soll então verificou se essa previsão era mais precisa do que a do economista mais bem classificado.

Ora, para uma tarefa simples, a resposta é "não". Em uma corrida, o tempo médio de seis corredores é mais lento que o do mais rápido. Foi isso que o juiz Scalia tinha em mente quando argumentou sobre trocar diversidade por excelência. Mas essa análise falha quando passamos de problemas simples para complexos. Quando Soll comparou o julgamento coletivo de seis economistas com o do principal, o coletivo foi mais preciso. E não só um pouco, mas *15% mais preciso*. Essa é uma diferença impressionante — tão díspar que chocou os pesquisadores.

---

* As previsões criam ricos conjuntos de dados e são passíveis de análise matemática.

REBELDES VERSUS CLONES 59

Isso parece confuso, mas ressalta o que já aprendemos neste livro. Lembre-se do experimento do Capítulo 1, com japoneses e norte-americanos olhando cenas subaquáticas. Lembre-se de que eles viam coisas diferentes. Por quê? Porque norte-americanos e japoneses, em média, têm diferentes referências. É por isso que a combinação dessas diferentes perspectivas cria uma imagem mais abrangente.

Acontece que os preditores econômicos também têm quadros de referência, os modelos. Um modelo é uma maneira de entender o mundo: uma perspectiva, um ponto de vista, geralmente expresso como um conjunto de equações. Nenhum modelo econômico é completo, no entanto. Todo modelo contém pontos cegos. A economia é complexa (diferente, digamos, da órbita de Júpiter, que pode ser prevista com precisão). A taxa de produção industrial, por exemplo, depende das decisões de milhares de empresários, operando milhares de fábricas e empresas e influenciada por milhões de variáveis. Nenhum modelo dá conta de toda essa complexidade. Nenhum economista é onisciente.

Mas isso implica que, se reunirmos diferentes modelos, criaremos uma imagem mais completa. Nenhum economista tem toda a verdade, mas um grupo diversificado de economistas se aproxima dela. Muitas vezes, bastante. Nas tarefas de previsão, isso é conhecido como "a sabedoria das multidões". Atualmente, há dezenas de exemplos desse aspecto da ciência da diversidade. Quando, por exemplo, o pesquisador Scott Page pediu a seus alunos que estimassem o comprimento em milhas do metrô de Londres escrevendo suas suposições em tiras de papel, a previsão coletiva foi de 249 milhas. O valor real é 250 milhas.

A sabedoria do grupo surge sempre que a informação se dispersa por diferentes mentes. Pense nos alunos adivinhando a extensão do metrô de Londres: um pode ter visitado Londres, outro pode ter familiaridade com o metrô de Nova York e assim

60 IDEIAS REBELDES

por diante. Quando as pessoas fazem estimativas (parafraseando Philip Tetlock), traduzem as informações que têm em números. Cada palpite contribui para o caldeirão de informações.

Obviamente, cada pessoa também contribui com erros, mitos e pontos cegos. Isso cria um grupo de erros quase tão grande quanto o de informações. Mas, por definição, a informação indica a resposta correta. Os erros, por outro lado, emergem de diferentes fontes e apontam em diferentes direções. Algumas estimativas são muito altas, outras, muito baixas, tendendo a se cancelar. Como Tetlock argumenta: "Com informações válidas acumulando e os erros se anulando, o resultado líquido é uma estimativa surpreendentemente precisa." James Surowiecki, que escreveu um bom livro sobre tomada de decisões em grupo, coloca desta maneira: "A adivinhação de cada pessoa, podemos dizer, tem dois componentes: informações e erro. Subtraia o erro e você ficará com as informações."[5]

Claro, se os indivíduos souberem pouco, a combinação de seus julgamentos será vacilante. Se pedir a um grupo de leigos para estimar quanto os níveis dos oceanos subirão na próxima década, não chegará muito longe. Para obter a sabedoria do grupo, você precisa de pessoas sábias. Mas também precisa de diversidade; caso contrário, compartilharão os mesmos pontos cegos.

Com isso em mente, façamos um experimento mental. Suponha que tenha identificado o corredor mais rápido do mundo. Vamos chamá-lo de Usain Bolt. Suponha que você possa cloná-lo. Se estivesse montando uma equipe de revezamento, digamos, com seis corredores, sua equipe de Usain Bolts esmagaria a oposição (supondo que passassem o bastão de forma eficaz). Cada um seria mais rápido do que qualquer pessoa de qualquer outra equipe.

REBELDES VERSUS CLONES 61

Isso nos diz algo que foi mencionado no início deste livro. Quando se trata de tarefas simples, a diversidade é uma distração. Você só precisa de pessoas inteligentes, rápidas, com conhecimento, o que quer que seja. Porém as coisas não são apenas diferentes, mas o completo oposto, quando se trata de problemas complexos. Voltemos à previsão econômica. Suponha que você possa identificar e clonar o analista mais preciso do mundo. Se reunisse uma equipe de seis analistas, faria sentido reunir seis clones? Na superfície, a equipe parece imbatível. Cada membro é mais preciso do que qualquer analista em qualquer outra equipe. Esta não é a equipe perfeita?

Agora, a resposta é um enfático "não"! Todos pensam da mesma maneira. Eles usam o mesmo modelo e cometem os mesmos erros. Seus quadros de referência se sobrepõem. Na verdade, o experimento de Soll implica que um grupo diversificado de seis analistas, embora menos impressionantes de forma isolada, seria 15% mais preciso.

Vale a pena parar e refletir sobre como esse resultado é transformador. Revela — em termos matemáticos precisos — o poder da diversidade cognitiva. Uma equipe de analistas exímios que pensam da mesma maneira é menos inteligente do que uma com analistas que pensam de maneiras diferentes.

Claro que a maioria de nós não se senta à mesa no trabalho, ou na vida como um todo, e faz previsões numéricas dignas de economistas. Mas trabalhamos em problemas, propomos ideias criativas, determinamos estratégias, descobrimos oportunidades e muito mais. Essa é a essência do trabalho em grupo, que está prestes a dominar o mundo. E podemos esperar que a diversidade tenha efeitos ainda mais *drásticos* nessas tarefas.

Pensemos na criatividade e na inovação. Converse consigo mesmo a respeito desta ideia: você juntou uma equipe de dez pessoas para resolver a crise da obesidade. Suponha que cada uma dessas dez pessoas tenha dez ideias úteis. Quantas ideias úteis você tem no total?

AGORA, FECHE O LIVRO PARA DESCOBRIR SUA RESPOSTA.

Essa pergunta é complexa. Você não pode deduzir o número de ideias em um grupo a partir do número de ideias de seus membros. Se as pessoas forem do tipo clone e tiverem as mesmas dez ideias, seu total será dez. Mas, se as dez pessoas forem diversificadas e apresentarem ideias diferentes, você poderá ter cem ideias úteis. Isso não equivale a 50% mais ideias, nem 100%, mas quase 1.000% mais ideias. Esse é outro grande efeito *exclusivo da diversidade.*

Em equipes voltadas para a solução de problemas, vemos o mesmo padrão. Observamos que, nas tarefas de previsão, calcular a média de previsões independentes é uma maneira eficaz de reunir informações. Com a solução de problemas, no entanto, a média é uma péssima ideia. A média de duas soluções propostas tende a ser incoerente. É como diz a frase: "A emenda é pior que o soneto." Para a maioria dos problemas, uma equipe precisa rejeitar algumas "soluções" em favor de outras.

E isso só revela por que a diversidade importa. Em grupos homogêneos, as pessoas ficam presas no mesmo lugar. Equipes diversificadas, por outro lado, apresentam novas ideias, fazendo-as se soltarem. As ideias rebeldes afetam a imaginação coletiva. Como o psicólogo líder Charlan Nemeth diz: "Os pontos de vista das minorias são importantes, não pela prevalência, mas porque estimulam a atenção e o pensamento divergentes. Como resultado, mesmo quando estão errados, contribuem para a detecção de novas soluções, que, em geral, são qualitativamente melhores."[6]

REBELDES VERSUS CLONES

Mas o poder da diversidade é mais sutil do que esses exemplos sugerem. O problema mais profundo da homogeneidade não são os dados que as equipes clones não conseguem entender, as respostas que erram ou as oportunidades que não exploram completamente. Não; são as perguntas que nem sequer fazem, os dados que não cogitaram buscar e as oportunidades que ignoram.

Quanto mais desafiador é o domínio, menos uma pessoa — ou perspectiva — única é capaz de entendê-lo. Em equipes de previsão, mentes homogêneas cometem os mesmos erros. Em equipes de solução de problemas, ficam presas no mesmo lugar. Em equipes de estratégia, deixam passar as mesmas oportunidades.

Quando o juiz Scalia deu a entender que reunir desempenho e diversidade é um impasse, cometeu um erro conceitual sedutor. Foi o mesmo erro que surpreendeu a maioria das pessoas ao descobrir que a média de seis analistas é mais precisa do que a de um exímio analista, e que as faz pensar que reunir indivíduos sábios forma um grupo sábio. Scalia avaliou o problema pela perspectiva individual, não holística. Ele não levou em conta o fato de que a inteligência coletiva não emerge apenas do conhecimento dos indivíduos, mas também das diferenças entre eles. Chamemos isso de "falácia do clone".

A tragédia é que essa falácia é generalizada. Talvez a conversa mais marcante que tive enquanto fazia as pesquisas para este livro tenha sido com um renomado analista econômico. Perguntei se ele preferia trabalhar com pessoas que pensam da mesma maneira ou diferente. Ele respondeu: "Se acredito que o meu modelo é o melhor, devo trabalhar com pessoas que pensam como eu." Essa lógica é convincente. E tremendamente errada.

V

A maioria das organizações adota uma política de contratação meritocrática. A ideia é recrutar com base na habilidade e no potencial, e não em fatores arbitrários, como conexões sociais, raça ou gênero. Isso é moralmente louvável e atende a interesses próprios. As instituições contratam talentos, independentemente da aparência. Mas há perigos latentes. Aprofundemos a lógica com um exemplo hipotético. Suponha que uma universidade tenha uma forte reputação em desenvolvimento de softwares. Ela atrai os estudantes de software mais inteligentes. Esses alunos, por sua vez, se formam com as credenciais mais impressionantes. Agora, suponha que você administre uma das principais empresas de software. Você não gostaria de contratar esses alunos? De equipar sua empresa com os melhores e mais brilhantes?

A resposta inteligente é "não". Esses graduados terão estudado com os mesmos professores e absorvido sacadas, ideias, heurísticas e modelos semelhantes, e talvez visões de mundo também. Isso se chama "agrupamento de conhecimento". Ao selecionar os graduados de maneira meritocrática, as organizações podem acabar formando equipes de clones. O objetivo disso não é descartar a meritocracia. É apenas salientar que a inteligência coletiva demanda habilidade *e* diversidade.

Nenhum teste que classifique indivíduos pode — por si só — formar grupos inteligentes, outro argumento de Scott Page: "Suponha que você esteja formando uma equipe para gerar ideias criativas. Primeiro, qualquer teste aplicado a um indivíduo só mede as ideias desse indivíduo. Segundo, um clone da pessoa que obtém a maior pontuação em qualquer teste que aplicamos adiciona menos ao grupo do que uma segunda pessoa com uma única ideia diferente. Portanto, nenhum teste é justificável."[7]

REBELDES VERSUS CLONES

Agora, voltemos à distinção entre diversidade cognitiva (diferenças de pensamentos, ideias, perspectivas) e diversidade demográfica (diferenças de raça, gênero, classe e assim por diante). Observamos no Capítulo 1 que a diversidade demográfica frequentemente se sobrepõe à cognitiva. Isso é intuitivo, pois nossas identidades influenciam nossas experiências, perspectivas e muito mais. As empresas de publicidade, por exemplo, contam com a diversidade demográfica para criar campanhas que atraiam a abrangência de sua base de clientes.

Isso explica o estudo do professor Chad Sparber (junto com dezenas de outros), que descobriu que um aumento na diversidade racial de apenas um desvio-padrão aumentou a produtividade em mais de 25% em serviços jurídicos, de saúde e financeiros. Em qualquer domínio que exija a compreensão de grupos amplos de pessoas, a diversidade demográfica é vital.

Há contextos em que a sobreposição é menos significativa ou até inexistente. Na mesma pesquisa, Sparber descobriu que o aumento da diversidade racial não gerou ganhos de eficiência em empresas que produzem peças, máquinas e similares para aeronaves. Por quê? A experiência de ser, por exemplo, negro, fornece poucas — ou nenhuma — novas ideias sobre o design de peças.

Podemos expressar esse ponto de outra maneira com a previsão econômica. Tomemos dois economistas: um branco, gay e de meia-idade, e uma negra jovem e heterossexual. Esses economistas são completamente diferentes em termos demográficos. Mas suponha que tenham se graduado na mesma universidade, estudado com os mesmos professores e saído com modelos similares. Nessas circunstâncias, são clones em relação ao problema.

Agora, pense em dois economistas brancos, de meia-idade e míopes, que têm o mesmo número de filhos e gostam dos mesmos programas de TV. Eles parecem homogêneos e, de uma perspectiva demográfica, são. Mas suponha que um seja monetarista e o outro, keynesiano. Essas são duas maneiras diferentes de entender a economia; dois modelos distintos. Sua previsão coletiva, com o tempo, será significativamente melhor do que a de qualquer um sozinho. Os dois economistas parecem iguais, mas são diversos na maneira de abordar os problemas.

Vale lembrar que a contratação de alguém diferente em termos de raça ou gênero não garante um aumento na diversidade cognitiva. A construção da inteligência coletiva não pode ser reduzida a um exercício de marcar itens. Considere também que as pessoas que começam diversificadas podem ser atraídas para as suposições dominantes do grupo. Isso acarreta uma situação em que as equipes de liderança parecem diversas, mas, em termos cognitivos, são tudo menos isso. Todos estão na organização há tanto tempo que passaram a compartilhar pontos de vista, ideias e padrões de pensamento.

As equipes de sucesso são diversificadas, mas não *arbitrariamente*. É improvável que um grupo de cientistas que projeta um colisor de hádrons se beneficie da contratação de um skatista, de qualquer raça ou gênero. Ou considere o que teria acontecido se o conselho da Associação de Futebol de Brailsford, Campbell, Giles, Lancaster e Badale tivesse sido convidado para aconselhar o sequenciamento de DNA. A equipe teria informações diversas, mas dificilmente atacaria o espaço do problema.

A diversidade contribui para a inteligência coletiva, mas apenas quando é relevante. O segredo é encontrar pessoas com perspectivas que sejam ao mesmo tempo *relevantes e sinérgicas*.

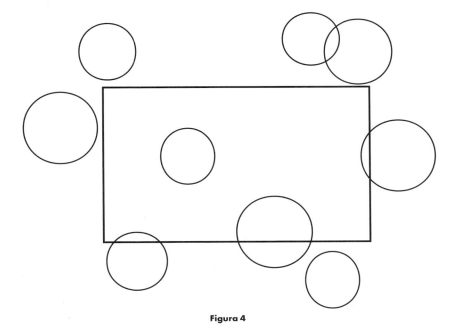

Figura 4

Equipe diversificada, mas coletivamente estúpida (Rebeldes sem causa)

Para os analistas econômicos, a inteligência coletiva emerge de indicadores precisos, que implementam diferentes modelos. Para uma agência de inteligência, surge de excelentes analistas, que possuem uma rica diversidade de experiências, para entender melhor a multiplicidade de ameaças que enfrentam. Para os formuladores de políticas, de políticos individuais excepcionais, com antecedentes (entre outras coisas) que abrangem o espectro demográfico, do eleitorado a que servem. Para equipes que trabalham em outros contextos — bem, veremos mais exemplos à medida que o livro avançar.

Talvez o ponto mais importante seja o significado *generalizado* da diversidade. A diversidade não é um bônus. Não é a cereja do bolo. Pelo contrário, é o ingrediente básico da inteligência coletiva. Pense no poder da diversidade de uma perspectiva mais ampla. Ela explica por que os sistemas de preços funcionam de maneira tão eficaz e por que as plataformas e wikis de inovação de código aberto se difundiram. Todos têm a mesma estrutura: reúnem informações díspares contidas em mentes distintas.*

A diversidade chegou ao coração da inteligência artificial. Há algumas décadas, o aprendizado de máquina era baseado em algoritmos únicos. Hoje, é amplamente caracterizado por conjuntos de preditores diversificados. Scott Page seguiu o mesmo padrão ao criar modelos de computador para solução de problemas. "Deparei-me com um resultado inesperado", disse ele. "Grupos diversificados de solucionadores de problemas [...] superaram os grupos dos melhores e mais brilhantes profissionais."[8]

VI

Uma solução superestimada para a falta de diversidade na política e em outros contextos é o uso de grupos focais, que são considerados um meio de oferecer os benefícios da diversidade sem diluir a homogeneidade das estruturas de poder das elites políticas. A ideia básica é reunir algumas pessoas relevantes em uma sala, fazer perguntas, descobrir do que elas gostam e do que não gostam, observar quaisquer objeções e problemas práticos, e então refinar a política. Às vezes, os anunciantes agem assim com a "pesquisa de mercado", testando as ideias em um público diversificado para descobrir o que funciona e o que não funciona.

---

* Este é o argumento do economista Friedrich Hayek, que mostrou como os preços emergem como consequência de julgamentos independentes de muitas pessoas diferentes agindo de acordo com as próprias informações e preferências. Frequentemente, os preços de mercado realizam um trabalho surpreendentemente eficaz na combinação de informações de uso diverso.

Mas tais abordagens, embora sejam sensatas nos próprios termos, perdem o ponto principal. Por quê? Porque a diversidade não se resume a obter respostas de grupos focais ou de pesquisas de mercado. Trata-se das perguntas feitas, dos dados utilizados como base para a deliberação e das premissas que permeiam a problematização de qualquer questão.

Isso não se aplica apenas à política, mas à ciência — supostamente, a mais objetiva das disciplinas. Uma pesquisa de periódicos de ciência do esporte descobriu que 27% dos estudos se concentravam em homens, e apenas 4% em mulheres.[9] Não é por acaso que a maioria dos cientistas do esporte é homem. Esse é um pequeno exemplo de como preconceitos são incorporados antes de as perguntas serem respondidas e de como os dados são distorcidos antes que as lições sejam sondadas. Isso mostra que, embora a diversidade demográfica e a cognitiva sejam conceitualmente distintas, geralmente se sobrepõem.

A primatologia ilustra o mesmo ponto de outra maneira. Antes de Jane Goodall entrar em cena, o campo era dominado por homens. Eles adotaram a visão evolutiva de Charles Darwin, concentrando-se na competição entre os homens pelo acesso às mulheres. Nesse contexto, as primatas fêmeas são passivas, e o macho alfa tem acesso a todas elas, ou elas simplesmente escolhem o macho mais poderoso. Mas esse quadro de referência continha um ponto cego. Somente quando uma massa crítica de mulheres entrou em cena, a primatologia percebeu que as primatas eram muito mais ativas e podiam até fazer sexo com muitos machos, ideias que criaram uma teoria mais rica e explicativa do comportamento dos primatas.

Por que as mulheres cientistas viram algo que os homens não perceberam? Em seu fascinante livro *The Woman That Never Evolved*, a antropóloga Sarah Blair Hrdy escreve: "Quando, digamos, uma lêmure ou bonobo fêmea dominava um macho, ou

70 IDEIAS REBELDES

uma langur fêmea deixava seu grupo para buscar machos estranhos, uma pesquisadora de campo tendia a seguir, observar e admirar o comportamento em vez de considerá-lo um acaso."

Vimos no Capítulo 1 que os japoneses se concentram mais no contexto e menos nos indivíduos, comparados com os norte-americanos. A primatologia se beneficiou desse mesmo efeito. Como os acadêmicos Douglas Medin, Carol D. Lee e Megan Bang disseram em um artigo principal da *Scientific American*:

> Nos anos 1930 e 1940, os primatologistas dos EUA se concentravam no domínio masculino e no acesso voltado ao acasalamento. Raramente indivíduos ou grupos eram rastreados por anos. Já os pesquisadores japoneses deram muito mais atenção ao status e às relações sociais, valores mais relevantes na sociedade japonesa. Essa diferença de orientação gerou ideias díspares. Os primatologistas japoneses descobriram que a posição do macho era apenas um fator que determinava as relações sociais e a composição do grupo. As fêmeas também tinham uma ordem de classificação, e o núcleo do grupo era formado pela associação de linhagens de fêmeas, não de machos.

Isso nos leva de volta a algo já mencionado. Lembra-se do aviso de John Cleese? "Todo mundo tem teorias. As pessoas perigosas são as que não têm consciência das próprias teorias. Ou seja, as teorias com base nas quais agem são inconscientes." Agora vemos que isso se aplica tanto à própria ciência quanto a qualquer outra coisa. Em seu delicado e belo livro *Conjecturas e Refutações*, Karl Popper, talvez o maior de todos os filósofos da ciência, defende esse ponto, junto com tantos outros. Suas palavras estão entre as minhas citações favoritas e são um tapa na cara útil não apenas para os cientistas, mas para todos nós:

REBELDES VERSUS CLONES

Há 25 anos, tentei explicar melhor uma questão para um grupo de estudantes de física de Viena, começando uma aula com as seguintes instruções: "Pegue lápis e papel; observe e escreva o que observou!" Eles perguntaram, é claro, o que eu queria que observassem. Claramente, a instrução "Observar!" é absurda. [...] A observação é sempre seletiva. Precisa de um objeto, uma tarefa definida, um interesse, um ponto de vista, um problema. [...] Para um cientista, [um ponto de vista] é dado por seus interesses teóricos, o problema sob investigação, suas conjecturas e antecipações, e *as teorias que aceita como pano de fundo: seu quadro de referência, seu "horizonte de expectativa"* [grifo do autor].

VII

Veja as palavras cruzadas [em inglês] na página 72. São 35 no total — 18 na horizontal e 17 na vertical. Algumas são de conhecimento geral; algumas são enigmas e outras, anagramas. Se quiser fazer, as respostas estão no final do livro [em inglês]. Essas palavras cruzadas foram publicadas no *Daily Telegraph* no dia 13 de janeiro de 1942. Na época, os leitores do jornal tinham reclamado que as palavras cruzadas diárias estavam fáceis demais. Alguns alegaram que as concluíam em questão de minutos. Isso foi recebido com descrença por alguns setores, o que levou W. A. J. Garvin, presidente do Eccentric Club, a oferecer um prêmio à caridade se alguém as completasse em até 12 minutos.

Arthur Watson, então editor do *Daily Telegraph*, organizou uma competição para quem quisesse encarar o desafio de Garvin. Em janeiro, mais de 30 pessoas foram à redação da Fleet Street para fazer as palavras cruzadas sob condições controladas. Elas seriam publicadas na edição do dia seguinte.

Palavras cruzadas 5.062
Daily Telegraph, 13 de janeiro de 1942

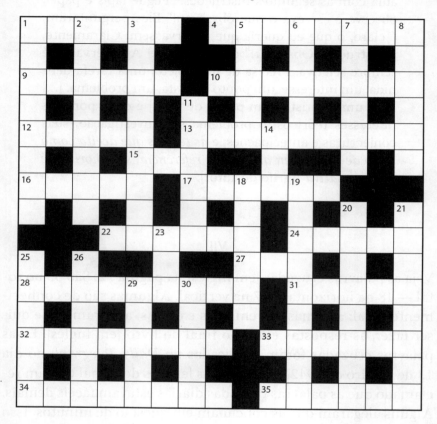

Um dos concorrentes foi Stanley Sedgewick, funcionário de uma empresa de contadores da cidade. Ele se tornara uma espécie de gênio das palavras cruzadas durante sua jornada diária de trem para o trabalho. "Fiquei muito bom em resolver as palavras cruzadas do *Daily Telegraph*", disse mais tarde. "Estava com outros 30 competidores que também as solucionariam rapidamente. Sentamo-nos em mesas individuais em frente a

REBELDES VERSUS CLONES

Across

1. A stage company (6)
4. The direct rote preferred by the Roundheads (5,3)
9. One of the ever-greens (6)
10. Scented (8)
12. Course with an apt finish (5)
13. Much that could be got from a timber merchant(5,4)
15. We have nothing and are in debt (3)
16. Pretend (5)
17. Is this town ready for a flood? (6)
22. The little fellow has some berr; it makes me lose colour, I say (6)
24. Fashion of a famous French family (5)
27. Tree (3)
28. One might of course use this tool to core an apple (6,3)
31. Once used for unofficial currency(5)
32. Those well borught up help these over stiles (4,4)
33. A sport in a hurry (6)
34. Is this the worshop that turns out this parte of a motor a hush-hush affair? (8)
35. An illumination functioning (6)

Down

1. Official instruction not to forget the servants (8)
2. Said to be a remedy for a burn (5,3)
3. Kind of alias (9)
5. A disagreeable company (5)
6. Debtors may have to use this money for their debts unless of course their creditors do it to the debts (5)
7. Boat that should be able to suit anyone (6)
8. Gear (6)
11. Business with the end in sight (6)
14. The right sort of woman to start a dame school (3)
18. "The war" (anag.) (6)
19. When hammering take care not to hit this (5,4)
20. Making sound as a bell (8)
21. Half a fortnight of old(8)
23. Bird, dish or coin (3)
25. This sign of the Zodiac has no connection with the Fishes (6)
26. A preservative of teeth (6)
29. Famous sculptor (5)
30. This part of the locomotive engine would sound familiar to the golfer (5)

uma plataforma de fiscais, incluindo o editor, o Sr. Garvin e o cronometrista."[10]

No evento, quatro dos competidores resolveram as palavras cruzadas a tempo, e, embora faltasse uma palavra para Sedgewick quando a campainha tocou, os observadores ficaram impressionados com sua engenhosidade e pensamento lateral. Os participantes foram tratados com acolhimento e cortesia no

74   IDEIAS REBELDES

Daily Telegraph. "Tomamos chá na sala de jantar do presidente e nos dispersamos com a lembrança de uma agradável tarde de sábado", disse Sedgewick.

Várias semanas depois, ele recebeu uma carta. O envelope estava marcado como "Confidencial". Era uma época de forte drama histórico; o mundo estava em guerra. No ano anterior, Hitler iniciara a Operação Barbarossa, a invasão da Rússia, e o Reino Unido estava em um estado de extrema vulnerabilidade. Sedgewick ficou intrigado ao pegar a missiva. O que poderia ser?

"Imagine minha surpresa", disse ele, "quando vi que a carta [...] era um convite, decorrente da minha participação no teste das palavras cruzadas do *Daily Telegraph*, para encontrar o Coronel Nicholls, da General Staff, que 'gostaria muito de consultá-lo para uma questão de importância nacional'".[11]

*

Bletchley Park é o nome da propriedade na zona rural de Buckinghamshire, 80km a noroeste de Londres, em que uma equipe de homens e mulheres se reuniu para trabalhar na mais secreta das missões. A máquina Enigma era um dispositivo de criptografia usado pela Alemanha nazista em todos os ramos de suas forças armadas. Os dispositivos eram pequenos, como uma máquina de escrever em uma caixa de madeira, com uma tecnologia de criptografia que consistia em um mecanismo de rotor eletromecânico que codificava as 26 letras do alfabeto. Um operador inseria um texto no teclado e outro anotava qual das 26 luzes acima do teclado acendia a cada tecla pressionada. Muitos no alto comando alemão pensavam que era inquebrável.

O grupo de Bletchley Park foi recrutado pelos serviços secretos da inteligência britânica para, entre outras coisas, desvendar o Enigma. O local era uma mansão que com "uma mistura feia do estilo mock tudor e do gótico, em tijolo vermelho, e dominada

REBELDES VERSUS CLONES

de um lado por uma grande cúpula de cobre esverdeado pelo desgaste do clima", como descreveu Michael Smith em seu excelente livro *The Secrets of Station X*. Grande parte do trabalho ocorreu em cabanas de madeira itinerantes colocadas no local.

Embora as cabanas fossem rudimentares, abrigariam algumas das atividades mais importantes (e fascinantes) da Segunda Guerra Mundial. A equipe de Bletchley Park decifrou o Enigma, fornecendo um tesouro de informações vitais para o esforço geral da guerra. Alguns argumentam que a inteligência encurtou a guerra em até três anos. Outros afirmam que alterou o resultado em si. Winston Churchill descreveu Bletchley Park como "uma galinha dos ovos de ouro".

Agora, se estivesse recrutando uma equipe de decifradores de códigos, acho que gostaria de contratar matemáticos profícuos. Essa foi precisamente a abordagem de Alistair Denniston, um pequeno escocês, quando lhe pediram que chefiasse a operação de Bletchley Park. Em 1939, contratou Alan Turing, então colega do King's College, Cambridge, com 27 anos, considerado um dos maiores matemáticos do século XX, e Peter Twinn, de 23 anos, do Brasenose College, Oxford. Com o tempo, mais matemáticos e lógicos seriam adicionados à equipe.

Mas Denniston, conhecido como A. G. D. pelos colegas, teve uma sacada vital. Percebeu que resolver um problema complexo e multidimensional demanda diversidade cognitiva. Ele precisava de uma equipe de rebeldes, não de clones. Um grupo de Alan Turings — mesmo que existisse — não poderia fazer o trabalho. Por isso, ele lançou sua rede muito além do que muitos julgavam sensato ou desejável. Denniston percebeu que precisava de cobertura em todo o espaço problemático.[12]

Como Smith observa em *The Secrets of Station X*, os recrutas de Denniston incluíram Leonard Foster, um estudioso da Alemanha e do Renascimento; Norman Brooke Jopson,

IDEIAS REBELDES

professor de filologia comparada; Hugh Last, historiador; e A. H. Campbell, filósofo jurídico. Ele também procurou J. R. R. Tolkien, professor de anglo-saxão em Oxford. Embora Tolkien tenha feito um curso de instrução no QG de Londres, da Escola de Código Governamental e na Cypher, decidiu ficar em Oxford. A perda na criptografia foi um ganho na literatura: durante a guerra, Tolkien escreveu a maior parte de *O Senhor dos Anéis*.[13]

A equipe do Bletchley Park era diversificada em vários níveis. Tinha diferentes antecedentes intelectuais, e também demográficos. Turing era gay, em uma época em que a homossexualidade era ilegal. A maior parte da equipe era formada por mulheres, embora suas funções fossem administrativas (Bletchley Park não estava imune ao sexismo da sociedade em geral). Havia muitos criptoanalistas judeus de alto escalão. Havia também pessoas de diferentes religiões e origens sociais.[14]

Por que isso era importante para decifrar um código? Não se tratava apenas de lógica e processamento de números? Na verdade, como em todas as tarefas complexas, o desafio dependia de várias camadas de ideias. Pense no enigma que ficou conhecido como "Cillies". Eram sequências de três letras usadas pelos alemães operadores de sinais para configurar mensagens nas máquinas, para as quais usavam nomes de namoradas ou as primeiras três letras de um palavrão. O nome era Cillies porque uma das primeiras descobertas foi CIL, uma abreviação de Cillie, uma garota alemã. Essas "instruções" ajudavam a equipe a decifrar os códigos.[15]

Quebrar códigos não se resume a entender dados; é preciso também entender pessoas. "Alguns se dedicavam à psicologia de estar no meio da luta quando deveriam codificar mensagens para seu general e tinham que colocar três ou quatro letras nessas

REBELDES VERSUS CLONES

pequenas janelas; e, no calor da batalha, colocavam o nome de sua namorada ou palavrões de quatro letras em alemão", disse uma das jovens que quebravam códigos. "Sou a especialista mundial em palavrões de quatro letras em alemão!"[16]

O desejo de recrutar entusiastas de palavras cruzadas surgiu da busca para obter ideias de todo o espaço problemático. Parecia estranho que os recrutadores de Bletchley Park observassem a competição de palavras cruzadas do *Daily Telegraph*. Parecia quase frívolo em tempos de guerra. Mas eles estavam agindo sob a perspectiva holística. Eles tiveram a percepção genial de que as palavras cruzadas compartilham características críticas com a criptografia.

"Para um código simples ou para algo tão complexo quanto o Enigma, em que os decifradores de Bletchley estavam trabalhando, o truque é relacionar letras e palavras", disse Smith. "Palavras cruzadas exigem o mesmo tipo de raciocínio lateral."[17]

Pouco antes de sua morte, em 2013, Mavis Batey, que ajudou a decifrar o Enigma italiano, crucial para a Grã-Bretanha vencer a Batalha de Matapan, deu uma entrevista em que mostrou sua capacidade de pensamento lateral. "Minha filha trabalhava na Biblioteca Bodleian", disse ela, "e um dia mencionou que estava trabalhando no piso 'J'. 'J', falei, 'dez pisos abaixo do chão'. E ela me olhou cabreira, perguntando como descobri isso no ato".

Havia também um elemento humano, um argumento do escritor científico Tom Chivers:

> Palavras cruzadas demandam entrar na mente do oponente, como quebrar códigos, na de seu inimigo. Os quebradores de códigos passaram a conhecer cada pessoa

78IDEIAS REBELDES

que codificava as mensagens, de acordo com seu estilo, como os solucionadores de palavras cruzadas entendem os criadores. Mavis Batey descobriu que dois dos operadores de máquinas Enigma namoravam uma Rosa.[18]

A carta que chegou à porta de Stanley Sedgewick não era um blefe. Não era diversidade por si só. Não, ela foi projetada com precisão para maximizar a inteligência coletiva. "Foi preciso preparo para reunir as diferentes mentes a fim de resolver um problema intricado", disse-me Smith, que foi oficial de inteligência antes de se tornar jornalista e autor.

Em outras palavras, a quebra do código Enigma dependia da quebra de um código anterior: o da diversidade. É fácil contratar pessoas brilhantes de uma mesma classe e formação. É fácil contratar matemáticos excelentes na análise de dados das máquinas Enigma, mas que talvez não parassem para pensar em seus operadores humanos. Ao olhar de fora, ponderando os pontos cegos de todas as perspectivas, com a engenhosidade de buscar ideias úteis em um vasto universo, Bletchley Park expressava uma inteligência coletiva de um tipo incomum e notável.

George Steiner, filósofo e crítico, descreveu Bletchley Park como "a maior conquista da Grã-Bretanha de 1939 a 1945, talvez durante o século XX como um todo". Bill Bundy, um norte-americano quebrador de código que trabalhou em Bletchley e que se tornaria secretário de Estado adjunto do governo dos EUA, disse que nunca havia trabalhado com um grupo de pessoas "mais dedicadas e com uma gama tão grande de habilidades, discernimento e imaginação".[19]

Após receber a carta, Sedgewick aceitou o convite para visitar o coronel Nicholls, da General Staff, que também era chefe do MI8, o departamento de inteligência britânico. "Ingressei em

Devonshire House, em Piccadilly, sede do MI8, e me vi entre outros que foram contatados nas mesmas circunstâncias", disse depois. "Foi assim que eu relatei à 'escola de espionagem', em 1, Albany Rd, Bedford."

Quando Sedgewick chegou à Bletchley Park, foi alocado para trabalhar na Hut Ten, que focava a interceptação de códigos climáticos. Eles foram cruciais para o Comando de Bombardeiros da Força Aérea Real, ajudando-os a tomar decisões operacionais mais bem informadas, mas tinham um objetivo adicional. Serviram de cobaias para a máquina Enigma usada pela Marinha Alemã.*

Quebrar aqueles códigos teve uma repercussão impagável, desempenhando um papel fundamental na Batalha do Atlântico. Permitiu que os comboios dos EUA escapassem dos submarinos alemães que estavam à espera, criando um elo entre os Estados Unidos e a Europa, que permitiu à Grã-Bretanha se beneficiar dos suprimentos mercantes cruciais para continuar lutando. Uma fonte estima que foram economizadas até 750 mil toneladas de remessas somente entre dezembro de 1942 e janeiro 1943.

"Quando conversei com Sedgewick, alguns anos antes de sua morte, o que mais me impressionou foi sua modéstia e senso de dever", disse-me Smith. "Ele tinha um emprego bastante comum antes da guerra, então ser recrutado para Bletchley Park representava um desafio fascinante. Minha impressão é que ele cumpriu sua missão na Terra, trabalhando com uma equipe notável nas missões mais importantes." E foi assim que um funcionário de tom de voz baixo, que aprendeu a resolver palavras cruzadas em seu trajeto diário, ajudou a derrotar a Alemanha nazista. Stanley Sedgewick integrou uma das melhores equipes de rebeldes da história.

---

* A segurança do Enigma naval foi reforçada no início de 1942, inviabilizando hackeamentos.

3

DISSIDÊNCIA CONSTRUTIVA

I

Pouco depois da meia-noite do dia 10 de maio de 1996, Rob Hall e sua equipe entraram na Zona da Morte. Desde a extensa e impiedosa camada de gelo duro e rochas chamada Colo Sul, em que pernoitaram com fortes vendavais, eram 950 metros verticais até o cume da montanha mais alta do mundo. Se tudo desse certo, eles alcançariam o cume do Monte Everest, com suas bandeiras de oração budistas e inúmeras recordações, dentro de doze horas.

Além de Hall, um barbudo de 35 anos líder da expedição, havia mais dois guias — Andy Harris e Mike Groom — xerpas e oito clientes. Os clientes eram alpinistas experientes, mas não tinham as credenciais técnicas reconhecidas mundialmente para escalar o Everest sem ajuda. O grupo contava com Jon Krakauer, autor e aventureiro que relataria a expedição para a revista *Outside*, Beck Weathers, patologista do Texas com dez anos de experiência em montanhismo, e Yasuko Namba, uma empresária nascida em Tóquio de 47 anos que havia escalado as montanhas mais altas de seis dos sete continentes; uma ascensão bem-sucedida ao

Everest a levaria para os livros de recordes como a mulher mais velha a completar todos os Sete Cumes.

Hall estava confiante em sua equipe e preparativos. Ele escalara o Everest quatro vezes e aprendeu a combinar habilidade técnica com agilidade e força. Conhecera Jan, sua esposa, a caminho de uma ida ao Everest em 1990 (médica, estava trabalhando em uma clínica logo abaixo do acampamento-base) e se apaixonou. "Pedi a Jan que saísse comigo assim que descesse do Everest", disse mais tarde.[1] O primeiro encontro foi escalar o Monte McKinley, no Alasca, e se casaram dois anos depois. Em 1993, eles subiram o Everest juntos, apenas o terceiro casal a conquistar a proeza.[2]

Jan costumava trabalhar no acampamento-base durante as investidas de Hall no Everest, mas dessa vez ela precisou recusar. Estava grávida de sete meses, o que deixou Hall ainda mais ansioso pela escalada. Ao voltar para casa na Nova Zelândia, vivenciaria a emoção de se tornar pai. "Mal posso esperar", disse.

Mas Hall tinha experiência suficiente para saber que cada passo acima colocaria a equipe cada vez mais em risco. O Colo Sul fica a oito quilômetros acima do nível do mar, o ar é tão rarefeito que os montanhistas precisavam de oxigênio em cilindros, com suas máscaras presas ao rosto enquanto seus corpos se encolhiam contra as exigências ferozes da troposfera. "A cada minuto que você permanece a essa altitude, ou acima, sua mente e corpo vão se deteriorando", disse Hall à equipe. Krakauer relatou: "Nossas células cerebrais estavam morrendo. Nosso sangue engrossa, como lama, em uma proporção perigosa. Os capilares das retinas começam a ter hemorragia espontânea. Mesmo em repouso, nossos corações batem a um ritmo furioso."[3]

Enquanto o grupo fitava a famosa face triangular do pico, conhecida localmente como Chomolungma, "Deusa Mãe do Mundo", eles sabiam que os desafios técnicos na ascensão final seriam exigentes. Primeiro, a paciente subida até o Balcony com os capacetes iluminando o caminho, as cordas atravessando a encosta e um medo sempre presente com relação ao risco de uma queda de pedras mortal. Então, a subida ao Cume Sul, íngreme e contínua, com o sol nascente a banhar Lhotse, ao sul, com raios fantasmagóricos.

E, em seguida, logo abaixo do cume propriamente dito, o Passo Hillary, uma homenagem a Sir Edmund Hillary, a primeira pessoa a chegar ao topo ao lado de Sherpa Tenzing, e a face vertical mais famosa de todas as escaladas. "O problema mais formidável da cordilheira — um degrau de pedra a apenas 40 metros de altura", escreveria Hillary. "A rocha em si, lisa e quase sem relevo, pode ter sido um problema instigante para um grupo de alpinistas especialistas em um domingo à tarde no Lake District, mas, para nós, era uma barreira além da nossa alçada."[4]

O Everest não é, segundo veteranos, o mais bonito dos picos do mundo. É bruto e simplório em comparação às silhuetas delineadas projetadas por muitas das grandes montanhas. Porém a magia compensa a falta de apelo estético. "Encarei o pico por 30 minutos, buscando entender como seria estar naquele vértice tempestuoso', escreveu Krakauer ao contemplar o grupo de montanhas, desde a pista de pouso de Lukla até o acampamento-base. "Embora eu tenha subido centenas de montanhas, o Everest era tão diferente de tudo o que eu havia escalado anteriormente que meus poderes de imaginação eram insuficientes para a tarefa. O cume parecia tão frio, tão impossivelmente distante."

No entanto, apesar da magia, o Everest também é mortal. Desde que uma expedição britânica, em 1921, escalou a montanha pela primeira vez, 130 montanhistas morreram, uma taxa de um para cada quatro escaladores que chegam ao topo.[5] Talvez a morte mais famosa tenha sido também uma das primeiras, a de George Leigh Mallory, em 1924. Com equipamento rudimentar e uma coragem surpreendente, o inglês ousou a ascensão final em junho, junto com seu colega Andrew "Sandy" Irvine.[*]

Naquele dia, o topo da montanha estava envolto por névoa, impedindo a equipe de observar seu progresso. Porém, às 12h50, as nuvens se dissiparam por alguns momentos. Noel Odell, um dos colegas de equipe, os testemunhou no alto da cordilheira nordeste, cinco horas atrasados, mas "se movendo de forma deliberada e vigorosa" em direção ao pico. Mallory e Irvine não foram vistos novamente até 1999, quando o cadáver de Mallory foi encontrado a 8.156 metros de altura, na face norte. O consenso dos historiadores é de que nenhum deles chegou ao cume.

Os perigos estavam bem claros para todos os membros da equipe de Hall. Eles testemunharam os cadáveres que cobrem a encosta da montanha e receberam alertas severos sobre a importância do oxigênio adicional. Desde que chegaram ao acampamento-base, a 5.364 metros, fizeram três subidas de aclimatação. A primeira subida até a Queda de Gelo Khumbu — cheia de fendas, gelo instável e a ameaça de uma avalanche — os levou a 5.944 metros. A segunda e a terceira os levaram primeiro a 6.400 metros, em seguida a 7.163 metros, cada hora forçando seus corpos e mentes a se acostumarem ao ar que, no próprio pico, conteria apenas um terço do oxigênio a nível do mar.

Porém, agora, bem na chamada Zona da Morte, a 7.925 metros de altura, eles estavam no território mais perigoso de todos os montanhistas. Hall já havia decidido que a equipe precisaria retornar por volta das 13h ou 14h, no mais tardar. Se não chegassem ao topo até então, teriam que retornar. Essa não foi uma decisão técnica, mas matemática. Com três cilindros de oxigênio por pessoa, cada um fornecendo cerca de seis a sete horas do gás, demorar mais seria flertar com a calamidade. Como Hall disse:

---

[*] Foi Mallory quem respondeu a um jornalista que o atormentava para saber por que ele queria arriscar sua vida escalando o Everest com a fala imortal: "Porque ele está lá!"

DISSIDÊNCIA CONSTRUTIVA

"Com determinação suficiente, qualquer idiota sobe essa colina. A questão é voltar vivo."[6]

O outro fator complicador naquele dia era o fato de outras equipes também estarem se aventurando no cume, uma ocorrência comum devido ao fascínio global pelo pico do Himalaia. A equipe Mountain Madness era liderada por Scott Fischer, um norte-americano amigável e um dos alpinistas mais qualificados do mundo. Seus guias também eram excelentes no que faziam, incluindo Anatoli Boukreev, que havia escalado o Everest duas vezes. Entre a equipe estava Sandy Pitman, uma montanhista norte-americana que, como Namba, completara seis dos sete cumes. Ela estava fazendo vídeos diários para a NBC. Naquele dia, na montanha, havia também uma equipe, embora muito menor, de Taiwan.

No momento em que o sol surgiu na borda do horizonte, às 5h15, Krakauer, um membro do grupo de Hall, havia atingido o topo da cordilheira sudeste. "Três dos cinco picos mais altos do mundo se destacaram com seu relevo irregular contra um amanhecer pastel", escreveria depois. "Meu altímetro leu 8.412 metros."[7] Era uma visão gloriosa, mas em outros lugares, pelas encostas, pequenos problemas começavam a se acumular.

As cordas não haviam sido pré-instaladas acima de 8.352 metros, e instalá-las causou atrasos. Boukreev, Neal Beidleman, um guia da equipe Mountain Madness e xerpas instalaram as cordas com muito cuidado na parte superior. Enquanto isso, Scott Fischer estava mais abaixo na encosta da montanha. Ele havia gastado muita energia três dias antes, ajudando seu amigo Dale Kruse, que havia ficado doente, a chegar ao acampamento-base. Ele mostrava também os sintomas das grandes alturas, como edema pulmonar, um acúmulo de líquido nos pulmões.

88 IDEIAS REBELDES

Só um pouco após às 13h que Krakauer, à frente do resto de sua equipe, chegou ao cume. Ele ficou emocionado por ter realizado um grande sonho, mas sentia que os membros da expedição estavam se desalinhando. Hall ainda estava bem abaixo do cume. Pitman e outros membros ficavam cada vez mais cansados. O prazo máximo para um retorno seguro se aproximava rapidamente. Nuvens finas preenchiam os vales ao sul.

E, no entanto, nenhum dos escaladores poderia imaginar que, nas próximas horas, oito deles perderiam a vida em um dos dias mais infames da história da montanha mais famosa do mundo. O desastre do Everest de 1996 havia começado.

Nos anos seguintes, muitos sobreviventes relataram suas histórias. Krakauer escreveu o best-seller *No Ar Rarefeito*. Beck Weathers, outro cliente de Hall, escreveu *Deixado para Morrer*. O IMAX produziu um documentário chamado *Everest*, e a National Geographic, um longa-metragem chamado *The Dark Side of Everest*. Em 2015, o desastre foi transformado em um sucesso de bilheteria de Hollywood estrelado por Jason Clarke, Josh Brolin e Keira Knightley. O filme *Everest* faturou mais de US$200 milhões em bilheteria.

E, apesar da abundância de histórias, até hoje não há consenso sobre o que deu errado e o que, por consequência, deveria ser aprendido. Krakauer criticou profundamente Anatoli Boukreev, um guia da equipe Mountain Madness, que havia avançado muito à frente de seus clientes. Boukreev revidou com o próprio livro, intitulado *A Escalada*, e foi defendido por muitas das vozes mais influentes do montanhismo. Pitman, que passou anos assombrada com o que aconteceu, reclamou que vários relatos haviam assassinado seu personagem.[8] Krakauer, por sua vez, disse

DISSIDÊNCIA CONSTRUTIVA

que sua representação no *Everest* (interpretada pelo ator Michael Kelly) foi uma "verdadeira porcaria".

Diferenças desse tipo são inevitáveis, principalmente quando há necessidade de atribuir culpa. Pessoas morreram, famílias ficaram de luto e muitas ficaram confusas a respeito de como as coisas deram tão errado. É comum os relatos em primeira pessoa não serem compatíveis com as consequências de um desastre, às vezes destoarem completamente. Contudo, neste capítulo, examinaremos a possibilidade de todos os relatos estarem errados. Trabalharemos com a ideia de que o problema não estava nas ações de nenhum indivíduo, mas na maneira como eles se comunicavam.

Nos dois capítulos iniciais, vimos como diferentes perspectivas ampliam a inteligência coletiva, de maneiras idiossincráticas. Às vezes, porém, os benefícios da diversidade são mais prosaicos. Na encosta de uma montanha, diferentes escaladores em diferentes posições percebem coisas diferentes. Um montanhista em um ponto observará a disposição dos montanhistas próximos, problemas nas proximidades, nuvens se aproximando a oeste etc., elementos que não serão vistos por aqueles em diferentes pontos da montanha. Uma pessoa tem um único par de olhos. Uma equipe tem muitos. Portanto, a pergunta que fazemos é: Como *combinar* informações e perspectivas úteis? Para que a diversidade opere sua mágica, diferentes perspectivas e julgamentos devem ser comunicados. Não é bom guardar informações úteis.

Há também a questão de quem toma a decisão final depois que as várias perspectivas são expressas. Se houver opiniões contraditórias, quem decide? Se houver ideias diferentes, nós as fundimos ou selecionamos uma em vez da outra? Neste capítulo,

IDEIAS REBELDES

passaremos dos fundamentos conceituais da diversidade para a implementação prática.

De várias maneiras, o caso do Everest será um meio interessante para embasar essa análise. As condições meteorológicas são inerentemente incertas. Não importa quanto planejamento e preparação tenha sido feito, existem reviravoltas inesperadas. O número de subdivisões da equipe, conforme as condições se transformam, exige muito, não apenas da resistência física, como também da carga cognitiva. Montanhismo é, nesse sentido, o que os teóricos chamam de ambiente VUCA: volátil, umbroso, complexo e ambíguo.

II

Psicólogos e antropólogos não costumam concordar, mas um aspecto em que concordam é o significado das hierarquias de dominância. Os seres humanos compartilham hierarquias com outros primatas e, segundo o psicólogo Jordan Peterson, até mesmo lagostas. "A presença da hierarquia remonta a dezenas de milhares de gerações até o advento do *Homo sapiens* e, de fato, a inclusão de outras espécies de primatas", disse Jon Maner, professor de psicologia da Universidade Estadual da Flórida. "A mente humana é, literalmente, projetada para viver dentro de grupos hierarquicamente organizados."[9]

As emoções e os comportamentos associados às hierarquias de domínio estão tão profundamente escritos em nossas mentes que mal percebemos que estão lá. Os indivíduos dominantes adotam gestos expansivos, ameaçam e impulsionam os subordinados pelo medo. Alfas particularmente dominantes erguem a voz, gesticulam e mostram os dentes. Isso vale tanto para chefes do setor financeiro quanto para um chimpanzé alfa em um

DISSIDÊNCIA CONSTRUTIVA

bando. Aqueles em posições mais baixas tendem a sinalizar subserviência com cabeças abaixadas, ombros encurvados e olhar evasivo — o que George Orwell chamou de "encolher".

De fato, nossa psicologia de status é tão automaticamente sintonizada que, se colocarmos cinco estranhos em uma sala e lhes dermos uma tarefa, veremos as hierarquias de domínio se desenvolvendo em segundos. Ainda mais interessante é o fato de que observadores externos, que nem conseguem ouvir o que está sendo dito, conseguem definir as várias posições hierárquicas apenas observando suas posturas e expressões.

Hierarquia não é apenas o que fazemos, é quem somos.

A difusão das hierarquias de dominância sugere que elas servem a um importante propósito evolutivo. Quando as escolhas que confrontam uma tribo ou grupo são simples, faz sentido que um líder tome decisões e que todos os demais obedeçam. Isso aumenta a velocidade e a coordenação. Tribos com líderes dominantes tendiam a se sair melhor em nossa história evolutiva.

Porém, em situações de complexidade, a dinâmica da dominância pode ter consequências mais sombrias. Como vimos, a inteligência coletiva depende da expressão de diversas perspectivas e percepções — o que chamamos de ideias rebeldes. Isso pode ser impedido em uma hierarquia em que a dissidência é percebida pelo alfa como uma ameaça ao seu status. A dominância, nesse sentido, representa um paradoxo: os seres humanos são inerentemente hierárquicos e, no entanto, os comportamentos associados podem impedir a comunicação eficaz.

Um acidente que traz à tona essas ironias é o voo 173 da United Airlines,* que decolou de Denver, no dia 28 de dezembro de 1978 para Portland, Oregon. Tudo correu bem até a manobra

---

* Menciono esse incidente em meu livro *Black Box Thinking*, no que diz respeito às investigações de segurança.

final. O piloto puxou a alavanca para abaixar o trem de pouso, mas, em vez de uma descida suave das rodas, houve um estrondo, e uma luz que deveria ter acendido para mostrar que o trem de pouso estava abaixado e seguro não acendeu. A tripulação não tinha certeza de que as rodas estavam abaixadas, portanto, o piloto colocou o avião em um padrão de espera enquanto tentavam solucionar o problema.

Eles não conseguiam ver a parte de baixo do avião para verificar se as rodas estavam abaixadas, por isso consultaram especialistas. Primeiro, o engenheiro entrou na cabine. Quando o trem de pouso desce, dois parafusos sobem nas pontas das asas. Esses parafusos estavam, de fato, levantados. Eles entraram em contato com o Centro de Controle da United Airlines, em São Francisco para conversar sobre o que havia acontecido e receberam conselhos de que as rodas provavelmente estavam abaixadas.

Contudo, o piloto ainda não tinha certeza. O que teria causado aquele estrondo? Por que a luz no painel não acendeu? Uma aterrissagem sem rodas pode ocorrer sem perda de vidas, mas tem seus riscos. O piloto, um homem decente com longa experiência, não queria colocar seus passageiros em perigo desnecessário. Ele começou a se perguntar se a razão pela qual a luz não acendera era por causa da fiação ou uma lâmpada defeituosa.

No entanto, enquanto ele deliberava, e o avião continuava no padrão de espera, um novo perigo apareceu. O avião estava ficando sem combustível. O engenheiro sabia que o nível era crítico: ele estava desaparecendo do medidor, bem diante de seus olhos. E havia outro forte incentivo para alertar o piloto: sua vida e a de todos os outros no avião estavam em risco.

DISSIDÊNCIA CONSTRUTIVA

Mas eram os anos 1970. A cultura da aviação era caracterizada por uma hierarquia de dominância. O piloto era chamado de "senhor". Os outros membros da tripulação deveriam ignorar seus julgamentos e agir de acordo com os comandos. Isso é o que os sociólogos chamam de "gradiente de autoridade acentuado". Se o engenheiro manifestasse suas preocupações sobre o combustível, poderia implicar que o piloto não tinha conhecimento de todas as informações importantes (e ele não tinha!). Isso poderia ter sinalizado uma ameaça a seu status.

Às 17h46, o combustível caiu para cinco nos indicadores, o que caracterizava uma emergência. Quase 200 vidas, incluindo a do engenheiro, estavam em grave perigo. O piloto ainda estava focado na lâmpada, alheio ao combustível que estava acabando. A percepção havia se estreitado. Você deve imaginar que o engenheiro deve ter dito: "Temos que pousar agora! O combustível está nas últimas gotas!" Mas ele não o fez. Sabemos pelo gravador de voz da cabine que ele apenas sugeriu o problema. "Ficaremos com pouco combustível em 15 minutos", disse.

O engenheiro estava com tanto medo de desafiar diretamente o piloto que suavizou seu tom. O piloto interpretou seu comentário como significando que, embora ficariam com pouco combustível enquanto dessem outra volta, este não acabaria. Isso estava incorreto, e o engenheiro sabia disso. Mesmo às 18h01, quando provavelmente era tarde demais e o piloto focava o sistema antiderrapagem do avião, o engenheiro e o primeiro oficial ainda estavam lutando para comunicar claramente o problema.

Só às 18h06, com os motores em chamas, eles finalmente revelaram a informação, mas já era tarde demais. Eles passaram do limite, não porque a equipe não tivesse as informações, mas porque não foram compartilhadas. O avião caiu minutos depois em um subúrbio arborizado, atravessando uma casa e pousando em outra. O lado inferior esquerdo da fuselagem foi completamente

IDEIAS REBELDES

arrancado. Em uma noite clara, onde o aeroporto estava visível desde que entraram no padrão de espera, mais de 20 pessoas morreram, incluindo o engenheiro.

Pode parecer loucura, mas a psicologia é universal. De acordo com o Conselho Nacional de Transportes, mais de 30 acidentes ocorreram por falha de comunicação dos copilotos.[10] Em uma ampla análise de 26 estudos na área da saúde, constatou-se que o não compartilhamento de informações é "um fator que contribui muito para erros de comunicação".[11]

Não se trata apenas de setores que oferecem riscos, mas da mente humana. "As pessoas pensam que o próprio setor é diferente", afirmou Rhona Flin, professora emérita de psicologia aplicada da Universidade de Aberdeen. "Na verdade, se você é um psicólogo que trabalhou em diversos setores, tudo parece igual... Todos são humanos trabalhando nesses ambientes técnicos. Eles são afetados pelo mesmo tipo de emoções e fatores sociais."[12]

Em um experimento realizado pouco depois do acidente de Portland, os pesquisadores observaram equipes interagindo com simuladores de voo, e o mesmo problema persistia. "Os pilotos foram instruídos a tomar decisões ruins ou fingir incapacidade — para estimar em quanto tempo os copilotos se manifestariam", disse Flin. "Um psicólogo que monitorou suas respostas comentou: 'Os copilotos preferem morrer a contradizer um piloto.'"[13]

A disposição de arriscar a vida em vez de desafiar o alfa parece estranha, certamente algo que não afetaria a você ou a mim. Porém falhas de comunicação inconscientes acontecem, pois as cometemos automaticamente. Pense em qualquer local de trabalho. Aqueles em posições subordinadas procuram agradar o chefe, repetindo seus pensamentos e até gestos. Isso anula ideias diversas, não porque não existem, mas porque não são expressas.

DISSIDÊNCIA CONSTRUTIVA

Um estudo inteligente da Escola de Administração de Roterdã analisou mais de 300 projetos reais, anteriores a 1972, e descobriu que os projetos liderados por gerentes juniores eram mais propensos a ter sucesso do que aqueles com um sênior no comando.[14] Em face do estudo, o fato parece surpreendente. Como uma equipe poderia ter um desempenho melhor quando privada da presença de um de seus membros mais experientes?

O motivo é que essa liderança tem um preço sociológico quando abarca uma dinâmica de dominância. O conhecimento perdido pelo grupo quando o gerente sênior é retirado do projeto é mais do que compensado pelo conhecimento adicional expresso pela equipe em sua ausência. Como Ballazs Szatmari, principal autor do estudo, declarou: "O surpreendente em nossas descobertas é que os líderes de projetos de alto status falham com mais frequência. Acredito que isso ocorre não apesar do apoio incondicional que recebem, mas por causa dele."[15]

O empresário de tecnologia indiano Avinash Kaushik tem uma frase evocativa para a maneira como a dinâmica do domínio influencia muitas organizações. Ele usa o acrônimo HiPPO: Highest Paid Person's Opinion [opinião do mais bem pago, em tradução livre]. "Os HiPPOs dominam o mundo, anulam seus dados, impõem suas opiniões sobre você e os clientes de sua empresa, acham que sabem mais (às vezes sabem), e sua mera presença em uma reunião impede que as ideias apareçam", disse.[16]

Vemos uma dinâmica de dominância na Figura 5. Essa é uma equipe surpreendentemente diversa: eles têm muita capacidade de atuação sobre diversos pontos do problema. No entanto, quando subordinados a um líder dominante (o círculo escuro), não dizem o que pensam, mas o que acham que o líder quer ouvir. Ecoam os pensamentos dele e antecipam seus sentimentos. Há uma ausência de ideias rebeldes.

Em consequência, eles passam a se moldar em função do alfa, repetindo o ponto de vista dele, minando a própria capacidade no processo. A capacidade cognitiva da equipe entra em colapso ao se ajustar aos parâmetros de apenas um cérebro, como na Figura 6. Uma equipe de rebeldes — por meio da dinâmica de domínio — se tornou o equivalente social a uma equipe de clones.

Estudos em saúde demonstraram que os membros mais jovens das equipes cirúrgicas não se manifestam por medo do cirurgião. E, quanto mais arrogante o cirurgião, mais intenso é o efeito. Lembre-se de que os líderes geralmente são posicionados não apenas como poderosos, mas como inteligentes. Quão fácil é para um membro júnior se confortar com o pensamento de que

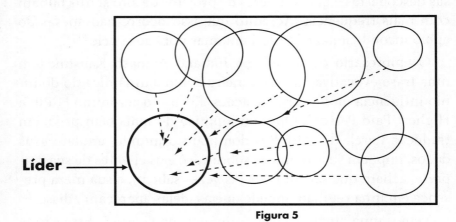

Figura 5

Equipe diversificada com uma dinâmica de dominância

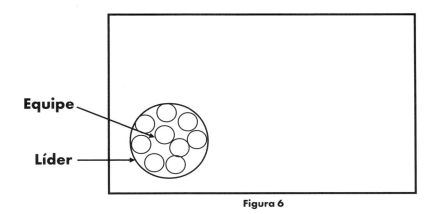

Figura 6

Equipe imitando o líder dominante

não precisa se manifestar porque o líder já sabe de tudo? O quanto isso se encaixa nas demandas preestabelecidas pela psicologia evoluída da subordinação?

Nessa perspectiva, o comportamento do engenheiro na United Airlines 173 começa a fazer mais sentido. Quase podemos sentir seus processos de pensamento enquanto o combustível se esgota, tentando desesperadamente expor suas preocupações, impedido de fazê-lo devido à influência invisível do domínio, procurando freneticamente justificar o próprio silêncio, concentrando sua mente debilitada na possibilidade de que o capitão já soubesse do estado do combustível, mas encontrou uma solução.

Quando o engenheiro finalmente deixou explícitas suas preocupações, era tarde demais. A equipe tinha todas as informações necessárias, mas elas não foram comunicadas. Os dividendos associados à diversidade cognitiva — nesse caso, o fato totalmente prosaico de duas pessoas focando diferentes aspectos de uma situação em rápida mudança — foram desperdiçados, o que levou, inevitavelmente, ao desastre.

III

Rob Hall chegou ao cume do Everest às 14h20. A vista era espetacular, os picos vizinhos do Himalaia pareciam sopés, o vértice tão elevado que quase se podia vislumbrar a curvatura da terra.

Hall estava extasiado. Minutos antes, enquanto atravessava o Passo Hillary, passou por Jon Krakauer, um dos membros da equipe que retornava do pico. Eles se abraçaram. Krakauer agradeceu a Hall por ter planejado a expedição, que lhe permitiu realizar um grande sonho. "Sim, acabou sendo uma boa expedição", respondeu Hall.[17] Seria a última vez que o veria vivo.

Rob Hall foi um dos melhores montanhistas do mundo. Escalara o Everest em quatro ocasiões anteriores. Como líder, apreciava profundamente a importância da coesão da equipe. Certificarase de que os vários membros se conhecessem e que compartilhassem histórias pessoais do que o cume significava para eles e seus entes queridos. Ficou claro desde o início que a equipe, desde os escaladores até a equipe de apoio, estava se aproximando. Como Helen Wilton, gerente do acampamento-base, afirmou:

> Eu me senti parte de algo grandioso. Realmente acho que me juntar a pessoas com um objetivo comum é maravilhoso. E ajudá-las a alcançar seus sonhos é algo que também me encanta. Tantas emoções, experiências e demandas acontecem em tão pouco tempo: seis semanas de uma vivência intensa.[18]

Esse senso de propósito, associado à coragem dos montanhistas, se manifestaria em atos surpreendentes de heroísmo à medida que o desastre se desenrolava. Mas o problema naquele dia fatídico não era de coesão, como foi frequentemente relatado. E não se resumia aos erros de alguém, apesar das tentativas de

DISSIDÊNCIA CONSTRUTIVA

99

atribuir culpa a alguém que se seguiram ao desastre. O problema era mais sutil: dinâmica da dominação.

Neal Beidleman, um guia júnior da equipe Mountain Madness, que provaria ter um papel fundamental, estava em um estado de crescente ansiedade quando se encontrava no cume do Everest, às 14h30. O prazo de retorno estabelecido por Fischer, o líder da equipe, já havia passado, sobrecarregando o suprimento móvel de oxigênio. Talvez Fischer, doente, não estivesse pensando com clareza. Talvez tenha sido indevidamente influenciado pelo desejo de ver seus clientes chegarem ao cume. O que ficou claro é que Boukreev, o guia sênior, decidiu descer sozinho, prejudicando a proporção de guias para clientes, criando uma ansiedade ainda mais profunda em Beidleman. E, ainda assim, não desafiou o prazo de retorno, nem a decisão de Boukreev de descer.

Por que não? Superficialmente, parece estranho. A intervenção seria crucial para a segurança do grupo. Só começa a fazer sentido quando consideramos o status. "Como a experiência em altitude de Beidleman era relativamente limitada, sua posição na cadeia de comando da Mountain Madness ficava abaixo de Fischer e Boukreev", afirma Krakauer. "E seu salário refletia seu status júnior." Nos meses seguintes ao desastre, Beidleman fez uma confissão reveladora, sugerindo o desnível acentuado da hierarquia presente naquele dia. "Definitivamente, era considerado o terceiro guia, então procurei não ser muito insistente. Como consequência, nem sempre falava quando devia, e agora me culpo por isso", disse.[19]

Porém, se a dinâmica de dominância era elevada entre os guias seniores e juniores, era ainda mais entre os guias e clientes. Os clientes podiam não ter a mesma experiência que seus líderes, mas tinham anos de experiências nas alturas nas costas. Além disso, à medida que a subida se desenrolava, eles percebiam detalhes críticos em relação às mudanças no clima, o estado físico dos colegas e muito mais. Cada guia tinha apenas um par de olhos. A equipe tinha muitos.

E, no entanto, no dia anterior à subida, Hall fizera um discurso severo sobre a importância de não se manifestar e obedecer. "Ele nos deu uma palestra sobre a importância de obedecer às suas ordens no dia da subida", escreveu Krakauer. "Não tolerarei nenhuma dissensão lá em cima", advertiu, olhando fixamente para mim. "Minha palavra será lei absoluta e inquestionável. Se vocês não gostarem de alguma decisão específica, ficarei feliz em discuti-la depois, mas não enquanto estivermos na colina."[20]

Hall fez esse discurso pelo que considerou a melhor das razões. Ele tinha mais experiência no Everest e era o mais apto a tomar decisões importantes. Porém negligenciou o fato de que sua capacidade de fazer julgamentos sábios se baseava não apenas na própria perspectiva, mas na da equipe. Enfatizou com razão a importância de obedecer a suas decisões supremas, mas não percebeu que isso seria fatalmente comprometido sem acesso à inteligência coletiva do grupo.

A hierarquia íngreme, que caracterizava as duas equipes, se manifestava à medida que a pressão aumentava. Quando Martin Adams, um cliente da equipe Mountain Madness, estava chegando cada vez mais perto do cume, percebeu algo que fez seu coração bater mais rápido: o que pareciam nuvens finas era na verdade um cumulonimbus. Adams era piloto comercial e tinha longa experiência na interpretação da formação de nuvens. "Quando você vê uma nuvem dessas durante um voo, sua primeira reação deve ser cair fora o quanto antes", disse mais tarde.

Mas ele não falou. Nem os guias nem seus colegas de equipe perceberam o que as nuvens significavam. Eles não tinham a experiência de Adams quando se tratava de variações sutis nos padrões verticais de nuvens. Como Krakauer disse: "Eu não estava acostumado a ver as células do cumulonimbus a 8 mil metros

DISSIDÊNCIA CONSTRUTIVA

de altura e, portanto, ignorei a tempestade que estava caindo." E, no entanto, Adams não comunicou aos guias essa informação importantíssima.

O silêncio de Adams pode parecer estranho, dadas as condições, mas é compreensível quando se entende a psicologia. Os guias foram posicionados como líderes. Eles eram figuras dominantes. Os clientes foram instruídos a obedecer às decisões em vez de contribuir com elas. Manifestar-se provavelmente não lhe passou pela cabeça. Os guias, que deveriam ter retornado e colocado todos em segurança, não fizeram nada disso.

Alguns minutos depois, Krakauer, um dos poucos que estavam descendo, chegou ao Cume Sul, ansioso para pôr as mãos no oxigênio extra armazenado ali. Ele viu Andy Harris, um dos guias, examinando uma pilha de garrafas e expressou seu alívio por agora poderem aproveitar o suprimento novo. Mas Harris respondeu de maneira curiosa. "Não há oxigênio aqui", disse. "Esses cilindros estão vazios". Mas ele estava errado. Havia pelo menos seis cilindros cheios. É provável que o regulador tenha ficado entupido de gelo, o que significava que deu os cilindros como vazios quando os testou.

De qualquer maneira, Krakauer sabia que Harris estava enganado porque havia pegado um cilindro novo e estava respirando o oxigênio de que seu corpo precisava. E, no entanto, mal desafiou Harris. Ele sabia que Harris estava enganado. Ele sabia que o oxigênio era crucial para sua segurança e a do grupo, mas não insistiu. Em vez disso, desceu a montanha, enquanto Harris aguardava no Cume Sul para ajudar os escaladores que desciam.

Por que Krakauer não falou? Ele não se importava? Estava alheio à segurança de seus colegas de equipe? Lembre-se do testemunho do professor Flin: "Copilotos preferem morrer a contradizer o piloto." Lembre-se também do engenheiro da United Airlines 173. Os seres humanos são extremamente sensíveis à

IDEIAS REBELDES

hierarquia, mesmo quando correr o risco de afrontá-la é essencial. O silenciamento automático ocorre inconscientemente.

Na passagem mais forte de seu livro, Krakauer afirma:

> Minha capacidade de discernir o óbvio foi afogada pelo protocolo entre clientes e guias. Andy e eu éramos muito parecidos em termos de capacidade física e conhecimento técnico. Se estivéssemos escalando juntos em uma situação não guiada como iguais, seria inconcebível eu ter deixado de reconhecer seu erro. Mas, nessa expedição, ele fora escalado para o papel de guia invencível, para cuidar de mim e dos outros clientes. Fomos doutrinados especificamente para não questionar o julgamento de nossos guias. O pensamento de que Andy estivesse de fato em apuros nunca passou pela minha mente — de que um guia pudesse precisar urgentemente de minha ajuda.

Essa foi outra interação que teria consequências fatídicas. Às 16h41, Hall — que agora havia chegado ao topo — transmitiu uma mensagem via rádio para dizer que ele e seu cliente Doug Hansen estavam com problemas acima do Passo Hillary e precisavam desesperadamente de oxigênio. Se ele soubesse que havia cilindros cheios no Cume Sul, poderia ter descido para reabastecer antes de voltar a subir. Contudo, Harris interrompeu para dizer (erroneamente) que os cilindros estavam vazios. O fracasso de Krakauer em se manifestar momentos antes significava que Hall permaneceu com Hansen acima do Passo Hillary, tentando desesperadamente arrastá-lo pela encosta do cume, desprovido de oxigênio, apenas alguns minutos antes de a tempestade chegar.

Vezes seguidas, as informações não eram compartilhadas. Foram tomadas decisões determinantes que não refletiam o que

DISSIDÊNCIA CONSTRUTIVA

a equipe, como um todo, sabia. E, no entanto, ao ler os relatos do desastre, impressiona como os participantes não sabiam por que não tinham se manifestado. Por que não compartilhei o que sabia? Por que não expressei minhas preocupações? Como Krakauer colocou no contexto de seu fracasso em desafiar Harris: "Dado o que aconteceu ao longo das horas que se seguiram, a facilidade com que abdiquei da responsabilidade — minha falha total em considerar que Andy poderia estar com sérios problemas — foi um lapso que provavelmente me assombrará pelo resto da vida."

O equívoco — ao olhar de fora — é supor que os participantes não se importaram. Que não estavam motivados a ajudar os colegas. Vale lembrar que aqueles que não conseguiam se comunicar também *se colocavam* em perigo. O problema não era motivação, mas hierarquia. Os principais ramos da árvore de decisões estavam sendo selecionados sem a sabedoria combinada do grupo. E, a cada nova ramificação da árvore de decisões, os montanhistas — mais de 30 pessoas na encosta da montanha — eram levados, lenta e inevitavelmente, para o desastre.

Bem no olho do furacão, o acúmulo de erros de julgamento seria ampliado para uma tragédia. "Em um minuto, conseguíamos ver o acampamento abaixo e, no minuto seguinte, não conseguíamos mais", disse um deles mais tarde. A neve começou a cair quando a visibilidade desapareceu. Beidleman e Groom, dois dos guias, fundiram-se em uma única equipe, junto com sete clientes e dois xerpas, enquanto tentavam alcançar o acampamento 4. O som do vento era ensurdecedor. Suas pálpebras ficavam presas, coladas por pingentes de gelo. Eles tinham que estar sempre conscientes de que ir demais para o leste os levaria ao Kangshung Face[*] e, consequentemente, ao desastre.

---

[*]N. da T.: Também conhecido como East Face [face leste, em tradução livre], é o lado oriental do Monte Everest.

"Quanto mais você avança, mais fica desorientado, e o tempo todo a tempestade, o vento, a neve, o frio, tudo se move, tudo cresce", disse Beck Weathers. "E, em dado momento, o nível de ruído começa a sobrecarregar você, fazendo com que seja necessário gritar um com o outro para se comunicar, e temos a sensação de que somos ovelhas."[21] Desesperados, perdidos no auge da tempestade, eles caminhavam em círculos. Todo mundo estava sem oxigênio extra. "Foi como puxar a tomada. Não havia eletricidade", lembraria alguém.

Lendo sobre o perrengue, alguns ficam impressionados com o crescente desespero e a surpreendente coragem. Alguns entraram em colapso. Eles estavam sendo carregados por colegas de equipe. Alguns falavam em desistir, outros estavam certos de que não haveria retorno. Quando se amontoaram em uma rocha, esperando uma pausa das nuvens, quase caíram todos em um sono mortal. "Sabíamos que dormir era a pior coisa a se fazer, e era fácil demais", disse Beidleman. "Se deixar, você escorre para dentro do casaco, se retém o máximo possível, fecha os olhos, respira algumas vezes e simplesmente dorme."[22]

Quando as nuvens se dissiparam por um instante, dando-lhes visão do acampamento, cinco não conseguiram se mover. Seus corpos pararam com a rigidez articular. Aqueles que conseguiam andar, iam aos tropeços para as tendas, a maioria caindo exausta nos sacos de dormir enrolados. Coube a Boukreev, que havia evitado a tempestade descendo à frente do grupo, enfrentar o turbilhão sozinho. Com uma mão, ele arrastou três pessoas de volta ao acampamento, deixando as duas últimas nas rochas do desfiladeiro. Qualquer outra tentativa de executar um resgate provavelmente o mataria. A essa altura, ele estava congelado.

No alto, Hall lutava heroicamente para salvar a vida de Doug Hansen, exausto e quase em coma, enquanto a tempestade se agitava ao redor deles, arrastando-o pela cordilheira, ambos

DISSIDÊNCIA CONSTRUTIVA

famintos por oxigênio. Quando o acampamento-base aconselhou Hall a deixar seu colega, argumentando que essa era sua única chance de se salvar, Hall recusou. Andy Harris, ciente da situação difícil de seus amigos lá em cima, arriscou uma subida surpreendente pelo Passo Hillary. Ele nunca mais foi visto.

Fischer, exausto e doente, morreu na cordilheira sudeste. Yasuko Namba morreu no Colo Sul, um dos dois que ficaram expostos ao tempo da noite para o dia. Ela permanece nos livros de recorde como apenas a segunda mulher japonesa a alcançar os Sete Cumes. Beck Weathers sobreviveu à noite, o que ainda é considerado o maior milagre da história do montanhismo, cambaleando para o acampamento na manhã seguinte. Mais tarde, foi levado da montanha de helicóptero, sofrendo severos danos com o gelo. Seu braço direito foi amputado entre o cotovelo e o pulso, ele perdeu todos os dedos da mão esquerda e partes de ambos os pés. Seu nariz foi reconstruído com tecido da orelha e da testa. Sua história é uma das mais inspiradoras do gênero.

Hall continuou em sua batalha solitária para salvar Doug Hansen acima do Passo Hillary. Em seu documentário assustador sobre a expedição, David Breashears — um cineasta que estava no acampamento-base quando o desastre se desenrolou — imaginou o que havia acontecido. Deve ter sido uma luta desesperadora quando ele tentou mover Doug ao longo daquela cordilheira, apenas alguns metros de cada vez, tão longe da segurança do acampamento. E o que aconteceu com Doug? Ele ainda tinha vida suficiente para implorar a Rob que não o deixasse ou olhou para ele e disse: "Apenas vá. Salve a si mesmo"?[23]

Nunca teremos as respostas dessas perguntas. Tudo o que se pode dizer com certeza é que Hall lutou para salvar Hansen até o fim, colocando a própria vida em segundo plano em uma tentativa vã de tirar os dois homens de lá, assim como Harris

IDEIAS REBELDES

perdeu a vida depois de subir de novo a cordilheira pelo Passo Hillary, tendo ouvido o pedido de ajuda dos colegas de equipe.

Lemos sobre esses feitos com certa reverência. Alguns emocionam-se com seu heroísmo. Esses indivíduos estavam se superando, fazendo sacrifícios um pelo outro, arriscando as vidas um pelo outro. Até Boukreev, criticado severamente (e, para muitos, injustamente) por Krakauer, por descer ao acampamento 4 antes de sua equipe, arriscou sua vida não uma ou duas vezes, mas três vezes, enquanto arrastava os colegas feridos de volta para as tendas em meio à selvageria do furacão.

No entanto, o que esse exemplo mostra, e o motivo de ser tão revelador, é que a ética de equipe, embora preciosa, não é suficiente. Nenhum grau de comprometimento pode conduzir a tomada de decisão eficaz em uma situação de complexidade quando diversas perspectivas são suprimidas e informações críticas não fluem através de seus membros. Ao criar inadvertidamente uma dinâmica de dominância, Hall se privou de informações necessárias para tomar decisões de vida e morte à medida que a pressão se intensificava.

E isso custou-lhe a vida.

IV

Deixemos o Everest e examinemos a tomada de decisões no mundo real. Muitas das nossas principais decisões são tomadas em reuniões. Há audiências públicas, reuniões de kick-off e de trabalho, reuniões de conselho, de gerência e de equipe, reuniões durante o café da manhã, reuniões externas ou por videoconferência. Milhões de reuniões ocorrem diariamente em todo o mundo.

DISSIDÊNCIA CONSTRUTIVA

A lógica das reuniões é notória. Muitos cérebros são mais eficazes do que um — desde que sejam diversificados. Nas últimas duas décadas, o tempo gasto por gerentes e funcionários em atividades colaborativas aumentou mais de 50%. Mas aqui enfrentamos uma verdade preocupante, pouco discutida. Inúmeros estudos revelam o mesmo resultado: reuniões são catastroficamente ineficientes. Assim como Leigh Thompson, uma acadêmica da Kellogg School of Management me disse: "Reuniões preveem resultados mais terríveis do que fumar causa câncer."[24]

Thompson é professora de administração e resolução de conflitos em organizações e passou a vida estudando julgamentos em grupo. Quando adolescente, interessou-se pelas relações humanas quando testemunhou seus pais passando por um difícil divórcio. Chegou a considerar se tornar conselheira matrimonial, mas por fim decidiu que queria compreender as interações humanas de maneira mais ampla.

Ao conduzir sua pesquisa, logo percebeu a dinâmica de dominação. Quando uma ou duas pessoas dominam, suprimem as ideias dos outros membros da equipe, particularmente os introvertidos. Se a pessoa dominante for líder, as coisas ficam ainda piores, e as pessoas copiam suas opiniões. As ideias rebeldes que existem dentro do grupo não são expressas. Ela diz: "As evidências sugerem que, em um grupo de quatro pessoas, duas são responsáveis por 62% do que foi dito e, em um grupo de seis pessoas, três são responsáveis por 70% das falas. Fica pior à medida que o tamanho do grupo aumenta." Na verdade, isso é tão comum que ganhou um nome: "o problema de comunicação desigual." Thompson afirma: "Acho que o mais surpreendente é que as pessoas que falam mais não percebem que o fazem. Elas afirmam que todos falam com a mesma frequência e que as reuniões são igualitárias. A razão é que elas não têm consciência

108   IDEIAS REBELDES

de si mesmas. Então, se você apontar a questão, elas se irritam e você entra em um conflito que fica cada vez maior."[25]

Sendo assim, na maioria das reuniões, a comunicação é disfuncional. Muitos ficam calados. O status determina o discurso. As pessoas não dizem o que pensam, mas o que acham que o líder quer ouvir. E não compartilham informações cruciais porque não percebem que outras pessoas não as conhecem. Em um experimento, uma equipe foi encarregada de contratar um gerente entre três candidatos. Os pesquisadores manipularam os atributos dos candidatos para garantir que um fosse muito melhor que os outros dois. Melhor qualificação, formação e adaptabilidade. Os pesquisadores então forneceram as informações dos candidatos aos membros da equipe de contratação — mas com um detalhe: cada membro da equipe recebeu apenas uma série de informações diferentes sobre os três candidatos. A equipe, como um todo, tinha todas as informações fundamentais, mas cada membro tinha apenas uma parte delas. Isso significava que a melhor decisão só poderia ser tomada se cada pessoa compartilhasse o que sabia. O que aconteceu? A maioria das equipes errou feio. Quase nenhuma fez a escolha certa.

A importância desse experimento se deve ao fato de evidenciar a situação que a maioria das equipes enfrenta. Cada pessoa tem algo útil para contribuir (caso contrário, por que estaria na equipe?), porém, em vez de ser aproveitado como parte de uma decisão coletiva, um membro do grupo, agindo com informações limitadas, expressa uma preferência, distorcendo a dinâmica inteira. As pessoas começam a compartilhar as informações que corroboram a visão e, inconscientemente, retêm as informações que possam desafiá-las. A diversidade de pensamentos desaparece. Isso é chamado de cascata de informações.

De fato, quando os membros da equipe de um grupo de controle receberam acesso a todas as informações, em vez de

DISSIDÊNCIA CONSTRUTIVA

receberem um subconjunto, tomaram a decisão mais adequada. Como afirma o psicólogo Charlan Nemeth: "Os processos de grupo conspiram, em geral, para suprimir a própria diversidade de pontos de vista que buscamos."

Isso nos leva de volta a uma das ideias apresentadas no último capítulo. Você deve lembrar que, nas tarefas de previsão, a média das estimativas independentes pode levar a julgamentos notavelmente precisos. Esta é a "sabedoria da multidão". Isso foi encontrado em várias configurações, desde previsão econômica até o experimento em que alunos foram solicitados a estimar a extensão das linhas de metrô de Londres.

Entretanto, suponha que os estudantes que estimaram a extensão das linhas de metrô o tivessem feito não independentemente (escrevendo em tiras de papel), mas sequencialmente. A primeira pessoa anuncia sua estimativa, seguida pela pessoa sentada ao lado dela e assim por diante. O primeiro palpite não seria apenas uma estimativa, como também um indicativo para todos os outros. A próxima pessoa poderia copiar esse palpite ou tender a ele, influenciando a terceira pessoa. Os erros não mais seriam cancelados, mas correlacionados.

Esse é outro exemplo de cascata de informações, e grande parte de sua influência é explicada pela interpretação. Quando duas ou mais pessoas se inclinam para a mesma resposta, é fácil supor que chegaram a ela de forma independente. Isso amplia seu poder de persuasão, fazendo com que outras pessoas também se inclinem para ela. É daí que surgem modismos, bolhas no mercado de ações e efeitos similares. As multidões nem sempre são sábias. Podem se tornar perigosamente semelhantes a clones.

Essas cascatas também ocorrem em um nível puramente social. Estudos do psicólogo Solomon Asch mostraram que as pessoas geralmente tendem a aceitar respostas alheias não porque acreditam que estão corretas, mas porque não querem parecer rudes ou chatas ao discordar. Isso nos leva diretamente de volta ao domínio, pois pode ser concebido como uma dinâmica social que amplia enormemente os perigos da informação e das cascatas sociais. Afinal, se achamos difícil contradizer a opinião de estranhos, quão difícil deve ser contradizer a opinião do líder?

Com tarefas de previsão, as cascatas podem ser evitadas com estimativas independentes, mas isso não é possível na maioria das outras decisões. Durante a solução de problemas, formulação de políticas e afins, em que o debate e a discussão geralmente são de suma importância para ouvir e testar diferentes perspectivas, não podemos evitar reuniões — e é exatamente por isso que precisamos entender seus defeitos.

Ao reforçar erros alheios em vez de corrigi-los, as equipes confiam cada vez mais em julgamentos terríveis. Como afirmam Cass Sunstein e Reid Hastie, especialistas em tomada de decisão em grupo: "Na maioria das vezes, as equipes cometem erros não apesar da deliberação, mas por causa dela. Após a deliberação, empresas, sindicatos e organizações religiosas costumam tomar decisões desastrosas. O mesmo se aplica aos governos."[26]

É curioso. Passamos grande parte de nossas vidas adquirindo conhecimento individual. Passamos anos na escola, depois na universidade, aprendemos ou treinamos no trabalho e desenvolvemos habilidades, gradualmente aprimorando a especificidade, o discernimento e entendimento. Em seguida, tomamos as maiores decisões em fóruns que nos tornam coletivamente burros.

DISSIDÊNCIA CONSTRUTIVA

V

No início de sua história, o Google decidiu se livrar de todos os gerentes. Eles queriam uma estrutura plana. Haviam notado as evidências crescentes sobre os defeitos das hierarquias e quiseram agir. Não deu certo. Como os psicólogos Adam Galinsky e Maurice Schweitzer colocaram em seu livro *Friend and Foe*:

> Desde o início, os fundadores Larry Page e Sergey Brin conduziram o que pensavam ser um experimento revolucionário: abriram mão da gerência e criaram uma organização completamente plana. O experimento foi de fato revelador, mas apenas porque foi um fracasso. A falta de hierarquia criou caos e confusão, e Page e Brin perceberam rapidamente que o Google precisava de gerentes para definir a direção e facilitar a colaboração. Como aprenderam, até o Google precisa de hierarquia.[27]

Outros estudos apontam resultados semelhantes. Um deles, orientado por Eric Anicich, da Universidade Columbia, examinou empresas do setor de moda entre 2000 e 2010, avaliando o desempenho em relação à referência do setor: a revista francesa *Journal du Textile*. A conclusão foi clara: empresas com codiretores foram classificadas como menos criativas do que empresas com apenas um diretor.[28] Como Galinsky e Schweitzer afirmaram: "A coliderança pode matar ideias pois cria incerteza sobre quem está no comando."[29]

Equipes precisam de um líder; caso contrário, existe o risco de conflito e indecisão. E, no entanto, o líder só fará escolhas sábias se tiver acesso às diversas visões do grupo. Como, então, uma organização pode ter hierarquia e compartilhamento de informações, determinação *e* diversidade? Essa é a questão que domina os livros de administração há décadas, e a abordagem costuma ser posicionar a hierarquia e a diversidade em um conflito inerente. A ideia é mudar o gradiente hierárquico para que se tenha um pouco de domínio e um pouco de diversidade.

Porém essa análise ignora um elemento crucial. A hierarquia é, de fato, um aspecto inevitável da maioria dos grupos humanos. Não podemos a ignorá-la. Mas nossa espécie, exclusivamente, não possui apenas uma forma de hierarquia, mas duas.

*

De 1906 a 1908, A. R. Radcliffe-Brown, o grande antropólogo britânico, viveu entre os caçadores e agricultores das Ilhas Andaman. Enquanto estava lá, notou uma anomalia. Alguns indivíduos exerciam influência e deferência sobre a comunidade, e ainda assim não haviam introduzido comportamentos de dominância. Seu status parecia ter sido construído sobre outro fator. Ele escreveu:

> Há outro fator importante na regulação da vida social, a saber, o respeito por certas qualidades pessoais. Essas qualidades são a habilidade da caça... generosidade, bondade e bom temperamento. Um homem que as possui inevitavelmente adquire uma posição de influência na comunidade. Outros... ficam ansiosos para agradá-lo, ajudando-o em trabalhos como construir uma canoa ou se juntar a ele em grupos de caça a tartarugas.[30]

As pessoas acabavam assumindo posições de liderança não por ameaçar ou intimidar seus subordinados, mas conquistando seu respeito. As hierarquias se desenvolveram organicamente não pela dominância, mas pelo que parecia um mecanismo distinto. Um mecanismo que, para Radcliffe-Brown, era estável e consistente, e possuía o próprio conjunto de posturas,

DISSIDÊNCIA CONSTRUTIVA

comportamentos e expressões. Quando o relato de Brown foi publicado, suas descrições poderiam ter sido consideradas como a idiossincrasia de uma tribo em particular, mas outros antropólogos perceberam uma dinâmica semelhante em outros grupos, porém, sem notar sua importância. Isso foi observado nos aborígenes; no Tsimané, na Amazônia boliviana; no povo Semai da Malásia e em muitos mais.

Outros antropólogos ocidentais também as perceberam. Eles haviam visto líderes — formais ou informais — que não exigiam respeito dos subordinados, mas que o conquistaram. Cujo status não era evidenciado por agressão, mas por sabedoria. Cujas ações não tendiam a intimidar, mas a libertar.

Certamente, quando os psicólogos começaram a procurar essas dinâmicas em estranhos em um laboratório, detectaram a emergência de um tipo diferente de hierarquia social além da dominação. Não era nítido apenas na maneira como as pessoas se comportavam na solução de problemas, mas podia ser vislumbrado por pessoas de fora. E essa nova forma de status social estava presente em diferentes culturas, tribos e nações. Para distinguir essa forma de status social da dominância, deram-lhe um nome diferente: *prestígio*.[31] Joseph Henrich, o antropólogo de Harvard que coescreveu o artigo mais citado sobre prestígio, disse: "A dominância e o prestígio são claramente discerníveis, com padrões previsíveis de comportamento, posturas e emoções. E eles fornecem diferentes caminhos para a obtenção do status."[32]

IDEIAS REBELDES

Vemos as diferentes características, extraídas do trabalho de Henrich e do psicólogo Jon Maner, na tabela a seguir:

Fatores de Status	Dominação	Prestígio
História	Antiga, remonta a pelo menos ancestrais comuns de seres humanos e outras espécies de primatas não humanos	Única para humanos, surgiu quando viviam em comunidades relativamente pequenas baseadas na caça e na colheita
Fonte da deferência	Deferência é exigida e é propriedade de quem exige	A deferência é conferida livremente e é propriedade de quem defere
Mecanismos de influência	Coação, intimidação, agressão, manipulação de recompensa e punição	Persuasão genuína, respeito, gosto, modelagem social
Papel dos laços sociais	Uso oportunista e temporário de coalizões sociais como forma de alcançar status social	Relacionamentos autênticos e duradouros com outros membros do grupo
Personalidade	Narcisista, orgulhoso, arrogante	Orgulho autêntico
Comportamento dos subordinados	Imitação dos superiores, evitação do contato visual e restrição absoluta de interações cara a cara	Dirigem atenção e olhar para os superiores, observando e ouvindo
Proximidade	Evitação dos superiores, distância para evitar conflitos	Contato direto com os superiores, proximidade constante
Postura dos subordinados	Corpo encurvado, ombros arriados, cabeça baixa e aversão ao contato visual	Corpo ereto e confiante
Postura do líder	Corpo ereto, tórax expandido, postura ampla, braços abertos	Semelhante ao da dominância, porém mais humilde. Postura fechada
Comportamento social	Agressivo, egocêntrico, individualista	Altruísta, generoso, cooperativo

DISSIDÊNCIA CONSTRUTIVA

Por que o prestígio evoluiu entre os seres humanos? Por que, para começo de conversa, uma pessoa de prestígio compartilha sabedoria? Não seria mais vantajoso preservá-la? Há diversas explicações, mas o ponto principal é simples. Lembre-se de que indivíduos dominantes são seguidos por medo. Indivíduos de prestígio, por outro lado, são seguidos por respeito. Eles são modelos.

Isso significa, por sua vez, que sua generosidade com os outros provavelmente será copiada, influenciando todo o grupo em um sentido mais cooperativo. A pessoa de prestígio pode ter conferido uma vantagem a outra pessoa, mas se beneficia da adoção mais ampla de generosidade em todo o grupo. Isso é particularmente importante quando o auxílio mútuo potencializa os retornos — a chamada "soma positiva". Esse é precisamente o contexto histórico em que o prestígio se desenvolveu.

Hierarquias de dominância têm diferentes dinâmicas internas. Dado que, para alguém subir na hierarquia, outro precisa descer, ela acentua o comportamento de anulação. Em outras palavras, politicagem, punhaladas nas costas e *quid pro quos*, junto com vigilância constante sobre a concorrência interna. Os chimpanzés, por exemplo, são mestres em coalizões estratégicas para frustrar rivais internos, já que "as competições que definem as hierarquias são normalmente vencidas por aqueles que têm confiança para enfrentar interações potencialmente violentas e por aqueles que têm apoio coletivo para seus avanços".[33]

Isso explica por que líderes humanos de prestígio tendem a não mostrar os dentes ou balançar os braços. Pelo contrário, usam a autodepreciação como uma ferramenta retórica para sinalizar uma dinâmica diferente. Explicam suas ideias de maneira detalhada, pois sabem que os colegas que os entendem e apoiam são mais propensos a executá-las com consciência e flexibilidade. Líderes de prestígio ouvem os que os rodeiam, pois reconhecem que não são donos de todo o conhecimento do mundo.

IDEIAS REBELDES

Maner argumenta que o domínio e o prestígio não são tipos de personalidade, mas técnicas. A dominância, como técnica, faz sentido hoje em dia. Quando uma decisão é tomada, e não há como voltar atrás, ela tem sua lógica. Os líderes precisam motivar suas equipes a realizar o trabalho. Opiniões divergentes e contrárias distraem. Porém, quando avaliações ou novas ideias não fazem parte do plano de execução das decisões, a dominância entra em colapso sob o peso das próprias contradições. É aqui que uma dinâmica de prestígio se destaca. As pessoas precisam se manifestar para oferecer ideias rebeldes, a salvo da reação de um líder que interpreta tais contribuições como ameaças.

Essa análise se encaixa em um dos conceitos mais influentes da pesquisa organizacional moderna: "Segurança psicológica." Um ambiente é considerado psicologicamente seguro quando as pessoas sentem que podem oferecer sugestões e assumir riscos sensatos sem provocar confusão. A conexão entre liderança orientada ao prestígio e segurança psicológica deveria ser óbvia, mas vamos nos concentrar no papel da empatia.

Líderes dominantes são, por definição, punitivos. É assim que conseguem e mantêm o poder. Eles também são menos empáticos. Sentem que não precisam de outras pessoas, por isso não tendem a considerar suas perspectivas ou buscam entender suas emoções. Os líderes de prestígio, por outro lado, reconhecem que as decisões sábias dependem da contribuição do grupo e, portanto, estão sempre sintonizados com o que os outros pensam e dizem. Isso fortalece a confiança. "O prestígio está associado a maior empatia e compartilhamento de informações. Ele amplia a inteligência coletiva", diz Maner.[34]

Uma grande investigação do Google, que procurou identificar por que algumas equipes se saem melhor do que outras, descobriu que a segurança psicológica é o fator mais importante para impulsionar o sucesso, resultado amplamente replicado.[35] "A

DISSIDÊNCIA CONSTRUTIVA

segurança psicológica foi, de longe, a mais importante das dinâmicas que encontramos", afirma o relatório. "E ela afeta praticamente todas as dimensões que consideramos importantes para os funcionários. Indivíduos em equipes com maior segurança psicológica têm menos probabilidade de deixar o Google, têm maior probabilidade de aproveitar o potencial de diversas ideias de seus colegas de equipe, geram mais receita e são duas vezes mais classificados como eficazes pelos executivos."[36]

A ironia é que a maioria dos ambientes carece de segurança psicológica. Em um estudo que analisou os setores de varejo e manufatura, os funcionários que apresentavam novas ideias e preocupações eram bem menos propensos a receber aumentos ou promoções salariais. As penalidades eram ainda mais altas para as mulheres, em que a manifestação pode violar os estereótipos de gênero. Isso pode ser ainda mais difícil para mulheres que também incluem uma minoria étnica, algo descrito pelos psicólogos como "duplo risco". O psicólogo Charlan Nemeth afirma: "Tememos o ridículo ou a rejeição que provavelmente resultará da dissidência. Hesitamos. Abaixamos nossas cabeças. Ficamos em silêncio. Não falar, no entanto, tem consequências."

E é por isso que uma nova geração de líderes mudou para uma abordagem de prestígio. Esse é um aspecto fundamental de como o general Stanley McChrystal virou a batalha contra a Al-Qaeda após a invasão do Iraque, e como Satya Nadella ajudou a reconstruir as fortunas da Microsoft. Logo após chegar ao poder, Jacinda Ardern, a primeira-ministra da Nova Zelândia, disse: "É preciso poder e força para ser empático." Nenhum desses líderes exigiu respeito, mas todos o receberam.

"Os líderes geralmente se preocupam com a possibilidade de que aderir a outras visões — principalmente as que não concordam com eles — mine sua autoridade", disse Nadella. "Eles estão errados. Muitas pessoas se sentem mais comprometidas quando têm a oportunidade de contribuir. Isso fortalece a motivação e aumenta a criatividade e o potencial de toda a organização."[37] Maner diz: "Há hora e lugar tanto para ser um líder prestigioso quanto para ser um líder dominante. Líderes sábios são capazes de alternar entre os dois. Ao executar um plano, a dominância pode ser crucial. Mas, ao decidir sobre uma nova estratégia, prever o amanhã ou buscar inovações, é necessário ouvir diversas perspectivas. É aqui que a dominação pode ser desastrosa."[38]

Além de criar uma cultura de segurança psicológica, organizações de ponta também começaram a introduzir mecanismos específicos para salvaguardar a comunicação eficaz. Um dos mais célebres é o "silêncio de ouro" da Amazon. Por mais de uma década, as reuniões da gigante tecnológica começam não com uma apresentação de PowerPoint, mas com silêncio total. Durante 30 minutos, a equipe lê um memorando de seis páginas que resume, na forma narrativa, o item principal do cronograma.

Isso tem vários efeitos. Primeiro, significa que o proponente precisa pensar cuidadosamente sobre a proposta. Como Jeff Bezos, CEO da Amazon, declarou: "O motivo pelo qual produzir um 'bom' memorando é mais difícil do que 'escrever' uma apresentação de PowerPoint de 20 páginas é porque a estrutura narrativa de um bom memorando força a reflexão e uma melhor compreensão do que é mais importante. Ele tem sentenças de verdade, sentenças com temas específicos, verbos e substantivos — não são apenas tópicos."

Porém há uma razão ainda mais forte para essa técnica funcionar bem: ela obriga as pessoas a decidir o que pensam *antes* de saber as opiniões dos outros. Elas têm espaço para apresentar suas diversas formas de pensar, raciocinar as fraquezas e pontos fortes da proposta, antes da discussão. Isso reduz o risco de diversas perspectivas deixarem de aparecer. E, mesmo quando a

DISSIDÊNCIA CONSTRUTIVA

discussão começa, a pessoa mais graduada fala por último, outra técnica que protege a diversidade de pensamentos.

Em um post no LinkedIn, Brad Porter, vice-presidente da Amazon, descreveu esses mecanismos simples como uma das maiores vantagens estratégicas de uma das empresas mais bem-sucedidas do mundo. "Não estou revelando o segredo da Amazon ao descrever o processo, mas corro o risco de falar demais ao dizer que ela funciona melhor, toma melhores decisões e se sai melhor no mercado devido a essa inovação específica."[39]

Outra técnica é o brainwriting [escrita cerebral, em tradução livre]. Como no brainstorming, é uma maneira de gerar ideias criativas, mas, em vez de as expor em voz alta, os membros da equipe são convocados a anotá-las em cartões, que são postados em uma parede para que o resto do grupo vote. "Isso significa que todos têm a chance de contribuir", disse-me Leigh Thompson, da Kellogg School of Management. "Significa obter acesso à produção de cada cérebro, em vez de apenas um ou dois."[40]

Thompson sugere que o brainwriting deve ter apenas uma regra: os autores das contribuições não podem se identificar. O diretor de marketing não deve sugerir uma indicação de um cliente associado a ele. "Isso é crucial. Ao anonimizar as contribuições, você separa a ideia do status de quem a apresentou. Isso cria uma meritocracia de ideias. As pessoas votam na qualidade da proposta em vez de ser influenciadas por quem a sugeriu ou pela chance de pedir favores. Muda a dinâmica", diz Thompson.

Depois de votar nas ideias, os grupos são normalmente divididos em equipes com quatro pessoas para levá-las à próxima fase: combinar ideias ou gerar novas. "Usando essa técnica iterativa, o brainwriting pode ser usado em reuniões interativas de forma a engajar todos", diz Thompson. Quando o brainwriting é comparado ao brainstorming, gera o dobro do volume de ideias e produz ideias de maior qualidade quando avaliadas de maneira

120 IDEIAS REBELDES

independente. O motivo é simples: o brainwriting liberta a diversidade das restrições da dinâmica de dominância.

Ray Dalio criou um dos hedge funds mais bem-sucedidos com métodos semelhantes. A Bridgewater opera de acordo com mais de 200 "princípios" comportamentais, mas o tema principal pode ser resumido em uma frase: a expressão de ideias rebeldes. Ele chama isso de "transparência radical". A cultura é aquela em que as pessoas não têm medo de expressar o que pensam: na verdade, é um dever. Como Dalio disse em uma entrevista com o psicólogo Adam Grant: "A maior tragédia da humanidade vem da incapacidade das pessoas em saber discordar para descobrir a verdade."[41]

Em outra empresa, todos os convocados a uma reunião são solicitados a escrever suas opiniões em uma folha. Isso é o que chamamos de preço da presença. Essas folhas são então embaralhadas, dispostas na mesa e lidas em ordem aleatória. Essa é outra maneira de separar a proposta do status de quem a propôs.

Todas essas técnicas podem parecer diferentes, mas compartilham o mesmo padrão subjacente. Elas preservam a diversidade cognitiva dos perigos da dominância.

VI

Em 2014, Eric M. Anicich, psicólogo da Universidade do Sul da Califórnia, coletou dados de mais de 30.625 escaladores do Himalaia, de 56 países em mais de 5.100 expedições. Foi a maior análise de montanhismo de alta altitude já realizada. Os pesquisadores estavam principalmente interessados em uma questão: as hierarquias de dominância levam a uma maior probabilidade de desastre?[42]

DISSIDÊNCIA CONSTRUTIVA 121

Eles não podiam medir as hierarquias das equipes diretamente, uma vez que os montanhistas estavam dispersos pelo mundo e muitas das expedições haviam ocorrido anos antes. Contudo, examinaram um fator determinante: as nações de onde vinham. Algumas culturas são respeitadoras das figuras de maior autoridade e, em média, os subordinados têm menos probabilidade de se manifestar. Outras culturas toleram e até incentivam a comunicação com aqueles em posições superiores.

Essas diferenças de nacionalidade apareceriam nos dados? Destacariam-se quanto ao número de mortes? Quando Anicich sondou as evidências, a resposta foi clara: equipes com hierarquias mais dominantes têm "maior probabilidade de morrer". Esse achado não se aplicava a expedições individuais. Foram apenas equipes de nações hierárquicas que demonstraram problemas e não se tratava da habilidade dos montanhistas, mas da interação. Adam Galinsky, um dos coautores, escreveu:

> Em culturas hierárquicas, a tomada de decisões tende a ser um processo de cima para baixo. As pessoas desses países são mais propensas a morrer nas difíceis escaladas das montanhas, pois são menos propensas a se manifestar e a alertar os líderes sobre mudanças nas condições e problemas iminentes. Por não falarem, esses montanhistas preservaram a ordem, mas colocaram em risco as próprias vidas. É importante ressaltar que analisamos a influência dos fatores por *grupo*, mostrando que a maior taxa de mortalidade ocorreu em expedições em equipe, mas não solo. Foi somente quando um grupo de indivíduos precisou se comunicar de maneira eficaz que as culturas hierárquicas geraram desastre.[43]

Esse estudo, publicado em *The Proceedings of the National Academy of Sciences*, diz muito por si só. Porém convence como explicação para o desastre do Everest quando corroborado pelas evidências do Google, dados antropológicos, estudos realizados em laboratório e muito mais. Como Galinsky afirmou: "O contexto do Himalaia destaca um fator importante que exige decisões complexas: um ambiente dinâmico e em mudança. Quando o ambiente pode mudar drasticamente e de repente, as pessoas precisam se adaptar e elaborar um novo plano. Nesses casos, precisamos que a perspectiva de todos seja levada em consideração, e a hierarquia pode prejudicar ao suprimir essas ideias."[44]

Vale a pena reiterar que nada disso invalida a hierarquia. A maioria das equipes funciona melhor com uma cadeia de comando. A hierarquia cria uma divisão de trabalho na qual os líderes podem se concentrar no cenário geral, enquanto outros discutem os detalhes. Também garante que as equipes coordenem suas ações. Se não há hierarquia, os membros não sabem o que fazer. Isso é perturbador e perigoso.

Contudo, a verdadeira sacada não é escolher entre hierarquia e diversidade, mas unir ambas. Como Galinsky destacou:

> Em tarefas complexas, como o voo de um avião, uma cirurgia ou decidir se um país deve entrar ou não em guerra, as pessoas precisam processar e sintetizar uma vasta quantidade de informações, além de imaginar inúmeros cenários futuros possíveis... Para tomar as melhores decisões complexas, precisamos aproveitar todos os degraus da escada hierárquica e aprender com todos que têm conhecimentos relevantes para compartilhar.

*

DISSIDÊNCIA CONSTRUTIVA 123

Vamos concluir nossa análise da hierarquia com uma ironia surpreendente. Uma conclusão enfática da pesquisa psicológica é que os humanos não gostam da incerteza e da sensação de que não temos controle sobre nossas vidas. Quando confrontados com a insegurança, muitas vezes tentamos recuperar o controle colocando nossa fé em uma figura dominante que pode restaurar a ordem. Isso às vezes é chamado de "controle compensatório".

Veja a ascensão de Estados autoritários em tempos de incerteza econômica, como na Alemanha e na Itália após o caos da Primeira Guerra. Um estudo liderado por Michele Gelfand, da Universidade de Maryland, analisou mais de 30 nações e descobriu que respondiam a forças externas que ameaçavam a certeza ou a segurança acentuando as hierarquias políticas.[45]

Isso também tem implicações religiosas. Um estudo analisou a organização hierárquica da igreja nos Estados Unidos durante duas décadas, uma caracterizada pela estabilidade dos empregos (1920) e outra caracterizada por intensa instabilidade (1930). Os pesquisadores então dividiram as igrejas em duas categorias: igrejas hierárquicas com muitas camadas de autoridade (Igreja Católica Romana, Igreja de Jesus Cristo dos Santos dos Últimos Dias) e não hierárquicas, com poucas camadas (Igreja Episcopal Protestante, Presbiteriana etc.)[46]

Com certeza, quando a economia estava boa, as pessoas eram muito mais propensas a ingressar em igrejas não hierárquicas. Quando os empregos ficaram incertos e as pessoas sentiam que não tinham controle sobre suas vidas, por outro lado, convertiam-se a igrejas hierárquicas. Compensavam seus sentimentos de insegurança colocando sua fé em teologias com níveis mais altos de poder e controle teístas.

Se isso parecer um pouco abstrato, pense na última vez que você passou por uma turbulência intensa em um voo. Você fez uma oração silenciosa? Essa é outra manifestação clássica de

124 IDEIAS REBELDES

controle compensatório. Nas garras de eventos incertos, você readquire a certeza imputando poder a Deus, ou ao Destino, ou a alguma outra força onipotente. Pode não ter deixado o avião mais seguro (dependendo da sua perspectiva religiosa), mas fez com que você *se sentisse* um pouco mais seguro.

Isso também acontece nas organizações. Quando uma empresa enfrenta ameaças externas ou incerteza econômica, seus acionistas têm uma probabilidade significativamente maior de nomear um líder dominante. Também dentro das organizações, a taxa de indivíduos dominantes tende a aumentar mais rapidamente em tempos de incerteza. A voz forte e a personalidade autoritária reasseguram o controle que sentimos ter perdido.

Isso nos deixa com um paradoxo perigoso. Principalmente em um ambiente complexo e incerto, apenas um cérebro — mesmo um dominante — é insuficiente para resolver o problema. É exatamente quando precisamos de opiniões diversificadas para maximizar a inteligência coletiva. E, no entanto, é nesse momento que inconscientemente concordamos com o conforto duvidoso de se ter um líder dominante. Logo, a dominância não trata apenas dos líderes, mas é frequentemente vinculada aos desejos silenciosos daqueles que constituem uma equipe, organização ou nação. De fato, indivíduos que naturalmente podem favorecer um estilo de liderança de prestígio podem se transformar em dominantes no momento em que a equipe começa a perder o controle dos eventos — com consequências desastrosas.

Rob Hall era um homem admirável. Quanto mais se lê sobre ele, mais se entende por que era considerado com tanto zelo. Um obituário, escrito logo após o desastre do Everest, captou seu heroísmo: "Paralisado pelo frio, sem oxigênio, comida, fluido ou abrigo, ele... morreu naquela noite. O fato de ter morrido enquanto tentava salvar um cliente exausto confirmou seu status

DISSIDÊNCIA CONSTRUTIVA

de líder mais respeitado do mundo em expedições comerciais ao Himalaia."[47]

Hall não era naturalmente dominante. Era aberto e inclusivo, um homem amado por quase todos que o conheciam. O problema é que ele passou a acreditar que um estilo dominante de liderança seria um trunfo em uma das escaladas mais desafiadoras de sua carreira — e foi encorajado a adotar essa visão por uma equipe que vivenciaria profunda ansiedade sobre a pura volatilidade na Zona da Morte. Essas dinâmicas inconscientes se desenvolvem nas organizações, instituições de caridade, sindicatos, escolas e governos de milhões de maneiras, todos os dias, em todo o mundo, mas, nas circunstâncias de maior risco de uma escalada no Himalaia, elas teriam consequências fatais.

Em sua última comunicação via rádio com o acampamento-base, em meio à tempestade na cordilheira sudeste, Hall foi informado por seus companheiros de que eles o colocariam em contato com sua esposa Jan, na Nova Zelândia, grávida de sete meses de seu primeiro filho. Hall pediu um momento para se firmar. Ele sabia que seu destino estava fadado, mas não queria que sua condição deteriorada causasse pesar a sua amada. "Me dê um minuto", disse. "Minha boca está seca. Quero comer um pouco de neve antes de falar com ela."

Por fim, com a boca umedecida, Hall falou: "Oi, meu amor. Espero que você esteja deitada em uma bela cama quente..."

"Você não faz ideia do quanto tem feito falta", respondeu Jan. "Estou ansiosa para recebê-lo em nossa casa... Não se sinta sozinho. Estou mandando toda energia positiva para você."

Cento e vinte e cinco metros acima da Cúpula Sul, seus amigos Doug Hansen e Andy Harris mortos, e com o furacão ainda se espalhando ao redor, Hall pronunciou suas últimas palavras:

"Eu amo você. Durma bem, meu amor. Não se preocupe."[48]

4

INOVAÇÃO

I

David Dudley Bloom era, diziam, um sujeito notável. Nascido na Pensilvânia no dia 20 setembro de 1922, serviu na marinha durante a Segunda Guerra Mundial e, segundo alguns relatos, tornou-se o mais jovem oficial da frota, assumindo o comando do USS *Liberty* em dezembro de 1944 na campanha da Nova Guiné. Na época, ele tinha apenas 22 anos.

Após deixar o Exército, em 1945, trabalhou em diferentes empregos — inclusive como funcionário de uma firma de advocacia e como comprador de uma loja de departamentos — até se tornar diretor de pesquisa de produtos da American Metals Specialities Corporation (AMSCO), uma pequena fabricante de brinquedos. Talvez por causa de sua experiência com a guerra, procurou afastar os temas militares — como armas, rifles e soldados. Como disse em uma entrevista na década de 1980: "Se ensinarmos nossos filhos guerra e crime, não teremos muito futuro pela frente."

Sua primeira grande ideia foi uma "garrafa mágica de leite" — o leite parecia desaparecer da garrafa ao ser virada de cabeça para baixo. Também criou produtos de consumo em miniatura,

130 IDEIAS REBELDES

como utensílios de cozinha, para que as crianças brincassem de chefs.

Mas só em 1958 Bloom teve a ideia que mudaria não só sua vida, como o mundo em geral. Ele havia saído da AMSCO alguns meses antes para trabalhar na Atlantic Luggage Company, de Elwood City, Pensilvânia, onde se tornou diretor de desenvolvimento de produtos de uma linha popular de bagagens.

Foi nesse momento que um pensamento o arrebatou: por que malas pesadas e caras, que tinham sua parcela de culpa na dor nas costas que sentia, não tinham rodas? Isso não tornaria mais fácil locomovê-las? Não eliminaria a necessidade de carregadores caros? Não aliviaria a sensação de que vai arrebentar ao se locomover, mudando toda hora de uma das mãos para a outra enquanto caminha, tendo que escolher entre dor contínua em um braço ou instantânea no outro? De maneira geral, essa não era a solução perfeita para um mundo que se movia em direção às viagens em massa?

Ele levou um protótipo de sua ideia — uma mala presa a uma plataforma com rodinhas e uma alça — ao presidente da Atlantic Luggage Company. Bloom estava ansioso, até empolgado. A fabricação do produto seria barata, e este combinaria com os projetos e canais de distribuição da empresa e parecia a coisa mais certa da história do setor, permitindo que dominassem um mercado global de bilhões de dólares.

A reação do presidente? Ele o descreveu como "impraticável" e "pesado". "Quem compraria bagagens sobre rodas?"

Em 2010, Ian Morris, arqueólogo e historiador britânico, concluiu um estudo seminal sobre a história da inovação. Ele era a

INOVAÇÃO 131

definição de minucioso. Examinou o desenvolvimento de 14.000 a.C. até hoje, organizando cuidadosamente os dados das consequências de cada grande inovação.

Não foi difícil detectar os acontecimentos principais. A domesticação de animais. A organização da religião. A invenção da escrita. Morris observou que cada um desses eventos tinha defensores ferrenhos para a pergunta: Qual mudança teve o maior impacto sobre a humanidade? Morris queria uma resposta objetiva para quantificar minuciosamente as várias descobertas do desenvolvimento social. Ele o definiu como "a capacidade de um grupo de dominar seu ambiente físico e intelectual para agir", uma ideia que se relaciona ao crescimento econômico.[1]

Seus dados são impressionantes, pois mostram que todas as inovações mencionadas influenciaram o desenvolvimento social. A linha ascende ao longo dos milênios. Mas uma inovação teve um impacto maior que qualquer outra, quase verticalizando a curva horizontal: a Revolução Industrial. Morris escreve: "O estirão encabeçado pelo oeste em 1800 zombou de todo o drama da história do mundo." Erik Brynjolfsson e Andrew McAfee, dois professores do MIT Sloan School of Management, concordam: "A Revolução Industrial inaugurou a primeira era das máquinas da humanidade — a primeira vez que nosso progresso foi impulsionado pela inovação tecnológica — e foi o momento mais profundo de transformação que nosso mundo já viu."[2]

Mas havia uma anomalia nesse quadro. Quando os historiadores avaliaram melhor a transformação e viram a porosidade da curva, notaram algo estranho. A segunda fase da Revolução Industrial ocorreu com a eletrificação, no final do século XIX. Isso significava que os motores elétricos poderiam substituir os mais antigos e menos eficientes motores a vapor. Criou uma segunda onda de crescimento e produtividade, cujas consequências vivemos até hoje.

Exceto por uma coisa. Curiosamente, esse aumento foi adiado. Isso não aconteceu instantaneamente, mas pareceu pausar, encubando a ideia, por cerca de 25 anos antes de decolar. Talvez o mais curioso de tudo seja que muitas das empresas de maior sucesso nos EUA, que estavam na situação perfeita para se beneficiar da eletrificação, não fizeram nada. Pelo contrário, muitas faliram. Elas estavam à beira da vitória, arrancada de suas garras.

Vale ressaltar que a eletricidade causou enormes dividendos, não apenas em termos de energia, mas na reestruturação do próprio processo de fabricação. Em uma fábrica tradicional, as máquinas eram posicionadas em torno da fonte de água e, mais tarde, do motor a vapor. Essa organização era uma necessidade. O processo de produção estava ligado à única fonte de energia, com as várias máquinas conectadas por um conjunto elaborado — mas pouco confiável — de polias, engrenagens e cambotas.[3]

Para a manufatura, a eletrificação significava a liberdade dessas restrições. Os motores elétricos não sofrem grandes reduções de eficiência quando reduzidos em tamanho, de modo que as máquinas podem ter a própria fonte de energia, permitindo que o layout das fábricas se baseie no fluxo de materiais mais eficiente. Em vez de uma única unidade de energia (a máquina a vapor), a eletricidade permitia a "energia do grupo". É uma vantagem tão óbvia quanto adicionar rodas a uma mala. Como McAfee e Brynjolfsson colocaram: "Hoje, é claro, é completamente ridículo imaginar fazer algo *além* disso; de fato, muitas máquinas agora vão ainda mais longe e têm vários motores elétricos incorporados. [...] Está claro que a eletrificação inteligente tornou uma fábrica muito mais produtiva."[4]

A eletrificação, então, era um presente dos deuses, uma oportunidade para as empresas que dominavam a produção norte-americana aumentarem sua eficiência e lucro. Elas tinham as plantas, as máquinas, e, agora, tinham uma tecnologia

INOVAÇÃO 133

— eletricidade — para aumentar sua eficiência, agilizando suas operações e abrindo novos fluxos de crescimento.

E, no entanto, eles não fizeram nada disso. Em uma ação estranhamente reminiscente das primeiras empresas de malas que vetaram as rodas, muitas ficaram presas à unidade. Em vez de simplificar suas fábricas, largaram um grande motor elétrico no meio delas, como se fosse um motor a vapor substituto. Ao fazer isso, erraram — quase inexplicavelmente — completamente o alvo. Foi catastrófico. O economista Shaw Livermore descobriu que mais de 40% das relações de confiança industriais formadas entre 1888 e 1905 havia falhado no início da década de 1930.[5] Um estudo de Richard Caves, outro especialista em história econômica, constatou que mesmo quem conseguiu sobreviver encolheu mais de um terço. Foi um dos períodos mais brutais da história industrial.[6] Este é um padrão que se repete sem parar. As organizações na reta da vitória conseguem, contra todas as apostas, perder.

Quando Bernard Sadow, outro executivo empreendedor, introduziu no mercado a ideia das malas com rodas, os beneficiários secundários — as lojas de departamento — pareciam determinados a jogar fora os novos lucros também. Sadow teve a ideia em 1970, enquanto lutava com duas malas pesadas em um aeroporto quando voltava de férias em família em Aruba. "Fazia sentido", diria mais tarde.

E, no entanto, quando ele levou a ideia às lojas de Nova York, que tinham muito a ganhar em novas vendas, foi repelido. Foi como reviver a experiência de Dudley Bloom. "Todo mundo a quem levei a ideia me rejeitou — as lojas Stern's, Macy's, A&S, todas as principais lojas de departamento", disse Sadow. "Eles achavam que eu era louco de puxar uma bagagem. Havia um sentimento do machão naquela época. Os homens carregavam a bagagem para as esposas."[7]

Foi só quando conheceu Jerry Levy, vice-presidente da Macy's, que conseguiu um acordo. Levy ligou para Jack Schwartz, o comprador original da Macy's, que rejeitara a mala semanas antes, e pediu que a comprasse. Já os clientes não tiveram tanta resistência à invenção. "As pessoas aceitaram imediatamente", disse Sadow. "A aceitação foi notável. Decolou. Foi fantástico."

Quanto à história da eletrificação, ela define a lógica ainda melhor do que a das malas com rodas. Os executivos das relações de confiança industriais estavam longe de não ser inteligentes. Muitos estavam entre a onda inicial de gerentes profissionais, escolhidos a dedo por suas mentes afiadas. E, no entanto, transformaram uma oportunidade de crescimento em um desastre em escala épica. Como McAfee e Brynjolfsson afirmaram: "Nas primeiras décadas do século XX, a eletrificação causou algo próximo de uma extinção em massa das manufatureiras dos EUA."[8]

II

Até agora, vimos como a diversidade aprimora a inteligência coletiva em tudo, da solução de problemas à criação de novas políticas e à quebra de códigos secretos. Neste capítulo, veremos, sem dúvida, o contexto mais importante de todos e o que tem as maiores implicações para o crescimento: inovação e criatividade. Mais adiante neste capítulo, examinaremos o quadro geral. Por que algumas instituições e sociedades são mais inovadoras que outras? Como podemos aproveitar a diversidade para aumentar a prosperidade econômica? Mas, primeiro, vamos nos concentrar nos indivíduos. Por que algumas pessoas abraçam a mudança enquanto outras a temem? Por que algumas dominam a arte da reinvenção, enquanto outras ficam presas ao *status quo*?

INOVAÇÃO   135

Os especialistas em inovação a distinguem em dois tipos. Por um lado, existem as etapas diretas e previsíveis que aprofundam um dado problema ou especialização. Pense em James Dyson pacientemente aprimorando o design do aspirador de pó, aprendendo mais sobre a separação da poeira do ar ao ajustar as dimensões do seu famoso ciclone. Com cada novo protótipo, aprendia mais sobre a eficiência da separação. A cada nova etapa, adquiria um conhecimento mais profundo desse pequeno segmento da ciência. A cada novo experimento, aproximava-se cada vez mais de um design funcional. Esse tipo de inovação se chama *incremental*. Denota claramente a ideia de aprofundamento do conhecimento dentro de limites bem definidos.

O outro tipo de inovação está incorporado nos dois exemplos que acabamos de discutir. Chama-se *inovação recombinante*. Você pega duas ideias, de diferentes campos, até então não relacionados, e as funde. Uma roda com uma mala. Uma nova forma de geração de energia com um processo de fabricação reformado. A recombinação costuma ser drástica, porque faz a ponte entre domínios ou destrói os silos, abrindo novas possibilidades.

A lógica dessas duas formas de inovação ecoa na evolução biológica. Podemos pensar na inovação incremental como algo semelhante à seleção natural, pequenas mudanças ocorrendo em cada geração. A inovação recombinante é mais parecida com a reprodução sexual, genes de dois organismos distintos se unindo. E, embora ambos sejam importantes, o escritor científico Matt Ridley argumentou de forma convincente que há muito tempo subestimamos o poder da recombinação. Ele escreve:

> O sexo é o que torna a evolução biológica cumulativa, porque reúne os genes de diferentes indivíduos. Uma mutação que ocorre em uma criatura pode, portanto, unir forças com uma que ocorre em outra. Se os

> micro-organismos não tivessem começado a trocar genes há bilhões de anos, e os animais não tivessem continuado a fazê-lo pelo sexo, todos os genes que formam os olhos nunca teriam se reunido em um animal; nem os genes para formar pernas, nervos ou cérebros [...] A evolução acontece sem sexo, mas é muito mais lenta. E assim funciona com a cultura. Se a cultura consistisse simplesmente em hábitos de aprendizagem de outras pessoas, se estagnaria. Para que a cultura se acumule, as ideias precisam se encontrar e acasalar. A "fertilização cruzada" de ideias é um clichê, mas tem fecundidade não intencional. "Criar é recombinar", disse o biólogo molecular François Jacob.[9]

Ridley tem uma frase interessante sobre a inovação recombinante: as ideias fazem sexo.

A história apresentou muitos exemplos de inovação recombinante, como a impressora, que fundiu um método para prensar vinho com vários outros recursos, como metais macios para criar técnicas de blocos e tipografia. As inovações recombinantes sempre coexistiram ao lado da inovação incremental expressa na modificação contínua de ideias. Mas, nos últimos anos, aconteceu algo que escapou ao conhecimento de muitas pessoas; na verdade, de muitos cientistas. O equilíbrio entre inovação incremental e recombinante começou a cair drasticamente. A recombinação tornou-se a força dominante da mudança, não apenas na ciência, mas na indústria, na tecnologia e além.

Para ter uma ideia desse domínio, considere um estudo liderado por Brian Uzzi, professor da Kellogg School of Management. Ele analisou 17,9 milhões de publicações em 8.700 revistas na Web of Science, o maior repositório de conhecimento científico do mundo.[10] Isso é praticamente todos os artigos escritos nos

INOVAÇÃO

últimos 70 anos. Ele procurava padrões. O que cria uma grande ciência? Onde estão as grandes ideias?

O que ele encontrou? Os artigos com maior impacto foram aqueles que tinham o que os pesquisadores chamavam de "combinações atípicas de sujeitos"; ou seja, documentos que ultrapassam as fronteiras tradicionais. Esses trabalhos misturavam, digamos, física e computação, ou antropologia e teoria de redes, ou sociologia e biologia evolutiva. Esse é o equivalente científico de "as ideias se reproduzem". Esses artigos romperam as paredes conceituais entre sujeitos e silos de pensamento, criando novas ideias e possibilidades.

Como Uzzi disse: "Muitas dessas novas combinações são duas ideias convencionais nos próprios domínios. Você adota ideias bem-aceitas, o que é uma base maravilhosa — a ciência precisa disso. Mas quando as junta: uau! De repente, é algo diferente."[11] Exemplos clássicos de ciência recombinante incluem a economia comportamental, que transformou o campo inserindo conceitos e insights da psicologia.

No entanto, não se trata apenas de ciência. O escritório de patentes e marcas registradas dos EUA tem amplas categorias, como patentes de utilidade (a lâmpada), de design (a garrafa da Coca-Cola) e de plantas (milho híbrido), com 474 classes de tecnologia e 160 mil códigos. No século XIX, a maioria das patentes foi classificada por um único código. A maioria das inovações foi confinada a um silo específico. Eram o típico produto de inovação incremental. Hoje, o número de patentes classificadas por um único código caiu para apenas 12%. A vasta maioria das patentes agora *ultrapassa* fronteiras e códigos tradicionais.[12] Como Scott Page, professor de Sistemas Complexos da Universidade de Michigan, Ann Arbor, diz: "Os dados revelam o valor da combinação de diversas ideias e uma tendência inconfundível de recombinação como um motor de inovação."[13]

A ligação entre inovação recombinante e diversidade é óbvia. A recombinação se resume em polinização cruzada, alcançando todo o espaço do problema, reunindo ideias que nunca foram conectadas. Podemos chamá-la de "combinação rebelde": fundir o antigo e o novo, o estrangeiro e o familiar, o exterior e o interior, o yin e o yang.

Essa tendência não está desacelerando, mas se acelerando na era do computador, com suas vastas redes. Pense no Waze. É classicamente recombinante, combinando um sensor de localização, dispositivo de transmissão de dados, sistema GPS e rede social. Ou opte pela Waymo, empresa de tecnologia de automóveis autônomos, que reúne o motor de combustão interna, computação rápida, uma nova geração de sensores, informações extensas sobre mapas e ruas e muitas outras tecnologias.[14]

De fato, quase todas as inovações tecnológicas conectam ideias, mentes, conceitos, tecnologias, conjuntos de dados e muito mais. Esse padrão se aplica ao Facebook (que conectou uma infraestrutura da web à tecnologia que permite que as pessoas construam redes digitais e compartilhem mídia) e ao Instagram (que vinculou os conceitos mais básicos do Facebook a um aplicativo de smartphone completo com a capacidade de modificar uma foto com filtros digitais) e além. A recombinação é o *leitmotiv* da inovação digital. A cada nova combinação, novas combinações aparecem no terreno do que o biólogo Stuart Kauffman chama de "o possível adjacente". Novos prospectos se abrem, novas perspectivas aparecem. "Inovação digital é inovação recombinante em sua forma mais pura", escrevem Brynjolfsson e McAfee. "Cada desenvolvimento se torna um alicerce para inovações futuras [...], os blocos de construção não param de cair. Só aumentam as oportunidades de futuras recombinações."[15]

Mas isso nos deixa com uma pergunta crítica. Por que algumas pessoas aproveitam as oportunidades de recombinação,

INOVAÇÃO

enquanto outras parecem cegas a seu potencial? Nos exemplos de malas e eletrificação, a união de diversas tecnologias foi rejeitada pelas próprias pessoas que mais se beneficiavam dela. Isso faz parte de um padrão mais profundo. Muitos de nós temos dificuldades em lidar com a mudança, não porque a recombinação esteja além do nosso alcance, mas porque damos as costas a suas possibilidades. Assumimos que a inovação é para pessoas criativas ou para cientistas do Vale do Silício. Rejeitamos mudanças que podem tornar nossos próprios empregos e vidas mais produtivos e realizados.

Mas há um grupo de pessoas que não são detidas por essa barreira. Pessoas que estão por trás das histórias de sucesso que mencionamos e que dão lições para todos nós.

III

Dê uma olhada na seguinte lista de nomes: Estée Lauder, Henry Ford, Elon Musk, Walt Disney e Sergey Brin. Você percebe o que eles têm em comum? Eles parecem uma lista de empresários famosos, pessoas que impactaram a sociedade norte-americana. Mas vá um pouco mais fundo e você notará que eles compartilham um padrão com dezenas de outros, incluindo Jerry Yang, Arianna Huffington e Peter Thiel, cada um dos quais ajudou a moldar a economia moderna dos Estados Unidos. O elo entre essas pessoas? Todas são imigrantes ou filhas de imigrantes.

Um estudo publicado em dezembro de 2017 revelou que 43% das empresas da Fortune 500 foram fundadas ou cofundadas por imigrantes ou filhos de imigrantes, chegando a 57% das 35 principais empresas. Essas empresas produziram US$5,3 trilhões em receita global e empregaram 12,1 milhões de trabalhadores em todo o mundo, da tecnologia ao varejo, finanças e seguros.[16] Esse não é um resultado isolado. Os imigrantes fazem contribuições

140 IDEIAS REBELDES

acima da média à tecnologia, à produção de patentes e à ciência acadêmica. Um artigo do *Journal of Economic Perspectives* mostrou que os pesquisadores norte-americanos receberam 65% dos prêmios Nobel nas últimas décadas. Quem foram esses inovadores? Mais da metade nasceu no exterior.[17]

Diferentes estudos mostraram que os imigrantes têm duas vezes mais chances de empreender.[18] Eles representam 13% da população dos EUA, mas 27,5% dos que iniciam o próprio negócio. Outro estudo, dessa vez da Harvard Business School, mostrou que as empresas fundadas por imigrantes crescem mais rápido e sobrevivem mais tempo.[19] Ainda outro mostrou que cerca de um quarto de todas as empresas de tecnologia e engenharia que começaram nos EUA de 2006 a 2012 tiveram pelo menos um cofundador imigrante.[20] Não se trata apenas de imigrantes nos EUA — é uma propriedade da imigração em geral. Dados de 2012 do Global Entrepreneurship Monitor mostram que a maioria dos 69 países pesquisados relatou maior atividade empreendedora entre imigrantes do que entre nativos, especialmente em empreendimentos de alto crescimento. Nenhum desses estudos é conclusivo por si só, mas, juntos, apresentam um padrão persuasivo.

Agora, pense nos exemplos da seção anterior. Por que as empresas de bagagem lutaram para perceber os benefícios das rodas? Por que as manufaturas tiveram dificuldade para fundir a eletrificação com linhas de montagem modificadas? Por que tantas vezes as pessoas na melhor situação para ganhar com a inovação ficam cegas para suas oportunidades? Será que, quando você está imerso em um paradigma, é difícil ultrapassá-lo? Pense nos executivos de malas que operavam nos EUA na década de 1950. Suas vidas estavam centradas na bagagem convencional. Suas carreiras inteiras foram gastas trabalhando com malas sem

INOVAÇÃO

rodas. Suas vidas estavam ligadas ao paradigma. Fazia parte da visão de mundo deles, era seu quadro de referência mais básico.

Quanto aos executivos e proprietários das grandes empresas industriais, eles trabalharam com motores a vapor por toda sua carreira. Esse era o centro conceitual de gravidade, a maneira como filtravam ideias e concebiam oportunidades. Era a premissa em torno da qual tudo orbitava. Essa profunda familiaridade com o *status quo* dificultava desconstruí-lo, ou até destruí-lo, em termos psicológicos. Como McAfee e Brynjolfsson citam:

> É exatamente porque os operadores históricos são proficientes, conhecedores e pegos no *status quo* que são incapazes de ver o que está por vir, e o potencial não realizado e a provável evolução da nova tecnologia... Processos, clientes e fornecedores consolidados cegam os operadores para o óbvio, como as possibilidades de novas tecnologias que se afastam muito do *status quo*.[21]

Na verdade, isso pode ser visto de forma experimental. Um estudo clássico de Robert Sternberg e Peter French colocou especialistas e novatos para jogar bridge. Não foi nenhuma surpresa que os especialistas tiveram um desempenho melhor. Eram especialistas, afinal. Então os pesquisadores fizeram algumas mudanças estruturais nas regras. Não venceria quem fizesse a maior pontuação com as cartas, isso foi revertido.[22] Essa mudança teve pouco efeito no desempenho dos novatos. Eles logo absorveram a mudança e seguiram. Para os especialistas, que tinham uma familiaridade muito mais profunda com as regras e passaram anos jogando, a mudança foi desconcertante. Eles tiveram uma dificuldade muito maior para lidar com a perturbação. Seu desempenho diminuiu.

Isso se relaciona com a nossa análise de imigrantes. Eles experimentaram uma cultura diferente, uma maneira diferente de agir. Quando veem as ideias de negócios em um novo país ou em uma tecnologia específica, não veem algo imutável. Irrevogável. Um mandamento divino. Veem algo que pode ser alterado. Reformado. Alterado, adaptado ou sujeito à recombinação. A própria experiência de ver lugares diferentes parece oferecer uma latitude psicológica para questionar convenções e suposições. Vamos chamar isso de *mentalidade externa*. Os imigrantes não são externos no sentido de estar fisicamente fora de uma convenção ou paradigma específico. Em vez disso, são externos no sentido conceitual de ser capazes de reformular o paradigma. De ver com novos olhos. Isso lhes proporciona a latitude para desenvolver ideias rebeldes.

Os imigrantes têm outra vantagem, inextricavelmente ligada à noção de recombinação. Eles têm experiência em duas culturas, portanto, têm maior escopo para reunir ideias. Eles agem como pontes, facilitadores para o "sexo de ideias". Se a perspectiva externa confere a capacidade de questionar o *status quo*, a diversidade de experiências fornece as respostas recombinantes.

Anos de empirismo paciente validaram essas verdades. Um estudo liderado pelo economista Peter Vandor examinou a capacidade dos estudantes de apresentar ideias de negócio antes e depois de um semestre. Metade dos estudantes foi morar e estudar no exterior durante o semestre, enquanto a outra ficou em suas universidades de origem. Suas ideias foram avaliadas por um capitalista de risco. Quem estudou no exterior teve ideias classificadas como 17% melhores do que os outros. De fato, aqueles que permaneceram em suas universidades de origem sofreram um declínio na qualidade de suas ideias ao longo do estudo.[23]

Em um experimento diferente, os alunos receberam um teste de associação criativa. Receberam conjuntos de três palavras e foram solicitados a criar uma quarta palavra que as vinculasse. Um conjunto era "boas maneiras, debate, esporte". Você

INOVAÇÃO 143

consegue pensar na quarta palavra que as liga? Outro conjunto foi "jogo, dinheiro, boletim".*

Antes da tarefa, metade dos alunos foi solicitada a "imaginar-se vivendo em um país estrangeiro e, em particular, as coisas que acontecem, como se sentem e se comportam, e o que pensam em um dia específico vivendo no exterior. Eles foram convidados a pensar e escrever sobre essa experiência por vários minutos". Um grupo de controle recebeu uma tarefa diferente: pensar em um dia vivendo em sua cidade natal.

O que aconteceu? Aqueles que imaginaram morar no exterior foram 75% mais criativos, resolvendo mais quebra-cabeças e vendo conexões que aqueles que focaram sua cidade natal simplesmente não conseguiam enxergar.[24] Dezenas de outros experimentos encontraram resultados semelhantes em vários contextos. É como se imaginar viver além das fronteiras nacionais nos ajudasse a ultrapassar as fronteiras conceituais.

Mas não se trata de viagens, nem de imigração, e sim de mentalidade exterior. Afinal, um clima fresco não precisa ser geográfico. Charles Darwin alternava entre pesquisas em zoologia, psicologia, botânica e geologia. Isso não diminuiu seu potencial criativo, mas o aprimorou. Por quê? Porque lhe deu a chance de ver seu assunto de fora e fundir ideias de diversos ramos da ciência. Um estudo constatou que os cientistas mais consistentemente originais trocavam de tópico, em média, extraordinariamente 43 vezes em seus primeiros cem artigos publicados.[25]

Enquanto isso, uma equipe da Universidade Estadual do Michigan comparou cientistas ganhadores do Prêmio Nobel com outros da mesma época. Os ganhadores do Nobel tinham 2 vezes mais chances de tocar um instrumento; 7 de desenhar, pintar ou esculpir; 12 de escrever poesia, peças de teatro ou livros

---

* A resposta para a primeira tríade é "mesa" (modos à mesa, mesa-redonda, tênis de mesa). Para a segunda tríade, "cartão" (cartão de jogo, cartão de crédito, cartão de notas).

populares; e 22 vezes mais chances de atuar em teatro amador, dança ou fazer mágica.[26] Resultados semelhantes foram encontrados em estudos com empreendedores e inventores.

Os psicólogos falam sobre "distância conceitual". Quando estamos imersos em um tópico, somos cercados por suas complexidades exuberantes. É muito fácil ficar lá, ou simplesmente fazer alterações superficiais em seu interior. Tornamo-nos prisioneiros de nossos paradigmas. Ir além dos muros, no entanto, permite um novo ponto de vista. Não temos novas informações, temos uma nova perspectiva. Isso geralmente é considerado uma função principal de certos tipos de arte. Não se trata de ver algo novo, mas de ver algo familiar de uma nova maneira. Pensa-se na poesia de W. B. Yeats, ou nas pinturas e esculturas de Picasso. Essas grandes obras criam uma distância conceitual entre o espectador da obra e seu objeto, o observador e o observado.

Em um mundo em que a recombinação tem se tornado o principal mecanismo de crescimento, isso não poderia valer mais. O crescimento do futuro será catalisado por aqueles que podem transcender as categorias que impomos ao mundo; quem tem flexibilidade mental para fazer a ponte entre domínios; quem vê os muros que construímos entre disciplinas e silos de pensamento e não os consideram imutáveis, mas móveis, até quebráveis.

É por isso que a mentalidade de forasteiro deve se tornar um ativo poderoso. Isso não quer dizer que não precisamos de conhecimento interno; muito pelo contrário. Precisamos de profundidade e distância conceituais. Precisamos ser pessoas de dentro e de fora, nativos conceituais e imigrantes recombinantes. Precisamos ser capazes de entender o *status quo* e de questioná-lo. Precisamos ser estrategicamente rebeldes. Para retornar aos imigrantes, há, sem dúvidas, razões extras que explicam sua contribuição enorme à inovação. Os tipos de pessoas que optam por migrar tendem a se sentir à vontade em assumir riscos.

INOVAÇÃO

145

Dadas as barreiras que enfrentam, é provável que desenvolvam resiliência. Mas, embora essas características sejam importantes, não devem obscurecer o significado de poder questionar o *status quo* e ir além da convenção.

Catherine Wines, uma empreendedora britânica, define bem a questão. "Para se tornar visionário, é preciso ter a perspectiva de alguém de fora, a fim de ver as coisas que os internos acham óbvias. Possibilidades e oportunidades se tornam mais aparentes quando você enfrenta um problema de uma nova perspectiva."[27]

Wines fundou uma empresa de remessas com Ismail Ahmed, imigrante da Somalilândia, em 2010. Ahmed chegara a Londres nos anos de 1980, tendo experimentado em primeira mão as profundas frustrações de receber remessas. Seu início de vida, junto com o que ele aprendeu em sua nova casa sobre soluções digitais, levou à criação de um novo empreendimento: uma empresa que torna o envio de dinheiro para casa tão conveniente quanto o envio de uma mensagem de texto. É um exemplo clássico de recombinação.

Jeff Bezos tocou no mesmo ponto em sua carta aos acionistas, em 2018. Falou sobre a importância da inovação incremental, duplicando ideias existentes, explorando seu valor. No entanto, reconheceu que, se deseja inovar de maneiras mais profundas, precisa sair da estrutura existente. Seu argumento captura a mentalidade externa. Ele chama isso de "divagar". Bezos diz:

> Às vezes (na verdade, sempre), nos negócios, você sabe para onde está indo e, quando o faz, pode ser eficiente. Põe em prática um plano e o executa. Por outro lado, divagar nos negócios não é eficiente..., mas também não é aleatório. É guiado — por palpites, intuição, curiosidade..., vale a pena ser um pouco confuso e tangencial para encontrar nosso caminho. A divagação é um contraponto essencial à eficiência... As descobertas descomunais

— as "não lineares" — têm grandes probabilidades de exigir divagação.[28]

Pense nas implicações para a educação. Especialistas em trabalho preveem que as crianças de hoje terão uma dúzia de empregos, a maioria dos quais ainda não foi inventada. Em um mundo que se move rápido, precisaremos dominar não apenas a arte da invenção, mas também da reinvenção pessoal. Nosso mundo é propício para pessoas que podem questionar o *status quo* e viajar além das fronteiras, inclusive as que impomos a nós mesmos. Pois, se existe um paradigma em que estamos profundamente imersos, é o de nossas próprias vidas.

Se foi difícil para os executivos das bagagens questionar o *status quo* quando se tratava de malas, imagine desviar do roteiro que vivemos todos os dias? O padrão é integrado a nossa existência, a nosso quadro de referência mais básico, aos trabalhos que realizamos, às habilidades que temos, às vidas que levamos. Menos salientes são as habilidades que ainda podemos desenvolver e as oportunidades que ainda não consideramos. Em resumo, às vezes precisamos aplicar ideias rebeldes em nossas próprias vidas.

Claro, às vezes é ótimo ter estabilidade. Ter continuidade. Mas também não há nada de errado em aproveitar as oportunidades, em vez de perdê-las inadvertidamente, falhando em compreender o equivalente a malas com rodas ou eletrificação inteligente em nossas vidas. Que novas ideias eu poderia aplicar ao que faço e a como faço? Onde está o potencial de recombinação?

A pesquisa liderada por Keith Stanovich, da Universidade de Toronto, mede um aspecto da mentalidade externa. Chama-se escala de mente aberta ativa (AOM, da sigla em inglês). O questionário pergunta às pessoas se elas concordam ou discordam de afirmações como "As pessoas sempre devem levar em

INOVAÇÃO 147

consideração evidências que vão contra suas crenças" e "Uma pessoa deve sempre considerar novas possibilidades". Talvez sem surpresa, as pessoas que obtiverem alta pontuação nessa escala são melhores em ter ideias, avaliar argumentos, combater preconceitos, detectar notícias falsas, mesmo após controlar a capacidade cognitiva.

Existem muitas técnicas que ajudam a fazer a transição para uma perspectiva externa, conhecer o familiar com novos olhos e envolver-se com novas ideias. Michael Michalko, um ex-oficial do Exército dos EUA que se tornou líder em criatividade, defende a "inversão de suposições". Você pega as noções básicas de qualquer assunto ou proposta e simplesmente as inverte. Então, suponha que você esteja pensando em começar um restaurante. A primeira suposição pode ser: "restaurantes têm menus". A reversão seria: "restaurantes não têm menus". Isso provoca a ideia de um chef informando a cada cliente o que ele comprou naquele dia no mercado, permitindo que eles selecionem um prato personalizado. A questão não é necessariamente tornar isso um esquema viável, mas, ao interromper os padrões convencionais de pensamento, levar a novas associações e ideias.

Pense em como essa técnica teria alterado a Revolução Industrial: se na época a eletrificação estivesse disponível, os executivos mudariam sua suposição definitiva de que "os processos de produção são baseados na unidade de energia". Em vez disso, teriam dito que os "processos de produção *não* são baseados na unidade de energia". Isso não teria perturbado suas suposições, impulsionado um novo conjunto de pensamentos e ajudado a escapar do paradigma?

Ou, para dar um exemplo diferente, suponha que você esteja pensando em iniciar uma nova empresa de táxi. A primeira suposição pode ser: "Empresas de táxi têm carros". A reversão seria: "Empresas de táxi não têm carros". Vinte anos atrás, isso

148 IDEIAS REBELDES

poderia parecer loucura. Hoje, a maior empresa de táxi que já existiu não possui carros: Uber.

IV

Agora, vamos olhar a inovação de uma perspectiva mais ampla. Que tipos de sociedades facilitam combinações de rebeldes? Por que alguns lugares e épocas são mais criativos que outros? Como nossa análise da diversidade se encaixa no arco da história? Talvez a principal epifania seja a de que as ideias, diferente dos bens físicos, não estão sujeitas a retornos decrescentes. Se der seu carro a alguém, não poderá usá-lo ao mesmo tempo. Se tiver uma nova ideia e compartilhá-la com outras pessoas, no entanto, seu potencial aumentará. Isso é a *repercussão de informações*.

Como afirma Paul Romer, economista que ganhou o Prêmio Nobel por seu trabalho em inovação: "O ponto importante das ideias é que elas naturalmente inspiram novas. É por isso que os lugares que facilitam o compartilhamento de ideias tendem a se tornar mais produtivos e inovadores do que aqueles que não o fazem. Porque, quando as ideias são compartilhadas, as possibilidades não se somam. Elas se multiplicam."[29]

A palavra-chave aqui é "compartilhadas". As ideias só podem se espalhar quando as pessoas estão conectadas. Heron de Alexandria inventou uma máquina a vapor no primeiro século d.C., mas as notícias da invenção se espalharam tão lentamente e para tão poucas pessoas que nunca chegaram aos ouvidos dos designers de carrinhos. Não apenas a inovação foi perdida para outras pessoas, como também elas não tiveram a oportunidade de aprimorá-la ou recombiná-la, um argumento do autor Matt Ridley.[30] Ridley também fala da astronomia de Ptolomeu, que foi uma grande melhoria do que havia (se não um total aperfeiçoamento), mas nunca foi realmente usada para navegação porque

INOVAÇÃO

astrônomos e marinheiros não se encontraram. A inovação foi isolada, privada da polinização cruzada, porque as pessoas viviam em estruturas — sociais, físicas, morais — que careciam de conectividade. Não houve repercussão.

Uma vez que as ideias são compartilhadas, no entanto, não são apenas transmitidas a outras mentes, mas podem ser combinadas com mais ideias. Pense na descoberta do oxigênio, que normalmente é creditada a Joseph Priestley e Carl Wilhelm Scheele, como se tivessem arrancado o elemento do nada. Mas, mesmo para iniciar a busca, era preciso saber que o ar é feito de gases distintos. Isso não foi amplamente aceito até a segunda metade do século XVIII. Eles também precisavam de balanças sofisticadas para medir mudanças finas no peso, que não estavam disponíveis até poucas décadas antes.[31]

Priestley e Scheele eram criativos e tinham a mentalidade externa disposta a desafiar o *status quo*, mas não teriam feito suas descobertas a menos que estivessem conectados a uma rede mais ampla de pessoas e ideias. Foi a diversidade em sua rede social que lhes permitiu recombinar ideias até então desconectadas, que depois se espalharam, inspirando novas ideias e recombinações. Isso implica que nossa perspectiva sobre inovação deve passar de uma em que os indivíduos estejam à frente e centralizados para uma em que novas ideias e tecnologias emerjam de uma dança complexa entre indivíduos e as redes em que estão.

Em seu livro *The Sociology of Philosophies*, Randall Collins, professor da Universidade da Pensilvânia, narra o desenvolvimento intelectual de praticamente todos os pensadores significativos da história registrada. Ele argumenta que pessoas como Confúcio, Platão e Hume eram, de fato, gênios, mas mostra que sua genialidade floresceu porque estavam situados em pontos propícios da rede social. Aqui, por exemplo, está a iniciativa de

Collins de recriar a rede de Sócrates, que revela as conexões com praticamente todos os principais pensadores.

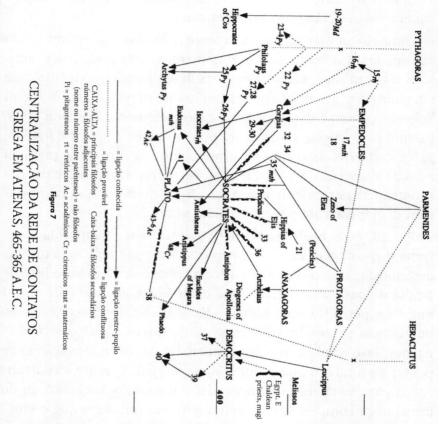

Figura 7
CENTRALIZAÇÃO DA REDE DE CONTATOS GREGA EM ATENAS, 465-365 A.E.C.

Para os interessados em existencialismo, eis a rede que engloba Jean-Paul Sartre e Martin Heidegger:[32]

INOVAÇÃO

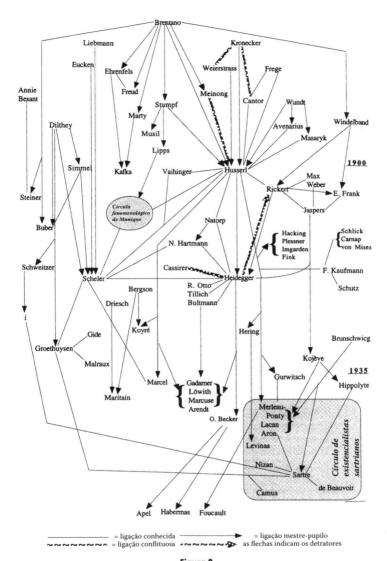

Figura 8
REDE DE CONTATOS DE FENOMENOLOGISTAS
E EXISTENCIALISTAS, 1865-1965

152   IDEIAS REBELDES

Collins escreve:

> A criatividade intelectual concentra-se em cadeias de
> contatos pessoais, transmitindo energia emocional e ca-
> pital cultural por gerações. Essa estrutura sustenta todo
> tipo de contexto: nós a vemos nas cadeias de evangelistas
> populares no budismo da Terra Pura, como mestres do
> Zen, lógicos indianos e neoconfucionistas japoneses [...]
> A energia emocional da criatividade se concentra no cen-
> tro das redes, em círculos de pessoas que se encontram
> frente a frente. Os altos períodos da vida intelectual, as
> tumultuadas eras douradas de inovações simultâneas,
> ocorrem quando vários círculos rivais se cruzam em al-
> gumas metrópoles de atenção e debate intelectuais.[33]

O contexto social da criatividade confere uma perspectiva
holística, permitindo-nos observar a verdade inspiradora de que
a inovação se refere, em parte, à criatividade dos cérebros dentro
da rede social, mas que esta, por sua vez, também se refere, em
parte, à diversidade das redes às quais se conectam. A rede geral
de cérebros conectados é o que os teóricos da evolução Michael
Muthukrishna e Joseph Henrich chamam de "cérebro coletivo".
Eles escrevem:

> Uma percepção comum da fonte de inovação é o "grande
> homem" de Carlyle — o pensador, o gênio, o grande in-
> ventor —, cujas habilidades cognitivas até agora excedem
> as do resto da população, nos levam a novos lugares por
> meio do esforço mental hercúleo e único. Eles podem es-
> tar nos ombros dos grandes nomes do passado, mas en-
> xergam mais por causa da própria percepção individual;
> seu próprio gênio individual. Defendemos [...] que esses
> indivíduos podem ser vistos como produtos de cérebros
> coletivos; um nexo de ideias anteriormente isoladas.[34]

INOVAÇÃO 153

Essa imagem explica por que as inovações ocorrem em mentes diferentes quase exatamente ao mesmo tempo. Por um longo tempo, o destino ou a providência foram citados para explicar por que, em todo o espaço e tempo, Charles Darwin e Alfred Russel Wallace criaram versões da teoria da evolução praticamente no mesmo mês. Ou por que Leibniz e Newton adotaram o conceito de cálculo quase simultaneamente. O destino começou a parecer uma explicação bastante insatisfatória, no entanto, quando os historiadores perceberam que essas "coincidências" não são exceção; são regra. Como Steven Johnson disse:

> Manchas solares foram descobertas em 1611 por quatro cientistas de quatro países diferentes. A primeira bateria elétrica foi inventada separadamente por Dean Von Kleist e Cuneus de Leyden, em 1745 e 1746 [...] A lei da conservação de energia foi formulada separadamente quatro vezes no final dos anos 1840. A importância evolutiva da mutação genética foi proposta por S. Korschinsky em 1899 e depois por Hugo de Vries em 1901, enquanto o impacto dos raios X nas taxas de mutação foi descoberto independentemente por dois estudiosos em 1927. O telefone, o telégrafo, o motor a vapor, a fotografia, o tubo de vácuo, o rádio — praticamente todos os avanços tecnológicos essenciais da vida moderna têm múltiplos espreitando em algum lugar da história de origem.[35]

O que está acontecendo? Como essas descobertas "independentes" podem ocorrer com tanta frequência? Agora podemos ver que elas são a consequência previsível das mentes em rede. Quando as pessoas estão ligadas a pessoas e ideias semelhantes, tendem a fazer conexões e descobertas semelhantes.

Vemos essas verdades em várias escalas ao mesmo tempo. Veja um estudo dos antropólogos Michelle Kline e Rob Boyd sobre as taxas de inovação nas ilhas do Pacífico, separadas por centenas de quilômetros de água, o que possibilita relacionar a velocidade da inovação com o tamanho do cérebro coletivo. Os pesquisadores descobriram que a sofisticação da tecnologia estava fortemente relacionada ao tamanho e à interconectividade da população. Redes maiores permitiam maior espaço para recombinação de ideias, competição entre ideias e repercussão de informações.[36]

Ou pegue o estado da Tasmânia, uma ilha de 240km ao sul de Victoria, na Austrália. Quando os europeus entraram em contato com ela pela primeira vez, no final do século XVIII, a tecnologia era surpreendentemente primitiva; havia tribos que datavam de 40 mil anos atrás com um arsenal mais sofisticado. Os tasmanianos tinham lanças de peça única, jangadas de cana (que vazavam), eram incapazes de pegar ou comer peixe (embora houvesse suprimentos abundantes) e bebiam em crânios.

O que acontecia? Como viviam isolados com essa tecnologia básica? O antropólogo de Harvard Joe Henrich apontou que o quebra-cabeça se encaixa quando se percebe que, há anos, o nível do mar subiu, inundando o estreito de Bass e separando a Tasmânia do resto da Austrália. Por mais de 12 milênios, foram desconectados da rede mais ampla de ideias, encolhendo o cérebro coletivo.

Uma pequena população estava agora isolada, com o risco de que um artesão qualificado morresse antes de ensinar a seus aprendizes, levando ao desaparecimento de inovações duramente conquistadas. Além disso, eles não podiam mais se comunicar com a Austrália: não podiam aprender, melhorar, recombinar. À medida que a expansão Pama-Nyungan avançava no estreito, a Tasmânia — que possuía a mesma tecnologia na época das inundações — entrou em declínio precipitado.[37]

INOVAÇÃO 155

Você pode pensar nisso tudo comparando tecnologias. Todo ano, Henrich mostra aos novos alunos arsenais não identificados de quatro populações: tasmanianos do século XVIII, aborígenes australianos do século XVII, neandertais e seres humanos de 30 mil anos atrás. Quando os alunos avaliam as habilidades cognitivas dos fabricantes de ferramentas, *sempre* dão a mesma resposta. Classificam os tasmanianos e neandertais como cognitivamente inferiores do que os aborígenes e os humanos de 30 mil anos atrás, porque seus arsenais são menos sofisticados.

Mas isso está errado. Por quê? Porque é impossível determinar habilidades cognitivas individuais inatas a partir da complexidade de seus arsenais. A razão é que a inovação não vale apenas para indivíduos, mas também para conexões. Pense nos tasmanianos antes e depois da inundação. As populações eram geneticamente idênticas, mas a sofisticação relativa de seus arsenais era outra.[38]

Pense por um momento nas seções anteriores. Vimos que os executivos das bagagens não conseguiram aproveitar as oportunidades das malas com rodas porque estavam presos a um paradigma. Eles tiveram dificuldade para aproveitar as vastas oportunidades de recombinação por causa dos muros conceituais impostos pelo contexto. Foram detidos por uma mentalidade interior.

Agora vemos que uma análise semelhante se aplica à imagem maior. A Tasmânia sofreu para inovar porque estava separada das possibilidades de recombinação, não por causa de uma mentalidade interior, mas por causa de uma inundação. Estavam fisicamente e não psicologicamente separados de novas ideias. A separação na estrutura da rede impõe restrições literais à inovação.

Esse tipo de separação também pode ser ideológico. Por muitos séculos, as mulheres foram excluídas da rede de ideias. Um grupo social inteiro enfrentou uma barreira não provocada pela

156 IDEIAS REBELDES

inundação, mas pelo fanatismo. Isso continuou no Iluminismo. Como Carol Tavris, psicóloga social, escreveu: "[o Iluminismo] restringiu os direitos das mulheres que eram [...] barradas no ensino superior e treinamento profissional." Isso era socialmente injusto com elas — *mas também reduziu drasticamente a criatividade dos homens.* Ao separar os homens das ideias que poderiam ter sido geradas por metade da população — as diversas perspectivas, informações e descobertas —, o cérebro coletivo foi reduzido. O que quer que possamos dizer sobre o ritmo da inovação ao longo da história humana, teria sido tudo drasticamente mais rápido se a rede de ideias incluísse as mulheres.

Uma simples matemática comprova tudo isso. Henrich nos convida a imaginar duas tribos buscando inventar uma tecnologia específica: digamos, um arco e flecha. Ele também pede que imaginemos que essas tribos têm atributos diferentes. Os Gênios são inteligentes. Têm cérebros enormes. Os Expansivos, por outro lado, são sociáveis. Gostam de interagir. Agora, suponha que um Gênio seja tão inteligente que, pelo esforço individual e imaginação, crie a inovação uma vez a cada dez gerações. Um Expansivo, por outro lado, apenas uma vez a cada mil. Então, os Gênios são 100 vezes mais inteligentes do que os Expansivos.

No entanto, os Gênios não são muito sociáveis. Têm apenas um amigo em sua rede com quem podem aprender. Os Expansivos, por outro lado, têm dez amigos, sendo dez vezes mais sociáveis. Agora, depois que todos tentam inventar o arco e a flecha por si mesmos, e depois aprender com seus amigos, de quem têm, digamos, uma chance de 50% de aprender em cada encontro, em qual população a inovação será mais comum?

A resposta surpreende. Apenas 18% dos Gênios inovam. Metade a terá descoberto por conta própria. Por outro lado, 99,9% dos Expansivos inovam. Apenas o 0,1% terá resolvido por

INOVAÇÃO   157

conta própria; o resto terá aprendido com os amigos. E cada um deles terá a oportunidade de melhorar a inovação, transmitindo epifanias de volta para suas redes.[39] O resultado é claro — e é corroborado por dados de campo, experimentos de laboratório e dezenas de exemplos históricos. Como Henrich diz:

"Se quer ter uma tecnologia interessante, é melhor ser sociável do que inteligente."[40]

V

A Rota 128 é uma rodovia que começa no condado de Norfolk, no sul, e passa pelos subúrbios ocidentais de Boston, antes de culminar, na costa, em Gloucester, cidade de pescador que foi cenário do famoso livro de Rudyard Kipling, *Captains Courageous*.

Quando Jonathan Richman compôs "Roadrunner", sua música sobre a Rota 128, listada pela revista *Rolling Stone* como uma das 500 melhores já gravadas, a estrada englobava o que muitos acreditavam ser um milagre econômico duradouro. Em 1975, o complexo de tecnologia empregava dezenas de milhares de trabalhadores e ostentava seis das dez maiores empresas de tecnologia do mundo.[41] Os laboratórios Wang, Prime e Data General eram gigantes do setor. No auge, a Digital Equipment Corporation possuía 140 mil colaboradores, sendo a segunda maior empregadora do estado. A seção oeste da rota foi chamada de America's Technology Highway. A revista *Time* a chamou de "o milagre de Massachusetts".

O vale de Santa Clara, por outro lado, era uma região agrícola a mais de 3 mil quilômetros, na Costa Oeste dos EUA, em grande parte dedicada ao cultivo de damasco, que, embora fossem suculentos e perfumados, estavam muito longe de chips e semicondutores.

158   IDEIAS REBELDES

A maior parte da indústria local se baseava no processamento e distribuição de alimentos em pequena escala. Um historiador disse: "Não acontecia muita coisa." A região de Santa Clara começou a mudar em 1956, quando William Shockley, físico e inventor, passou de um período malsucedido em Raytheon, uma empresa de Massachusetts com interesse em transistores, para Mountain View, uma pequena cidade no extremo sul da península. Com o tempo, houve uma crescente concentração de empresas no Vale, incluindo a Fairchild Semiconductor Company.

Na década de 1970, o vale de Santa Clara gerou uma alcunha própria, o "Vale do Silício", mas permaneceu à sombra do milagre de Massachusetts. As empresas de Boston tinham as vantagens econômicas clássicas. Os custos de terra e de escritório eram significativamente mais baixos, assim como os salários e comissões dos trabalhadores, engenheiros e gerentes.[42] Havia outras diferenças também. As empresas de Boston estavam fechadas. Eles usavam jaquetas e gravatas. Os rebeldes do Vale do Silício eram mais descontraídos, preferindo jeans e camisetas. Tinham maneiras de falar e jargões diferentes. No entanto, essas diferenças eram superficiais. O principal contraste consistiu na estrutura das redes e na dinâmica da repercussão de informações. E isso seria totalmente decisivo.

As empresas da Rota 128 tinham escala. Fizeram chips, placas, monitores e quadros, tudo internamente. Fizeram até drives. Essa integração vertical funcionava do ponto de vista econômico, o que significava que eles tinham uma eficiência impressionante na produção. Mas essa integração teve outra, menos comentada, consequência (e não precisaria ter tido). Essas grandes empresas tornaram-se socialmente isoladas. Gordon Bell, vice-presidente da Digital Equipment Corporation, disse: "A DEC era uma grande entidade que agia como uma ilha na economia regional." Glenn Rifkin e George Harrar, biógrafos de Ken Olsen, cofundador da

INOVAÇÃO

DEC, descreveram a empresa como "uma unidade sociológica, um mundo em si".[43] AnnaLee Saxenian, socióloga que cobriu as guerras tecnológicas em seu clássico *Regional Advantage*, escreve: "As empresas da Rota 128 adotaram práticas autárquicas."

À medida que as empresas se isolavam, criava-se um forte sentimento de posse. Wang contratou detetives particulares para proteger suas ideias e propriedades. As pessoas socializavam apenas com as da própria empresa. Havia poucos fóruns ou conferências que reuniam engenheiros. "Práticas de sigilo governavam as relações entre empresas e seus clientes, fornecedores e concorrentes", escreve Saxenian.[44] Outra pessoa disse: "Os muros ficaram cada vez mais grossos e mais altos."

O desejo de sigilo fazia sentido, nos próprios termos. Os executivos não queriam que as outras empresas roubassem suas ideias. Mas havia uma profunda desvantagem tácita. Ao separar seus engenheiros da rede mais ampla, impediram a interação de diversas ideias, fundindo, recombinando, avançando de maneiras imprevisíveis: a dança complexa da inovação. A Rota 128, então, foi caracterizada pelo que os teóricos da rede chamam de dinâmica "vertical". As ideias fluíam dentro dessas organizações hierárquicas, mas não externamente. "As informações sobre tecnologias permaneceram presas dentro dos limites de empresas individuais, em vez de serem difundidas...", escreveu Saxenian. Havia pouca transmissão horizontal.

Dava até para sentir o isolamento social no terreno físico ao longo da rodovia, da maneira que as empresas indígenas se distanciavam. "As empresas de tecnologia estavam espalhadas ao longo do corredor e cada vez mais ao longo da faixa externa, com quilômetros de florestas, lagos e rodovias que as separavam. A região da Rota 128 era tão ampla que a DEC começou a usar helicópteros para conectar suas instalações dispersas."[45]

160 IDEIAS REBELDES

Na superfície, pelo menos, o Vale do Silício era menos adequado ao setor da alta tecnologia. A região não desfrutava de benefícios fiscais para alcançar a Rota 128, nem tinha apoio do Estado em, digamos, gastos com defesa. E, como observado, os custos foram mais altos em terrenos, escritórios e salários. E, no entanto, o Vale do Silício tinha algo mais poderoso, um ingrediente que não se encontra nos livros convencionais. Você o percebe lendo Tom Wolfe, em um famoso ensaio sobre o Vale:

> Todos os anos havia algum lugar, Wagon Wheel, Chez Yvonne, Rickey's, Roundhouse, aonde membros dessa fraternidade exótica, jovens e moças da indústria de semicondutores, iam após o trabalho tomar uma bebida, fofocar, gabar-se e trocar histórias sobre instabilidade de fase, circuitos fantasmas, memórias-bolha, trens de pulso, contatos sem controle, modos de arrebentamento, testes de avanço rápido, junções p-n, modos de doença do sono, episódios de morte lenta, RAMs, NAKs, MOSs, PCMs, PROMs, sopradores PROM, queimadores PROM, detonadores PROM e teramagnitudes, significando múltiplos de um milhão de milhões.[46]

No Vale do Silício, as pessoas socializavam, e as ideias surgiam, dando a elas a chance de conhecer e se combinar, recombinar e desencadear novas ideias. "A velocidade de informação aqui é muito alta", disse um observador. "As densas redes sociais da região e mercados de trabalho abertos incentivam a experimentação e o empreendedorismo...", escreve Saxenian. "A piada permanente era que, se você não conseguia descobrir seus problemas no processo, bastava ir até Wagon Wheel perguntar a alguém."

É o que às vezes é chamado de fluxo horizontal de informações: o tipo que viaja de engenheiro para engenheiro, empresa

INOVAÇÃO 161

para empresa, repercutindo o tempo todo. As informações não circulavam só dentro das instituições, mas entre elas. Espaços como Wagon Wheel eram centros de recombinação, caldeirões borbulhando com pessoas com diferentes perspectivas e paradigmas. Pessoas que entendiam de um tópico ou tecnologia não entendiam de outro, criando uma vasta diversidade de pensamentos.

Um desses espaços era o Homebrew Computer Club, iniciado por entusiastas que fizeram sua primeira reunião em uma garagem. A lógica surgiu no primeiro boletim, publicado em março de 1975. "Você está construindo seu próprio computador? Terminal? TV Typewriter? Dispositivo de E/S? Ou alguma outra caixa de magia negra digital? Nesse caso, talvez você queira vir a uma reunião de pessoas com interesses semelhantes. Troque informações, troque ideias, fale sobre seu trabalho, ajude a trabalhar em um projeto, seja o que for."[47] (A primeira reunião ocorreu a poucos quarteirões de onde, algumas décadas antes, dois homens chamados Bill Hewlett e David Packard começaram a testar equipamentos eletrônicos em outra garagem.)

A reunião inaugural preparou o terreno para o que viria a seguir. Ideias borbulhavam como uma lata de refrigerante sacudida. Havia poucos computadores pessoais na época, mas, à medida que a conversa fervia, o grupo tinha dezenas de ideias para um possível uso doméstico: edição de texto, armazenamento, jogos, usos educacionais. Uma pessoa até sugeriu o uso de um sistema de computador para controlar funções domésticas, como o sistema de alarme, aquecimento e regagem de plantas.

Um dos participantes era um entusiasta barbudo de 20 e poucos anos. Tímido e de fala mansa, escutava a discussão sobre a computação pessoal. Ele construía os próprios processadores, brincava com chips, mas agora estava cercado por uma conversa que era o equivalente sociológico de estar conectado a 30 novos cérebros, cada um com as próprias sacadas, perspectivas, informações especializadas e ideias rebeldes.

Enquanto discutiam sobre o Altair 8800, o primeiro computador pessoal, vendido a entusiastas em um kit do tipo "faça você mesmo", ele ficou intrigado. Nunca tinha visto um. Uma folha de dados do 8800 que foi entregue ficou em sua mente. "Foi uma reunião em que pensei por toda a vida", disse mais tarde. "Foi um momento Eureka para mim [...] Levei a folha de dados para casa e fiquei chocado ao descobrir que o microprocessador era um processador completo, do tipo que eu havia projetado várias vezes no ensino médio. Naquela noite, a imagem completa da Apple apareceu na minha cabeça."[48]

O nome do entusiasta era Steve Wozniak. Treze meses depois, iniciaria a Apple Corporation a partir das duas ideias que se fundiram em sua cabeça naquela noite (poderia haver um exemplo mais requintado de uma combinação rebelde?). Seu cofundador foi outro participante do Homebrew: Steve Jobs.

Era sintomática a ausência de fóruns de troca de ideias — restaurantes, cafés ou clubes criados organicamente — na Rota 128. *Não havia demanda.* Jeffrey Kalb, que trabalhou em Massachusetts em minicomputação antes de ir para o Vale do Silício, disse: "Eu não sabia de pontos de encontro semelhantes na Rota 128. Pode ter havido um almoço em Hudson ou Marlboro, mas nada da magnitude dos pontos de encontro do Vale do Silício."[49] As empresas da Rota 128 não faziam uma autossabotagem deliberada. Elas eram criativas e inteligentes, mas não deram um salto conceitual essencial. A inovação não se resume à criatividade — ela depende de conexões. Eles eram como os Gênios do experimento mental. Tinham originalidade, mas lhes faltava sociabilidade. A diversidade existia, mas não era explorada. As empresas, como a Tasmânia, eram ilhas separadas por águas altas. Como Saxenian escreve: "As práticas de rede e

INOVAÇÃO 163

colaboração que caracterizaram o Vale do Silício nunca se tornaram parte da cultura comercial da Rota 128, e os novos modelos de gestão da região quase não se afastaram das práticas corporativas tradicionais."

Em 1957, 15 anos antes da criação do "Roadrunner", a Rota 128 empregava mais que o dobro do número de trabalhadores no setor de tecnologia do Vale do Silício. Eles estabeleceram empresas como Sylvania, Clevite, CBS-Hytron e Raytheon. Essas empresas representavam 1/3 de todos os tubos de transmissão e recebimento para fins especiais do país e um quarto de todos os dispositivos de estado sólido. Em 1987, 15 anos depois da composição da música, essa lacuna foi revertida. À época, o Vale do Silício empregava mais do que o triplo de trabalhadores de tecnologia que a Rota 128. Em 2000, as ilhas corporativas isoladas de Boston haviam desaparecido, como a tecnologia da Tasmânia.

Devemos observar que a competição entre empresas (mesmo as insulares) é uma forma de descoberta de informações no âmbito do sistema. Quando as instituições se enfrentam, descobrimos quais ideias funcionam. Empresas com ideias ruins vão à falência, as de sucesso são copiadas, e o sistema se adapta. Os mercados que funcionam bem são um poderoso motor de crescimento e contribuem para a expansão do cérebro coletivo. O que a análise deste capítulo revela, no entanto, é o perigo de quando as informações ficam presas em searas institucionais. Isso é ruim tanto para o sistema, porque evolui mais lentamente, quanto para as próprias instituições, que lutam para inovar.

Considere, também, que as fissuras na rede ao longo da Rota 128 contribuíram para a insularidade e foram exacerbadas por ela. Foi uma sinergia perigosa. Quanto mais as pessoas recuavam em seus silos, mais percebiam novas ideias não como oportunidades, mas como ameaças.

Mitch Kapor, fundador da Lotus Development Corp., fala de uma reunião "bizarra" com Ken Olsen, o CEO do DEC, na qual este parecia incapaz de captar a importância dos computadores pessoais. Kapor disse:

> Alguns dos momentos mais impactantes [...] foram aqueles em que percebi que aqueles caras não sacavam e se condenavam. O próprio Olsen projetara o case para o computador pessoal do DEC, e ele batia nele, me mostrando o quão sólido era. Eu pensava: "Em que planeta estou? O que isso tem a ver?" Mas, no mundo dele, quando os computadores estavam no chão de fábrica e assim por diante, precisavam ser robustos, então importava. Mas aquilo era completamente irrelevante.[50]

Quanto ao Vale do Silício, a região avançava, internos e externos colidiam, diversos conceitos se recombinavam, em um processo reforçado pela topografia. Diferente das ilhas amplamente espalhadas da Rota 128, as empresas do Vale "se agrupavam próximas umas das outras em uma densa concentração industrial". O resultado líquido foi um turbilhão de fluxo de informações em alta velocidade. Como Larry Jordan, executivo da Integrated Device Technology, disse em uma entrevista seminal em 1990: "Há uma atmosfera única aqui, que se revitaliza continuamente em virtude do fato de que os entendimentos coletivos de hoje são informados pelas frustrações de ontem e modificados pelas recombinações de amanhã [...] O aprendizado ocorre por meio dessas recombinações. Nenhuma outra região geográfica cria a recombinação tão eficazmente com tão pouca interrupção. Todo o tecido industrial é fortalecido por esse processo."[51]

INOVAÇÃO   165

VI

A ciência da recombinação traz uma visão convincente. Inovação é derrubar muros. Alguns são bons, é claro. Valorizamos a privacidade. As empresas precisam proteger a propriedade intelectual. As instituições precisam de especialistas, que precisam de espaço para trabalhar. Mas muitas vezes erramos o equilíbrio, inclinando-nos para a insularidade, não porque desprezamos as ideias de quem pensa diferente, mas porque subestimamos sua importância. Esse é outro aspecto da homofilia. Estamos confortáveis em nossos silos, categorias e meios conceituais.

Isso se verifica até na própria ciência. Com frequência, os acadêmicos falam com acadêmicos da mesma disciplina. Isso é bom, mas até certo ponto. Quando os historiadores falam apenas com historiadores e economistas com economistas, minam sua capacidade de entender os fenômenos que procuram explicar. Grande parte deste livro é retirada do trabalho de acadêmicos com perspectivas externas estimulantes, trabalhando em grupos multidisciplinares, repletos de diversidade de gênero e etnia; acadêmicos que enriquecem nossa compreensão do mundo.

Ironicamente, alguns desses pensadores lutam para ser publicados em revistas científicas. A razão é que partes da academia se tornaram ilhas conceituais, compostas de grupos autorreferenciais de revisão por pares que têm dificuldade de aceitar qualquer coisa fora do paradigma. Também há um reconhecimento insuficiente de que grande parte da maior ciência é recombinante. Os cientistas de sucesso não são apenas aqueles com profundo conhecimento do próprio terreno, mas aqueles que têm imaginação para espiar a constelação mais ampla, procurando polinização cruzada significativa. É assim que descobrem combinações rebeldes.

Dado o que aprendemos, talvez não seja surpreendente que a teoria das redes se mova no centro do palco em várias áreas. Os aspectos matemáticos do assunto foram formalizados por Euler, no século XVIII, mas as ideias básicas são intuitivas e têm aplicação prática. Pense na construção, em que os arquitetos projetam os espaços para maximizar o escopo das conexões. Em vez de cubículos fechados e escritórios murados, a ideia é afastar as pessoas de suas mesas, criar áreas nas quais as pessoas se sintam encorajadas a se misturar, fazer encontros casuais e se envolver com perspectivas externas.

Um líder que compreendeu essas verdades intuitivamente foi Steve Jobs. Ao projetar o prédio da Pixar, a empresa de animação que comprou de George Lucas em 1986, decidiu criar apenas um conjunto de banheiros. Eles ficavam no átrio, o que significava que as pessoas tinham que atravessar todo o edifício. Parecia ineficiente, mas expulsava as pessoas de seus nichos habituais e levava a uma sinfonia de encontros casuais. "Todo mundo tem que se encontrar", disse Jobs.

Ou pense no Building 20, do Instituto de Tecnologia de Massachusetts. Não era uma estrutura bonita. De acordo com um ensaio sobre o edifício, "foi construído às pressas, em compensado. Tinha goteiras. Tinha uma acústica ruim e era mal iluminado, com ventilação inadequada, muito confuso para percorrer (mesmo para as pessoas que trabalhavam lá há anos), e era escaldante no verão e congelante no inverno".[52] E, no entanto, gerou uma inovação surpreendente, incluindo a construção do primeiro relógio atômico do mundo, o desenvolvimento da linguística moderna, um dos primeiros aceleradores de partículas atômicas, a fotografia de *stop motion* e muito mais. Jerome Lettvin, o cientista cognitivo, chamou-o de "o útero do instituto".

Por que o prédio foi tão propício à inovação? A falta de uma estrutura formal fez com que cientistas de diferentes áreas se

INOVAÇÃO

chocassem. Amar Bose, por exemplo, começou a frequentar o laboratório de acústica, no final do corredor de seu próprio departamento, enquanto fazia uma pausa em sua dissertação. Mais tarde, inventou um inovador alto-falante em forma de cunha (assim como a Bose Corporation).

Os habitantes do edifício ao longo dos anos incluíram o Laboratório de Acústica, Laboratório de Adesivos, Departamento de Linguistas, Escritório do Programa de Mísseis Guiados, Laboratório de Design de Iluminação, Escritório de Pesquisa Naval, Modelo Railroad Club e muito mais. "No momento da história, esses pesquisadores nunca compartilhariam as mesmas instalações — os biólogos teriam estudado no edifício das ciências da vida e os projetistas de iluminação estariam desenhando no edifício de arquitetura", escreveu David Shaffer, arquiteto. "Cientistas de diversos campos se conheceram de uma maneira única e empolgante, que produziu uma colaboração interdepartamental sem precedentes."

Outra característica incomum do Building 20 é que os muros, bastante frágeis, podem ser derrubados quando atrapalham a colaboração frutífera. "Se deseja conectar um cômodo a outro, não ligue para a planta [manutenção]", disse Paul Penfield, professor de engenharia. "Em vez disso, você pega uma furadeira elétrica e a usa na parede." Em seu livro, *Messy*, Tim Harford escreve: "Quem pensaria que colocar os engenheiros elétricos no clube ferroviário resultaria em hackers e videogames?"[53]

Também é possível ver o poder das redes na história das instituições culturais.[54] O futebol tem sido uma incubadora de recombinação, principalmente no domínio das táticas. Isso pode ser visto em tudo, desde a abordagem WM do lendário gerente do Arsenal Herbert Chapman até o *catenaccio* defensivo italiano. O economista Raffaele Trequattrini mostrou que essas inovações levavam a uma vantagem competitiva sustentada.

O mesmo pode ser dito da revolução total do futebol na Holanda, talvez o exemplo mais vívido de recombinação no esporte. Os fãs de futebol podem se surpreender ao descobrir que o futebol holandês já foi insular. Ideias além do jogo eram vistas como ameaças, não oportunidades. Quando, em 1959, um novo fisioterapeuta chegou ao Ajax e viu que o centro médico consistia em uma mesa de madeira com uns lenços, se ofereceu para comprar uma mesa de tratamento moderna. "Não envenene a atmosfera", respondeu o treinador. "Essa mesa tem 50 anos."

Foi preciso um treinador jovem, com uma mentalidade externa, chamado Rinus Michels, para desafiar essa insularidade. Ele importou ideias além do jogo, não apenas para transformar táticas e treinamento, mas também para inspirar a profissionalização. Antes de sua época, quase todos os jogadores trabalhavam em empregos paralelos formais, incluindo Johan Cruyff, um dos grandes nomes do futebol holandês, que trabalhava em turnos em uma fábrica de impressão local. O treinamento tornou-se mais "imaginativo, intensivo e muito mais inteligente".

Em seu ótimo livro *Brilliant Orange*, David Winner leva essas mudanças para tendências mais amplas da sociedade holandesa, que, por si só, se abria a novas ideias. "Após 20 anos de paz, houve oportunidades únicas para a polinização cultural internacional [...] Em nenhum lugar a rebelião juvenil teve uma aura de brincadeira tão surreal, anárquica e teatral como em Amsterdã."

Johan Cruyff foi crucial para a transformação. Karel Gabler, ex-treinador de jovens que "cresceu nas ruínas do antigo bairro judeu de Amsterdã, onde os anos 1960 eram uma explosão de cor em um mundo monocromático", disse: "Cruyff entrou em muitos conflitos porque começou a fazer a pergunta que toda a geração fazia: "Por que as coisas são organizadas assim?"

Em seu livro *The Talent Lab*, o jornalista Owen Slot examina o sucesso do esporte olímpico britânico, que passou de uma

INOVAÇÃO

169

medalha de ouro nos Jogos de Atlanta de 1996 para 29 nos Jogos de Londres de 2012. Um dos principais compromissos do esporte britânico foi com Scott Drawer, como chefe de P&D, um cientista com doutorado em ciência do esporte e sede de novas ideias. Uma de suas primeiras ações foi olhar além do esporte, para a academia e a indústria, encontrando engenheiros e inventores que pudessem levar novas ideias para a questão de como ajudar os atletas a ir mais rápido. Seu grupo reuniu-se na Wagon Wheel de sua época, uma sala de reuniões em Sheffield, onde cientistas se conectavam a uma rede nova e mais diversificada. Drawer disse:

> Não era necessariamente o melhor [grupo] em termos de conhecimento acadêmico, mas era o melhor em termos de criatividade, pessoas que ouviam, ficavam curiosas, queriam explorar. A ingenuidade era uma verdadeira força [...] Quando você coloca pessoas em um bom ambiente, onde podem pensar assim, você se surpreende vendo até onde elas vão.[55]

Os resultados recombinantes foram notáveis:

> A tecnologia F1, para ajudar a construir trenós olímpicos de inverno; a tecnologia British Aerospace, para construir o trenó de skeleton no qual Amy Williams ganhou ouro em Vancouver; os sensores para nadadores aperfeiçoarem a virada; as "calças quentes" que os ciclistas usam para manter os músculos aquecidos entre as corridas; o repelente de líquidos que revestia a canoa de Ed McKeever, na qual conquistou o ouro, em Londres.[*][56]

---

[*] Tim Wigmore, jornalista esportivo britânico, argumenta que muitas inovações tecnológicas no esporte são, quando você as avalia de perto, de natureza recombinante. Os jogadores de críquete indianos refinaram a varredura inversa com ideias do tênis. Novak Djokovic aprendeu seu famoso slide incorporando ideias de seu amor pelo esqui. O mesmo padrão se aplica ao "flop" do saltador de altura Dick Fosbury, ao "tomahawk" da jogadora de tênis de mesa Ding Ning e às incomuns técnicas de rastreamento ocular do jogador de rugby Danny Cipriani.

Pode-se ver o mesmo padrão ao longo da história. Épocas que conseguiram derrubar as barreiras entre as pessoas, que facilitaram a interação significativa, impulsionaram a inovação. Existem dezenas de exemplos, mas um dos mais notáveis é a Escócia do século XVIII, que, apesar de ter sido uma espécie de remanso por séculos e de ter passado por um período de turbulência política, emergiu como centro do Iluminismo.

A Escócia desenvolveu uma rede incomumente extensa de escolas paroquiais nas planícies no início do século XVIII e tinha cinco universidades (Universidade de St. Andrews, Universidade de Glasgow, Universidade de Edimburgo, Marischal College, Universidade e King's College of Aberdeen), contra apenas duas na Inglaterra. Todas essas instituições tinham cátedras em matemática e ofereciam um ensino de alta qualidade em economia e ciências.

A cena na Escócia também era altamente social: "Não se tratava de indivíduos isolados trabalhando em propriedades rurais ou de acadêmicos isolados, enclausurados em universidades excepcionais. A cena era um trânsito."[57] Acadêmicos, cientistas e comerciantes se misturavam, principalmente na estrutura de clubes e sociedades que surgiram nessa época. Como um estudioso disse: "As interconexões e a fertilização cruzada entre as disciplinas [...] é uma das características marcantes da cena escocesa. Geólogos associados a historiadores, economistas com químicos, filósofos com cirurgiões, advogados com agricultores, ministros de igrejas com arquitetos."[58]

O Oyster Club tinha entre seus fundadores o economista Adam Smith, o químico Joseph Black e o geólogo James Hutton. A Select Society incluía o arquiteto James Adam, o médico Francis Home e o filósofo David Hume. Essas eram as Wagon Wheels e as Roundhouses do Iluminismo Escocês, com as ideias se colidindo e difundindo.

INOVAÇÃO 171

O florescimento do conhecimento foi notável. Hume escreveu obras-primas sobre filosofia moral, economia política, metafísica e história. Adam Smith, amigo próximo de Hume, escreveu *A Riqueza das Nações*, que continua sendo o trabalho mais influente da história da economia. James Boswell escreveu *An Account of Corsica*, James Burnett fundou a moderna linguística histórica comparativa e James Hutton foi um geólogo pioneiro. Sir John Leslie conduziu experimentos importantes com o calor, enquanto Joseph Black descobriu o dióxido de carbono.

Considere os pensadores do Iluminismo escocês isoladamente, e podemos concluir que o florescimento do conhecimento ocorreu porque a nação foi abençoada com um número incomum de grandes mentes. É apenas afastando-nos que vemos que essas mentes floresceram apenas porque estavam conectadas a um cérebro coletivo tão diversificado. Como um visitante disse: "Aqui estou, no que é chamado de Cruz de Edimburgo, e, em poucos minutos, veremos 50 gênios passarem."

5

CÂMARAS DE ECO

I

Derek Black ainda estava no ensino fundamental quando declarou seu compromisso com a supremacia branca. Na adolescência, ajudou a gerenciar o Stormfront, um fórum que começou como uma plataforma online de avisos, mas logo se tornou o primeiro site de ódio da web. Um artigo do *USA Today* de 2001 se referiu ao Stormfront como "o site supremacista branco mais visitado da rede".[1] Black publicava regularmente e era o moderador de comentários, ajudando os nacionalistas brancos a construir uma comunidade online. Ele foi comprometido, estratégico e logo se tornou importante no site e no movimento. Rápido e articulado, muitos o consideravam o príncipe herdeiro da causa, a pessoa em que outros se inspiravam a buscar novas ideias e slogans.

Ao final da adolescência, Derek ganhou o próprio espaço — *The Derek Black Show* — em uma rádio AM. Defendeu os escritos de Ernst Zündel, um editor alemão que promovia a negação do Holocausto, e entrevistou líderes supremacistas como Jared Taylor e Gordon Baum. O programa era tão popular que recebeu um horário diário. Ele era um radialista por natureza.

Continuou a gerenciar e promover o Stormfront, buscando diminuir o vínculo entre os usuários do fórum e os episódios de violência em massa. Um estudo mostrou que, nos 5 anos que antecederam 2014, membros do Stormfront mataram quase 100 pessoas, 77 deles perpetrados por Anders Behring Breivik, o homem por trás dos ataques noruegueses em 2011[2] — uma taxa de assassinatos que "começou a acelerar no início de 2009, depois que Barack Obama se tornou o primeiro presidente negro dos EUA".

Quando jovem, Derek tornou-se membro de reuniões da supremacia, eletrificando plateias como orador. Ele estava desenvolvendo uma reputação como grande pensador do repatriamento racial. Ganhou um assento no Comitê Executivo Republicano de Palm Beach, mas lhe foi negada a posição quando o partido descobriu suas opiniões extremistas.[3]

Na noite em que Barack Obama venceu a eleição presidencial, o Stormfront ficou fora do ar devido ao tráfego intenso. Foi um período inebriante para o nacionalismo branco, com seus seguidores aumentando diariamente, e o novo presidente recebendo mais de 30 ameaças de morte por mês. Pouco tempo depois, Black recebeu um alto faturamento em uma reunião de uma conferência de direitos dos brancos em Memphis. Em seu brilhante livro *Rising Out of Hatred*, o jornalista Eli Saslow conta:

> Os Klansmen e os neonazistas chegaram para o encontro no outono de 2008 vestindo ternos com pseudônimos escritos em seus crachás e começaram a esgueirar-se para o hotel logo após o amanhecer. Passaram pelos manifestantes agitando bandeiras arco-íris na calçada, pelos soldados do Estado extras estacionados do lado de fora do lobby do hotel, pelos informantes do FBI que esperavam se infiltrar [...] Um subúrbio declarou estado de emergência para contratar policiais adicionais, outro proibiu temporariamente todas as reuniões públicas. Mas, às 7h do sábado, cerca de 150 dos nacionalistas

brancos mais proeminentes do mundo se reuniram em uma sala de conferência de hotel, onde uma pequena placa estava pendurada na parede. "A luta para restaurar os EUA Brancos começa agora", dizia.

De certa forma, Derek nasceu para ser um líder nacionalista branco. Don, seu pai, ingressou no Ku Klux Klan durante a faculdade e foi promovido a Grand Wizard. Em 1981, foi preso ao lado de outros supremacistas brancos carregando dinamite, gás lacrimogêneo e outros materiais a caminho de tentar um golpe na ilha de Dominica. "Eles esperavam estabelecer uma utopia branca", escreve Saslow. Ele foi condenado a três anos, aprendendo conhecimentos de informática durante seu encarceramento que lhe permitiriam criar o site Stormfront — para o qual seu filho mais tarde se tornaria um colaborador tão indispensável.

Ao testemunhar a ascensão meteórica de Derek, Don se encheu de orgulho. "Nunca pensei que seria tão bom ficar em segundo lugar em minha própria casa", disse. Ele sentiu que Derek tinha muitas forças que ele mesmo não possuía, como um intelecto flexível. O jovem conseguiu cunhar frases que capturavam a imaginação do público. Quando Derek falou sobre o "genocídio dos brancos" causado pela imigração em massa, Don notou o modo como isso se espalhou, permeando o mainstream.

Quanto a Chloe, mãe de Derek, também teve uma longa associação com o movimento nacionalista branco. Ela se casou com David Duke, um dos membros de maior hierarquia do Ku Klux Klan, na casa dos 20 anos, e teve duas filhas com ele. Alguns anos após o divórcio, casou-se com Don, que conhecia há anos nos círculos do nacionalismo branco. Duke foi padrinho de casamento.

178 IDEIAS REBELDES

Duke, o líder de fato da supremacia branca nos EUA, passara a vida tentando trazer a ideologia branca para a corrente política. Quando concorreu a governador da Louisiana, em 1991, ganhou a maioria dos votos brancos, mas perdeu por pouco as eleições. Era padrinho de Derek e "um segundo pai". Ele passou o Natal com os Blacks, socializou com eles e nutriu o jovem Derek. Parecia que ele estava cuidando de seu sucessor.

Ao final da adolescência, Black era tão versado nas doutrinas do nacionalismo branco quanto se sentia à vontade em sua própria pele. Seus cabelos ruivos caíam pelos ombros, ele usava um chapéu de cowboy preto, era gentil e charmoso. As pessoas gostavam dele. Não usava insultos racistas ou advogava ataques físicos, ao invés disso, usava uma linguagem suave para articular sua ideologia. Ele queria que os Estados Unidos fossem brancos e que as minorias, em última instância, fossem expulsas à força.

Na reunião em Memphis, a excitação de Duke era nítida ao apresentar o jovem prodígio à massa de supremacistas reunidos. Parecia um momento decisivo. "O futuro do nosso movimento é tornar-se totalmente popular", disse Duke. "Gostaria de apresentar o astro do movimento. Não conheço ninguém que tenha melhores dádivas. Ele deve construir uma carreira nacional e internacional muito mais extensa do que a minha [...] Senhoras e senhores, lhes apresento Derek Black."[4]

II

A Universidade do Kansas é a maior do estado. Fundada em 1865 em uma colina na cidade de Lawrence, desde então se expandiu para cinco campi e é considerada um dos mais belos cenários acadêmicos dos Estados Unidos. "Adotamos nosso papel como universidade estadual e instituição de pesquisa de primeira categoria servindo o estado, a nação e o mundo", diz o site.

CÂMARAS DE ECO   179

"Celebramos a energia e a compaixão que infundem o espírito de Jayhawk."

Fale com os estudantes e acadêmicos e perceberá não apenas o burburinho social da universidade, mas também sua escala. No total, há quase 30 mil estudantes vindos de todos os cantos dos Estados Unidos e do mundo. Há quase 3 mil estudantes não brancos, quase 6 mil são oriundos de outros estados e quase 2 mil têm mais de 25 anos. Uma população bem diversificada.[5]

Permaneça dentro do perímetro de qualquer universidade, no Kansas ou em qualquer outro lugar, e terá uma leve impressão da maneira orgânica pela qual as relações emergem da grande totalidade de estudantes. As pessoas interagem depois de aulas, frequentam bares e clubes, desenvolvem amizades, muitas das quais durarão por toda a vida. A maioria mantém contato com amigos da universidade muito tempo após a formatura.

Nos últimos anos, a maneira como as relações sociais são formadas se tornou um dos principais focos de investigação científica. Existem muitos estudos, mas um dos mais fascinantes foi orientado por Angela Bahns, professora norte-americana de psicologia, em instituições acadêmicas no estado do Kansas. Uma das instituições analisadas foi a Universidade do Kansas. Os pesquisadores observaram os alunos enquanto saíam com seus amigos e depois lhes deram questionários para que pudessem investigar a maneira como construíram amizades e grupos sociais. Além da Universidade do Kansas, também foram alvo do estudo cinco universidades menores no estado: Baker University em Baldwin City, Bethany College em Lindsborg, Bethel College em North Newton, Central Christian College em McPherson e McPherson College, também em McPherson.[6]

180 IDEIAS REBELDES

Quando digo que essas outras universidades são menores, quero dizer muito menores. A Baker University, uma faculdade maravilhosa com uma história rica (é o estabelecimento acadêmico mais antigo do estado, fundado em 1858), tem apenas três residências e dois prédios de apartamentos para estudantes. Tem uma sólida reputação acadêmica e oferece uma seleção de cursos, mas não se compara às instalações das instituições de referência dos Estados Unidos.

Enquanto a Universidade do Kansas tem uma população de quase 30 mil estudantes, as outras 5 universidades têm, em média, 1.000. A McPherson College tem 629 alunos; a Bethany College, 592; e a Bethel College tem apenas 437. Essas faculdades também, por implicação, têm menor diversidade demográfica geral. A Bethel tem apenas 105 estudantes de fora do Kansas, enquanto a Baker University e o McPherson College não têm nenhum estudante do exterior.[7]

Agora, a pergunta que Bahns estava procurando responder era como essas diferenças subjacentes influenciam as características das relações sociais nas instituições. Como moldam a maneira como as pessoas fazem conexões entre si? Como influenciam o tipo de pessoa com quem socializam e como constroem amizades de longo prazo? A resposta intuitiva parece bastante óbvia. A Universidade do Kansas, por questões de proporção, oferece muito mais oportunidades de conhecer pessoas que pensam de maneiras diferentes, que provêm de diferentes origens, que têm perspectivas diferentes. A universidade é uma instituição cosmopolita em virtude de seu alcance notável.

Na Bethel College, por outro lado, apesar de impressionante, seu tamanho reduzido implica que as oportunidades de conhecer pessoas diferentes sejam muito mais restritas. Apesar de, por ser menor, tender a aproximar os estudantes, uma pequena população estudantil certamente reduz as possibilidades de

CÂMARAS DE ECO

interação significativa com pessoas que pensam e agem de forma diferente ou que apenas têm aparências diferentes.

Quando Bahns analisou os dados, no entanto, encontrou o resultado oposto. As relações sociais da Universidade do Kansas eram mais homogêneas, não apenas em termos de atitudes e crenças, mas também no que diz respeito à política, convicções morais e preconceitos. "Foi um resultado claro e completamente diferente do que a maioria das pessoas espera", disse-me Bahns. "Quando as pessoas integram comunidades mais amplas, é mais provável que restrinjam seus relacionamentos."

Como isso é possível?

Considere novamente os dois campi. No Kansas, há muitas pessoas. Elas são diferentes, com certeza, mas a diversidade tem uma propriedade paradoxal. Ela sugere maior probabilidade de interação com alguém diferente, mas também que existem muitas pessoas parecidas. Se alguém deseja sair com alguém que partilhe da mesma opinião, não é tão difícil de encontrar. Os sociólogos chamam isso de "variedade refinada".

Em uma faculdade menor, com menos pessoas, por outro lado, há menos diversidade. Porém isso significa que é quase impossível encontrar alguém que pense ou pareça com você. É necessário um mínimo de esforço para aceitar algumas divergências. Quanto menor a proporção de diversidade na população geral, mais difícil é encontrar concordância. Bahns diz:

> Parece irônico, mas faz sentido. Nas universidades menores, as opções são mais restritas. Com isso, é necessário se relacionar com pessoas diferentes. Quando o campus é grande, por outro lado, há mais oportunidades para que os alunos "filtrem" seus relacionamentos. Com isso, os estudantes acabam se relacionando com pessoas mais parecidas consigo mesmos.[8]

182 IDEIAS REBELDES

O experimento de Bahns conversa com outros estudos, em diversas partes do mundo e em diferentes contextos. Em um experimento liderado por Paul Ingram, professor da Columbia Business School, 100 empresários foram convidados para um evento social após o trabalho em Nova York.[9] O evento aconteceu às 19h de uma sexta-feira em um salão de recepção da universidade, e os pesquisadores fizeram de tudo para incentivar interações entre pessoas diferentes. No centro da sala havia uma grande mesa de canapés; em uma parede, uma com pizzas; e em outra, um bar que servia cerveja, vinho e refrigerantes.

Os participantes, em média, conheciam cerca de um terço das pessoas na sala, mas eram desconhecidos para a maioria. Essa era, então, uma oportunidade de ampliar sua rede de contatos, de se conectar com diversas pessoas. De fato, muitos dos participantes disseram, precisamente, em uma pesquisa pré-evento que seu principal objetivo em participar (assim como relaxar) era fazer novos contatos. Todos os participantes foram equipados com etiquetas eletrônicas, que não podiam ouvir o que estava sendo dito, mas que podiam rastrear os encontros e sua duração. Isso permitiu que os pesquisadores "analisassem uma rede dinâmica que mapeasse os encontros ao longo do evento".

O que aconteceu? Com quem os participantes acabaram conversando? Eles procuraram novas pessoas e expandiram seus contatos conforme o objetivo declarado? Na verdade, aconteceu o contrário. Como disseram os pesquisadores: "As pessoas interagem com pessoas que não conhecem em eventos para essa finalidade? A resposta é não — ou não tanto quanto gostariam [...] Nossos resultados mostram que os convidados de um evento social com esse objetivo tendem a passar o tempo conversando com os outros poucos convidados que já conhecem bem."

CÂMARAS DE ECO

O maior atraso no desenvolvimento do cérebro coletivo na história inicial de nossa espécie foi o isolamento social. Grupos nômades de caçadores e agricultores geralmente eram dispersos e tinham poucos meios de comunicação. Quando os grupos começaram a viver mais próximos após a revolução agrícola, a socialidade foi restringida pelas muitas barreiras que podem existir entre os grupos humanos, tanto físicas quanto psicológicas. Observamos que a Tasmânia retrocedeu quando foi separada da ecologia australiana mais ampla.

Hoje, porém, vivemos uma era radicalmente diferente. As pessoas estão conectadas não apenas socialmente, mas digitalmente. A internet criou um hiperespaço mundial que pode ser acessado instantaneamente. Temos acesso ilimitado a diversas opiniões, crenças, ideias e tecnologias, tudo com um simples clique. Este era, obviamente, o objetivo original da internet de Tim Berners-Lee: um lugar em que uma comunidade científica pudesse compartilhar pesquisas e ideias. E isso levou a todos os tipos de inovações recombinantes. A internet tem sido positiva de diversas maneiras significativas.

Porém a grande diversidade das redes mais abrangentes tem o potencial de produzir efeitos paradoxais nas redes locais. Isso vale tanto para o mundo digital quanto para o mundo social. Uma universidade cosmopolita como a Universidade do Kansas pode levar a grupos de amizade homogêneos. Uma ocasião criada propositadamente para incentivar as pessoas a interagir leva a uma variedade refinada.

Essas ideias nos ajudam a compreender um dos paradoxos definidores da era moderna: as câmaras de eco ideológicas. Apesar de toda sua promessa de diversidade e interconexão, a internet se caracterizou por uma nova espécie de grupos homogêneos, ligados não pela lógica dos parentes ou tribos nômades, mas pelo

184   IDEIAS REBELDES

aperfeiçoamento ideológico. Essa é uma encarnação completamente digital da dinâmica insular da era neolítica, com informações circulando dentro de grupos e não entre eles. Em muitos casos, as câmaras de eco não são motivo de preocupação. Se está interessado em moda, deseja participar de um fórum no qual pode conversar com outras pessoas que pensam da mesma forma. Prejudicaria sua satisfação se as pessoas continuassem postando sobre futebol, arquitetura ou fitness. Nesses fóruns, a diversidade não só é redundante, mas irritante.

Porém, quando procuramos nos informar a respeito de assuntos complexos, como política, as câmaras de eco distorcem. Ao receber as novidades do Facebook e de outras plataformas, em que os amigos compartilham tendências culturais e políticas, as pessoas ficam expostas a pessoas que concordam com elas e as evidências que reforçam suas opiniões, ficando menos expostas a perspectivas opostas. O potencial da variação refinada é ampliado por um fenômeno mais sutil: as bolhas intelectuais. É aqui que vários algoritmos, como os do Google, personalizam nossas pesquisas, fornecendo mais do que já acreditamos e limitando nosso acesso a diversos pontos de vista.[10] É o equivalente digital ao experimento de Bahns, só que em maior proporção. A interconectividade da internet fomentou o uso de filtros políticos.

O alcance das câmaras de eco é assunto de alguns debates, com diferentes estudos apontando em direções diferentes. A matemática Emma Pierson analisou como os problemas da cidade de Ferguson, Missouri, foram abordados nas redes sociais em 2014, depois que um policial branco chamado Darren Wilson atirou em um homem negro, Michael Brown, causando sua morte. Ela encontrou dois grupos distintos: Os "tuítes azuis" expressavam horror à morte de Brown e criticavam a resposta opressiva da polícia, enquanto os "tuítes vermelhos" argumentavam que

CÂMARAS DE ECO   185

o policial estava sendo bode expiatório e que os manifestantes eram bandidos. Como Pierson explica:

> O grupo vermelho diz que se sentiria mais seguro em conhecer Darren Wilson do que Michael Brown, e diz que Brown estava armado quando foi baleado. O azul contrasta sarcasticamente Darren Wilson com o desarmado Michael Brown. O grupo vermelho fala sobre justiça da multidão e isca racial. O azul, em quebrar o sistema. O grupo vermelho culpa Obama por exacerbar as tensões e forçar o governador do Missouri a declarar estado de emergência. O grupo azul diz que o estado de emergência não deve ser usado para violar os direitos humanos.[11]

Talvez o mais revelador de tudo seja que esses dois grupos praticamente não interagiam. Eles estavam vendo apenas tuítes de pessoas que concordavam com eles, uma evidência de como a dinâmica segmentar da internet filtra informações. "No que diz respeito a Ferguson, dois grupos com antecedentes políticos e raciais muito diferentes se ignoram", escreve Pierson. "Isso tende a causar problemas, e de fato causa. A respeito de dado assunto, os grupos manifestam opiniões drasticamente diferentes."[*]

Outros estudos liderados por Seth Flaxman, de Oxford, e pelo Pew Institute oferecem uma visão diferente do mundo digital. Eles apontam que, ao analisarmos o uso da internet em geral, os usuários digitais são, em média, mais expostos às opiniões do próprio lado e que, no entanto, também veem as opiniões dos oponentes. Talvez isso não seja surpreendente. Mesmo nos

---

[*] Um estudo liderado por Ana Lucía Schmidt, cientista social computacional da Itália, tirou conclusões similares. Analisou as interações de 376 milhões de usuários do Facebook com 900 notícias e concluiu que a "exposição seletiva impulsiona o consumo [...] Encontramos uma estrutura de comunidade distinta e forte polarização do usuário". Um estudo diferente concluiu que a "segregação de usuários em câmaras de eco é um efeito emergente da atividade dos usuários na rede social".[12]

sistemas de clãs que surgiram após a revolução agrícola, os vários grupos não estavam completamente isolados um do outro.

Porém o fascinante — e reconhecido por quase todos os estudiosos — é o que acontece quando a exposição ocorre. Você deve ter pensado que, ouvindo as opiniões dos oponentes e vendo as evidências, as opiniões seriam menos extremas. As divergências ficariam mais sutis. Na verdade, acontece o contrário. As pessoas se tornam *mais* polarizadas. No estudo de Pierson, a interação limitada entre tuítes vermelhos e azuis foi explosiva. Ela escreve:

> Quando os grupos vermelho e azul conversavam, não costumava ser bonito. Considere as coisas ditas pelos membros do grupo vermelho a um dos membros mais influentes do grupo azul — DeRay Mckesson, um administrador escolar que desempenhou um papel fundamental na organização de protestos. Eles o descreveram como um "garoto comunista" que espalhava ódio [...] que usava o "racismo em função de interesses pessoais", estava munido com "armas e coquetéis molotov" e deveria "ajustar a dosagem de seus remédios".

Um estudo orientado por Christopher Bail, da Duke University, encontrou um padrão similar. Ele recrutou 800 usuários do Twitter para seguir um programa que retuitava as opiniões de pessoas de alto perfil de todo o espectro político. O que aconteceu? Longe de ficar mais equilibrados, os usuários do Twitter demonstraram ser mais polarizados. Principalmente os republicanos, que são mais conservadores. Era como se a exposição a diferentes pontos de vista confirmasse suas convicções anteriores.[13]

Para entender esse fenômeno e ter uma ideia da lógica interna das câmaras de eco, precisamos fazer uma distinção entre elas e as bolhas de informação. Como observa o filósofo C. Thi

CÂMARAS DE ECO 187

Nguyen, as bolhas são a forma extrema de isolamento, em que as pessoas de dentro enxergam apenas a própria versão da história e *nada mais*. Esses tipos de grupos sociais só existem na história moderna em cultos e outras "instituições fechadas". Nguyen argumenta que as câmaras de eco são diferentes. Afastam algumas pessoas de visões alternativas por meio de filtragem informacional (pesquisas das estudiosas digitais Elizabeth Dubois e Grant Blank descobriram que 8% das pessoas no Reino Unido são influenciadas por uma exposição tão enviesada das redes sociais que vivenciam uma versão distorcida da realidade);[14] contudo, elas têm uma diferença: não possuem apenas um filtro, mas dois.

Qual é o segundo filtro? Chamemos de *paredes epistêmicas*.

III

Em seu livro acadêmico *Echo Chamber*, Kathleen Hall Jamieson e Joseph Cappella, dois especialistas em mídia e política, examinam a lógica da polarização política.[15] Eles fazem isso por meio do prisma de Rush Limbaugh, um comentarista conservador de enorme sucesso cujo programa de rádio tem um público semanal de cerca de 13 milhões de ouvintes.

Eles observam que Limbaugh não procura convencer seu público a se afastar de opiniões alternativas. Isso seria praticamente impossível em um mundo tão interconectado. Em vez disso, ele procura *deslegitimar* as vozes alternativas. Ele ataca a integridade daqueles que oferecem opiniões diferentes e difama seus motivos. Não insiste (apenas) que os oponentes estejam errados, mas que são maliciosos. Ele argumenta que a grande mídia expressa um viés liberal. Que ela se uniu para destruir Limbaugh e seus seguidores, porque não pode aceitar a verdade que ele diz. Jamieson e Cappella escrevem: "A opinião conservadora enfatiza a noção de que a grande mídia usa um padrão duplo que

188IDEIAS REBELDES

sistematicamente prejudica os conservadores e suas crenças." Eles argumentam que Limbaugh procura desacreditar todas as outras fontes de informação, junto com os oponentes políticos, por meio de técnicas baseadas em "hipóteses extremas, ridicularização, provação do caráter e associação com fortes emoções negativas".

Agora, podemos começar a vislumbrar as propriedades sutilmente diferentes entre bolhas de informação e câmaras de eco. Na primeira, as fronteiras informacionais são hermeticamente fechadas. As pessoas de dentro ouvem apenas os habitantes da bolha, distorcendo a realidade, mas também fragilizando a bolha. No momento em que um membro do grupo é confrontado com opiniões externas, é provável que questione suas crenças. Assim, é possível estourar uma bolha de informações com exposição. É por isso que os cultos procuram restringir o acesso de pessoas internas a vozes diferentes.

As câmaras de eco, com seu filtro adicional, têm propriedades diferentes. As pessoas de dentro dão mais atenção às opiniões do grupo, mas essas visões tendem a se *fortalecer* quando expostas a opiniões opostas. Por quê? Quanto mais oponentes atacam Limbaugh e apontam erros em suas opiniões, mais é reforçada a conspiração contra ele. Os oponentes não oferecem novas ideias, mas fake news. Cada suposta evidência contra Limbaugh é outro tijolo na parede que isola o grupo. Como Nguyen afirma:

> O que acontece é uma espécie de batalha intelectual, em que o poder e o entusiasmo de vozes contrárias se voltam contra elas mesmas por meio de uma estrutura interna de crenças cuidadosamente manipulada. Os seguidores de Limbaugh leem — mas não aceitam — fontes de notícias populares e liberais. Eles são isolados, não por exposição seletiva, mas por um controle de quem aceitam

CÂMARAS DE ECO

como autoridades, especialistas e fontes confiáveis. Eles ouvem, mas desconsideram, vozes externas.[16]

Talvez o ponto crucial seja que a confiança é um ingrediente essencial da formação de crenças. Por quê? Como não temos tempo para verificar as evidências de tudo, precisamos considerar algumas coisas pelo valor nominal. Confiamos em médicos, químicos e professores. Até especialistas confiam em outros especialistas, tomando seus dados e resultados como recursos para as próprias deliberações, pois verificar a confiabilidade de tudo é praticamente impossível. O mundo da informação, parecido com o do comércio, é pressuposto pela confiança. Como Nguyen diz:

> Pergunte a si mesmo: você consegue diferenciar um bom estatístico de um incompetente? Um bom biólogo de um ruim? Um bom engenheiro nuclear, radiologista ou macroeconomista de um ruim?... Ninguém consegue avaliar de maneira precisa. Em vez disso, dependemos de uma estrutura social de confiança bastante complexa. Devemos confiar um no outro, mas, como diz a filósofa Annette Baier, essa confiança nos torna vulneráveis.[17]

É essa vulnerabilidade epistêmica que as câmaras de eco exploram. Minando sistematicamente a confiança daqueles que pertencem ao grupo em visões alternativas, difamando os que oferecem ideias e perspectivas diferentes, introduzem um filtro que distorce o próprio processo de formação de crenças. Opiniões alternativas são descartadas ao primeiro contato, e não após a consideração. Os fatos são rejeitados, mesmo quando são apresentados. Perspectivas e evidências são repelidas como polos iguais de um imã. Nguyen afirma: "As câmaras de eco operam como uma espécie de parasita social em nossa vulnerabilidade...

Uma bolha de informação é quando você não ouve pessoas do outro lado. Uma câmara de eco é o que acontece quando você não confia nas pessoas do outro lado."

Não se trata de apresentadores de rádio conservadores, menos ainda do conservadorismo em si. Há câmaras de eco não apenas na direita, mas na esquerda e muito além da política. "O mundo da antivacinação é uma câmara de eco que ultrapassa a política. Também encontrei câmaras de eco em tópicos tão amplos como dietas (Paleo!), exercícios (CrossFit!), aleitamento materno, algumas tradições intelectuais acadêmicas e muito mais."[18]

São os filtros duplos de informação e confiança que dão origem a uma forma incomum e resiliente de coesão do grupo. Enquanto uma bolha de informação é inerentemente frágil, as câmaras de eco, de ambos os lados do espectro político, são reforçadas pela exposição mútua de visões alternativas, impulsionando a polarização e espalhando as reivindicações concorrentes (e muitas vezes contraditórias) de fake news. Cada lado pensa que o outro vive na era da pós-verdade. Como Nguyen diz: "Eis uma verificação básica: o sistema de crenças de uma comunidade prejudica a credibilidade de qualquer pessoa de fora que não pratique seus dogmas centrais? Então é uma câmara de eco."[19]

IV

Derek Black é um caso raro, pois não cresceu em uma câmara de eco digital, e sim em uma de verdade. Aos 6 anos, foi para um Halloween vestido de power ranger branco. Um pouco mais tarde, seu pai pendurou um pôster da bandeira dos confederados na parede. Ele começou a participar de conferências de supremacia branca por volta da mesma época, ouvindo adultos falando sobre a inferioridade intelectual inerente às pessoas negras. Eli Saslow escreve que: "Derek foi socializado em Stormfront e começou a

CÂMARAS DE ECO 191

passar as noites nas salas de bate-papo privadas assim que começou a digitar. Depois que Derek terminou a terceira série, Don e Chloe o tiraram da escola, acreditando que o sistema público em West Palm Beach estava sobrecarregado de haitianos e hispânicos."[20]

Depois disso, ele foi educado em casa, absorvendo ainda mais ideologia supremacista, com exposição frequente à política do racismo. A família Black morava em West Palm Beach, mas a casa deles era como uma ilha, cercada pela vegetação que Don deixava crescer alta e selvagem. Não eram permitidos visitantes na casa, exceto colegas supremacistas brancos e membros da família. Seria fácil supor, então, que as visões extremistas de Derek eram sustentadas pelo isolamento social. Ele não questionou as próprias crenças porque não entrara em contato com nenhuma outra. Na verdade, embora Derek tenha levado uma vida incomum, não estava em um culto. David Duke, seu padrinho e líder *de facto* do nacionalismo branco norte-americano, não o impediu de ouvir opiniões contrárias. Seus pais idem. Ele não vivia, para usar nossa terminologia, em uma bolha de informação.

Não, era uma câmara de eco. Duke e Black não barraram fontes alternativas de informação. Em vez disso, minaram sua confiança nelas. Não supremacistas, de todos os tipos, foram definidos como enganosos, membros de uma instituição liberal que pretendia vender europeus brancos a imigrantes e judeus, pessoas que não podiam tolerar a expressão, muito menos a adoção, das "demandas mínimas" da extrema direita.

Isso explica por que as opiniões de Derek, longe de abrandar quando foi exposto à internet, a vários canais de TV e outras fontes de informação, na verdade, ficaram mais fortes. Essas vozes contrárias não expressavam opiniões razoáveis: eram vendedores ambulantes de fake news. Eram manifestações duplicadas de um estabelecimento politicamente correto. Saslow defende: "[Ele era] imune ao feedback de estranhos [...] Seus críticos nada

192 IDEIAS REBELDES

mais eram do que um coro anônimo do outro lado de uma cortina — um circo de 'usurpadores' e 'neandertais'. Se ele não os respeitava, por que se importaria com as opiniões deles?"[21]

Aos 21 anos, Derek Black saiu de casa para ir para a universidade. Ele escolheu a New College of Florida, uma das melhores faculdades do estado. Entre as matérias que escolheu, estavam alemão e história medieval, "que ele sempre associou ao domínio glorioso dos europeus brancos. Seus pais o lembraram de que, em última análise, esperavam que fizesse história e não apenas a estudasse". É digno de nota que seu pai não estava nem um pouco preocupado com o fato de que suas opiniões extremistas pudessem minguar devido à exposição a opiniões contrárias. Quando uma pessoa que ligou para o programa de rádio e perguntou sobre Derek estar em 'um viveiro de multiculturalismo', Don riu. "Não é como se esses comunistas tivessem impacto sobre o pensamento dele. Se alguém for influenciado, serão eles."

Mas a New College of Florida é incomum. É *pequena*. No total, existem apenas 800 alunos. Em uma grande universidade, Derek poderia ter encontrado uma massa crítica de amigos na extrema direita da política. Poderia ter construído uma rede ideologicamente semelhante. Em uma pequena faculdade, não havia espaço para optar por interagir com pessoas de opinião parecida. Paradoxalmente, ele estava prestes a se ver mais exposto a opiniões contrárias do que nunca. Os filtros de informação estavam prestes a desaparecer *completamente*.

No seu primeiro dia, esbarrou com Juan Elias, um imigrante peruano com barba fina e costeletas compridas. Derek mal havia passado um tempo com um hispânico antes. Tiveram uma longa conversa sobre a vida e muito mais. Alguns dias depois, começou a tocar violão no pátio e percebeu um aluno usando um quipá sentado, ouvindo. Matthew Stevenson era o único judeu ortodoxo no campus e começou a cantar junto com ele, sorrindo.

Derek tomou a decisão de ocultar sua identidade política. Teve o cuidado de nunca falar sobre política ou, pelo menos, de não dizer nada sobre suas crenças, pois não queria se sentir isolado. Ele passava um tempo com os colegas à noite conversando sobre história, idiomas ou música e depois deixava seu dormitório de manhã cedo para começar seu programa, transmitindo sentimentos da extrema direita pelas ondas de rádio. Ninguém percebeu o que estava acontecendo. Saslow escreve: "No ar, ele teorizava a respeito da 'natureza criminosa dos negros' e da 'inteligência naturalmente inferior dos negros e hispânicos'. Ele dizia que o presidente Obama era 'de uma cultura antibranca', um 'ativista negro radical' e 'tudo menos norte-americano'."

Depois de um ano, as opiniões de Derek não haviam mudado. Os filtros de confiança estavam se esforçando para sustentar sua ideologia extremista. Ele permaneceu a grande esperança da extrema direita. Além disso, o perene insulto de que ele não tinha mente própria sempre o incomodou. Ele ficou satisfeito por suas convicções permanecerem firmes em um ambiente tão estranho. "Derek odiava a sugestão de que simplesmente havia sido doutrinado pelas convicções raciais de sua família: nada era mais ofensivo para ele." Depois do primeiro semestre, ele foi à Alemanha para um período sabático de quatro meses em uma escola de idiomas imersiva. Ele visitou seu padrinho David Duke e continuou a ler sobre ideologias raciais. Ao terceiro mês de visita, entrou no blog dos estudantes da New College para conversar com seus amigos e acompanhar as novidades.

Alguns dias antes, às 1h56, um estudante de extremismo político encontrara uma foto de um jovem com longos cabelos ruivos e um chapéu de cowboy em um site da extrema direita. Ele ficou atordoado. "Você viu esse homem?", postou, com a foto embaixo. "Derek Black. Supremacista branco, apresentador de rádio [...] Novo estudante universitário?"

Em poucas horas, tornou-se o post mais divulgado da história da faculdade.

Black sabia o que estava por vir. Quando voltou para a faculdade, foi ostracizado por ex-amigos. "Só quero que esse cara morra dolorosamente com toda a família. É pedir muito?", disse um deles no fórum. Outro escreveu: "A violência contra os supremacistas brancos mandou avisar que os supremacistas brancos serão espancados. *Muito* proveitoso." Ele foi confrontado por colegas que saíam de uma festa e teve que ser arrastado por alguém que temia que ele fosse levar um soco. As pessoas vandalizaram seu carro. Outros o xingaram. Em dado momento, os alunos fecharam a escola por um dia em protesto à presença de Derek.

Para Derek, isso meramente confirmou o que havia aprendido com Duke e seu pai. A instituição liberal se voltava contra a extrema direita. Eles não suportavam opiniões alternativas. Nem permitiam que fossem expressas. Eles é que eram os fanáticos e censuradores. Eram os nacionalistas brancos que tinham os argumentos científicos e morais ao seu lado. Black mostrou sua coragem organizando uma conferência internacional para membros do Stormfront com o tema: "Táticas verbais para qualquer pessoa branca e normal." "Venha aprender como permanecer firme contra os abusos do inimigo", anunciou no rádio. Ele agendou uma dúzia de palestrantes — incluindo seu pai e Duke, dois dos mais eloquentes defensores do nacionalismo branco.

Derek estava "obcecado por cada detalhe, das cores do logotipo da conferência aos sanduíches servidos no almoço". Mesmo antes de iniciar seu discurso para abrir a conferência, os extremistas reunidos da Europa, Austrália e Canadá levantaram-se para aplaudir. Ele se viu no seio da comunidade.

"Ge-no-cídio" era o comentário de abertura de David Duke. "Repitam comigo. Esse é o assassinato de nossos próprios genes.

Repitam várias vezes." Don falou por último, com aplausos ainda mais retumbantes e Derek ao lado dele no palco.

"Conservar a mensagem do genocídio desmoraliza/constrange os antibrancos", escreveu Derek no quadro de mensagens do Stormfront. "Fique em paz, porque você é uma pessoa direita." O destino dele como força futura do nacionalismo branco parecia mais seguro do que nunca.

Então, alguns dias depois, tudo mudou.

V

Matthew Stevenson tem cabelo preto, barba curta e olhos brilhantes. Seu jeito é calmo e seu rosto amigável. Ele cresceu em Miami, Flórida, começou a frequentar o Kabbalah Center aos 8 anos e foi educado na fé judaica. Aos 14 anos, começou a usar o quipá. Sua educação foi, às vezes, difícil, principalmente por causa do alcoolismo de sua mãe. Ela frequentava uma clínica de reabilitação e ele a acompanhava desde bem jovem a reuniões do AA. "Foi uma educação e tanto. Você conhece todo tipo de pessoa: rico, pobre, branco, negro. Ouve histórias incríveis de como as pessoas chegaram ao fundo do poço, mas conseguiram encontrar um caminho de volta. Você desenvolve empatia."

Matthew é o judeu ortodoxo que Derek encontrou em seu primeiro dia na New College, vestindo quipá e cantando junto com ele no pátio. Entrevistei Matthew em uma tarde ensolarada de inverno e o achei intrigado e pensativo, um jovem que havia aprendido muito nessas reuniões de AA, principalmente sobre a capacidade de mudança das pessoas.

"Foi muito difícil processar essas informações", contou sobre o dia em que descobriu as crenças supremacistas brancas de Derek. "Quando nos conhecemos, eu não tinha ideia da ideologia dele. Só gostávamos de conversar e sair. Não éramos melhores amigos, mas nos conhecíamos e gostávamos da companhia um do outro. Quando ficamos sabendo, fiquei chocado, como todos."

Matthew já estava ciente do site Stormfront. Como outros estudantes preocupados com a ascensão da extrema direita, ele havia navegado no site para entender os sentimentos que impulsionavam a maré crescente de crimes de ódio. "Quando soube de Derek, voltei ao site e procurei suas publicações. Foi bastante preocupante." Um dos posts de Derek que Matthew descobriu dizia: "Judeus NÃO são brancos. Eles abrem caminho para o poder sobre a sociedade. Eles manipulam. Eles abusam."

Muitos dos colegas de Matthew rejeitaram Derek instantaneamente, enquanto outros o xingaram. O fórum estudantil ficou em choque e escandalizado por muitas semanas e meses. Mas Matthew refletiu sobre a educação de Derek, a cultura virulenta do nacionalismo branco na qual havia sido socializado e refletia sobre a facilidade com que qualquer jovem poderia ter uma visão racista naquele ambiente. Matthew diz:

> Eu sabia que era muito improvável que ele passasse muito tempo com outras pessoas. Não tinha muitos amigos negros ou judeus. Não posso garantir que não teria me tornado um nacionalista branco nessa subcultura. Senti que a coisa certa a fazer era ir até ele. Eu sabia, pelas reuniões do AA, que as pessoas mudam, até drasticamente.

Toda sexta-feira, Matthew organizava um jantar de shabat para os amigos. Começara como um pequeno grupo, mas passara a incluir cristãos e ateus, e acabou virando uma espécie de rotina na vida social do pequeno campus. Muitas vezes, até 15 pessoas se metiam em seu dormitório para comer mel, salmão com mostarda e chalá. Era uma maneira maravilhosa de construir amizades e compartilhar ideias.

CÂMARAS DE ECO

Apenas alguns dias após a conferência do Stormfront, com Derek de volta ao campus, Matthew sentou-se para escrever uma mensagem de texto para o supremacista branco do campus. "Ei", dizia a mensagem. "O que você fará na sexta à noite?" Matthew continuou na tarde de sexta-feira: "Estou ansioso para vê-lo hoje à noite." Derek, mais isolado do que nunca, aceitou o convite. "Eu não estava recebendo muitos convites para socializar na época!", disse mais tarde. Matthew lembra:

> No começo, foi estranho. Nenhum de nós sabia como seria. Pedi aos outros dois convidados (a maioria dos participantes habituais se recusou a aparecer por causa de Derek) para não abordar política. Após alguns minutos, fluiu [...] Ele é um cara inteligente. Veio na próxima semana e na próxima. Gostei da amizade dele.

Matthew evitou a política. Percebeu que um assunto tão polêmico gerava confusão, principalmente com os outros estudantes, muitos dos quais começaram a voltar ao jantar semanal após boicotar a primeira aparição de Derek. Matthew duvidava que tal troca mudasse a visão de qualquer pessoa: pelo menos, não mudaria a princípio. Ele sabia que antes que um diálogo significativo ocorresse, precisava estabelecer outra coisa: confiança.

Eles conversaram sobre cristianismo primitivo, idiomas, monasticismo. Derek ficou impressionado com o escopo do conhecimento de Matthew. Ele achou Derek um dos caras mais inteligentes que conhecera. Eles eram dois dos melhores alunos da faculdade e estavam construindo uma conexão forte. Riram juntos. Aprenderam juntos. Mais participantes começaram a retornar ao jantar de shabat e a formar laços com Derek também. Tijolo por tijolo, a parede epistêmica estava sendo derrubada.

Até que, uma noite, Alisson Gornik, outro participante dos jantares, apresentou suas opiniões políticas enquanto conversavam, e Derek ouviu. Discutiram os fundamentos do nacionalismo branco: a ideia de que os negros são menos inteligentes do que os brancos, que são mais predispostos ao crime, que existem diferenças biológicas imutáveis entre as raças. Derek acreditava na robustez desses fundamentos pseudocientíficos. Ele foi sincero quando disse que achava que as minorias deveriam ser repatriadas. Ele acreditava que era melhor para negros e brancos.

Alisson mencionou artigos científicos que desafiavam a base estatística dessas alegações racistas. Derek ouvira falar de tais pesquisas, mas nunca havia se informado a respeito. Por que se preocupar com dados duplicados de uma instituição liberal e científica não confiável? Por que gastar tempo com informações que foram manipuladas para obter resultados equivocados?

De repente, ele se viu com uma mente mais aberta. Viu artigos que mostravam que as diferenças de QI eram explicadas por vieses culturais. Leu sobre a ameaça do estereótipo, sobre como as crianças imigrantes de primeira geração tiveram um desempenho melhor na escola do que as norte-americanas, sobre as bases da variação genética humana e suas implicações.

Ele argumentava, há muito tempo, que os brancos eram discriminados nos EUA, mas então se viu diante de dados sobre a falta de representação dos negros no governo estadual, como é mais provável que os brancos sejam promovidos do que os negros igualmente qualificados, como os negros são duas vezes mais propensos à suspensão escolar pelos mesmos erros, duas vezes mais propensos a trabalhar por um salário mínimo nos mesmos empregos, significativamente menos propensos a ser convidados para entrevistas, mesmo com qualificações idênticas.

O país fora fraudado em favor das minorias, contra os brancos?

CÂMARAS DE ECO

A vida de Derek, suas memórias de infância e seu senso de identidade estavam ligados ao nacionalismo branco. Assim como sua família, seus amigos e seu grupo. Mas os fundamentos de suas crenças estavam sendo desmantelados, não porque ele nunca fora exposto a evidências contrárias, mas porque ele não se envolvera com elas. Lenta, mas seguramente, ele chegou à conclusão de que as evidências não apoiavam a ideologia do nacionalismo branco, mesmo que soubesse que admitir publicamente causaria tumultos em todo o movimento e prejudicaria seus relacionamentos, principalmente com a mãe e o pai. Uma noite, ele se sentou e começou a digitar:

> Uma grande parte da comunidade em que cresci acredita fortemente no nacionalismo branco, e os membros de minha família, a quem respeito muito, principalmente meu pai, são defensores resolutos dessa causa. Desde tenra idade, observei meu pai sacrificando-se com muito carinho por seu compromisso — uma convicção decorrente de lugar nenhum além de uma determinação ardente na retidão da causa. Eu não estava preparado para me arriscar a conduzir qualquer cisão nessas relações e não acreditava que isso fosse necessário.
>
> O número de mudanças em minhas crenças nos últimos anos, no entanto, representou uma mudança que acho que precisa ser abordada. É impossível argumentar racionalmente que em nossa sociedade, com sua enorme disparidade entre o poder branco e o de todos os outros, os programas de equidade racial... representam opressão aos brancos... Particularmente bizarro para mim é a teoria da dominação social judaica... É uma defesa que não posso apoiar, tendo ultrapassado essa bolha ao conversar com pessoas que eu afetava, lendo mais amplamente e percebendo o impacto que minhas ações tinham sobre pessoas que nunca quis prejudicar.[22]

200 IDEIAS REBELDES

Ele então encontrou o endereço de e-mail do Southern Poverty Law Center, um grupo de direitos civis que escrutinou as atividades de seu pai por tantas décadas, e pressionou o botão enviar.

VI

O erro determinante na análise contemporânea da era da pós--verdade é o conflito de bolhas de informação e câmaras de eco. A primeira busca explicar as crenças extremistas das pessoas por meio de uma exposição distorcida. A ideia é que, quando as pessoas têm acesso negado a diversas visões e evidências, tendem a se apegar a crenças e ideologias extremistas. Como argumentou o estudioso jurídico Cass Sunstein em um ensaio influente:

> Embora milhões de pessoas usem a internet para expandir seus horizontes, muitas fazem o oposto, criando um Eu Diário adaptado aos próprios interesses e preconceitos... É importante perceber que uma democracia — uma república — que funcione bem depende não apenas de ser livre de censura, como também de [...] exposições não solicitadas, imprevistas e até indesejadas a diversos tópicos, pessoas e ideias. Um sistema de "comunidades fechadas" é prejudicial ao ciberespaço e ao mundo real.

Embora essa análise pareça plausível, luta para sobreviver ao escrutínio empírico. Quando as evidências mostram que muitos dos extremistas da política são, de fato, expostos a opiniões contrárias, mas que lhes parecem impermeáveis, surge um novo conjunto de explicações. Eles se concentram na psicologia (as pessoas têm preguiça de se envolver com opiniões contrárias) ou acusações de irracionalidade absoluta. A ideia parece ser que muitas pessoas perderam a fé na verdade em si.

CÂMARAS DE ECO

201

Analisar as propriedades das câmaras de eco oferece uma explicação muito mais plausível. O problema não é que as pessoas ficaram presas em bolhas similares a cultos, nem que houve uma epidemia de irracionalidade. Não, o problema é mais sutil. Quando fontes externas de informação são sistematicamente desacreditadas, o próprio processo de formação de crenças se distorce. Em um mundo em que a confiança é anterior à evidência, isso pode ser perigoso. Como Nguyen diz:

> As câmaras de eco são estruturas de descrédito estratégico, não de má conectividade informacional. Elas podem existir mesmo quando a informação flui bem. Na verdade, as câmaras de eco devem esperar que seus membros sejam expostos à mídia externa. Se os mecanismos de reforço do desacordo da direita estiverem em vigor, essa exposição apenas reforçará a lealdade dos membros das câmaras de eco. Não devemos concluir então, a partir de dados que dizem que as bolhas epistêmicas não existem, que as câmaras de eco também não existem.

*

Derek Black e Matthew Stevenson são, hoje, duas das vozes mais eloquentes que argumentam contra a polarização política. Eles não têm problemas com opiniões divergentes, ainda que exista uma argumentação muito forte, mas se preocupam com os ataques às pessoas, com as fake news e com a ampla quebra de confiança em oponentes políticos. Eles compartilharam palcos em programas populares de TV, em eventos para jovens, até mesmo em empresas que buscam entender a era da pós-verdade. Matthew — doutorando em economia e matemática — agora ajuda uma instituição de caridade que busca promover o entendimento da comunidade, enquanto Derek está concluindo seu

202 IDEIAS REBELDES

doutorado em história. O Twitter do Derek? "Advogado inesperado do antirracismo."

A vida de Derek não foi fácil após enviar sua declaração por e-mail ao SPLC, retirando suas opiniões políticas. A tempestade entre os nacionalistas brancos foi intensa. Don, seu pai, pensou que o e-mail fora enviado por um impostor, e sua mãe não queria falar com ele. Quanto a Duke, achou que Derek estivesse com síndrome de Estocolmo — ficara refém da elite liberal e estava sentindo empatia por seus sequestradores. Derek disse:

> Imediatamente, meu pai me ligou e disse que achava que meu e-mail havia sido hackeado por eu não ter comunicado esse processo a eles. E, assim, minha condenação (nacionalismo branco) foi um verdadeiro choque para ele. Sinceramente, não estou superorgulhoso da maneira como o fiz. Sinto que deveria tê-lo avisado e conversado mais. Tivemos dias de conversas intensas em que não ficou claro se continuaríamos nos falando.

Matthew me contou:

> Acho que os primeiros meses foram os mais difíceis para Derek. Sua vida social e identidade estavam ligadas a essa ideologia. Foi preciso muita adaptação. Mas sua transformação confirmou o que aprendi quando frequentei o AA com minha mãe: as pessoas podem mudar se você ganhar a confiança delas. As pessoas começam a ouvir o que você diz quando há um relacionamento de verdade em vez de apenas rejeitar o que você fala.

> Este é o problema hoje em dia: a sujeira que permeia os grupos políticos concorrentes. Ela está presente em todos, não apenas na extrema direita [...] Isso torna o diálogo quase impossível.

CÂMARAS DE ECO

Filósofos têm um termo para ataques à integridade pessoal. O *"ad hominem"* é definido como "uma estratégia argumentativa falaciosa, na qual a discussão do tópico em questão é rejeitada para se atacar o caráter, motivo ou outro atributo da pessoa que está argumentando ou das pessoas associadas ao argumento em vez de atacar o conteúdo do argumento em si". Um artigo do filósofo finlandês Jaakko Hintikka conclui que a falácia foi discutida pela primeira vez por Aristóteles em seu livro *Elencos Sofísticos*.[23] Desde então, tem influenciado muito o tratamento filosófico, sobretudo o trabalho de John Locke. "Vale a pena refletir [...] argumentos que os homens, em discussões com outros, costumam usar para sobrepor o consentimento, ou pelo menos para ostentá-los em silêncio", escreve ele.[24]

O poder duvidoso do *ad hominem* foi revelado por extensas pesquisas psicológicas. Um artigo recente publicado na Public Library of Science entrevistou 39 estudantes universitários e 199 adultos. Eles descobriram que, quando você ataca o caráter de alguém, isso prejudica tanto a convicção nas conclusões dessa pessoa quanto na identificação de evidências que questionam a base dessas convicções. Arremessar a pessoa em vez da bola *funciona*. Nesse sentido, o *ad hominem* representa o que os economistas chamam de parasitismo. Todos os cidadãos se beneficiam da confiança que é fundamental ao funcionamento das instituições democráticas, mas isso oferece aos políticos um incentivo para impugnar a integridade dos oponentes, beneficiando-se pessoalmente em termos eleitorais, mas enfraquecendo o tecido epistêmico do qual depende a inteligência coletiva de qualquer democracia. A confiança em si, em consequência, começa a se polarizar.

O *ad hominem* nem sempre é falacioso, é claro. Se alguém mentiu de verdade ou tem um conflito de interesses, chamar a atenção para isso é legítimo. O problema é quando alguém é

204 IDEIAS REBELDES

atacado não por causa de um erro, mas porque é um oponente: quando um ponto de vista é tomado como evidência *prima facie* de má-fé. Esse tipo de tribalismo epistemológico não é uma forma empobrecida do debate — é a antítese do debate.

Muitos filósofos gregos antigos, inclusive o próprio Sócrates, argumentaram que o bom funcionamento de uma democracia está indissociavelmente conectado à qualidade de suas deliberações. Somente testando ideias e examinando evidências chegamos a decisões fundamentadas. Essa é a lição que emerge também da nossa análise da ciência da diversidade, bem como de teorias formais que sondam as condições sob as quais a democracia leva a resultados sábios.* E é exatamente por isso que Sócrates acreditava ser crucial que os cidadãos detectassem e punissem o raciocínio falacioso. Para Matthew Stevenson, um dos cidadãos modernos mais fascinantes dos Estados Unidos, isso produz um raio de esperança. "Se figuras públicas soubessem que impugnar constantemente o caráter dos oponentes lhes minaria a credibilidade em relação àqueles que os defendem, poderiam se apegar às evidências", disse-me ele. "Isso melhoraria o tom do debate e a qualidade das deliberações. Se alguém atacar automaticamente a confiabilidade dos oponentes, comprometerá a confiança em si mesmo."

Quanto a Derek Black, após o impasse inicial com seus pais, houve uma reconciliação parcial. "Nós trocamos mensagens e conversamos por telefone de vez em quando. Voltei três ou

---

* Em seu excelente livro, *Democratic Reason: Politics, Collective Intelligence and the Rule of Many*, a cientista política de Yale Hélène Landemore oferece uma poderosa defesa da democracia a partir da perspectiva da inteligência coletiva. Na maioria das condições, ela mostra que muitas mentes tomarão melhores decisões do que oligarquias, ditaduras e juntas militares. Exemplos clássicos incluem o teorema do júri de Condorcet, desenvolvido pelo Marquês de Condorcet e publicado em seu trabalho de 1785, *Essay on the Application of Analysis to the Probability of Majority Decisions.*

CÂMARAS DE ECO

205

quatro vezes para passar um ou dois dias nos últimos cinco ou seis anos", disse. "Manter o contato é mais importante do que nossas diferenças políticas [...] Meus pais devem receber algum crédito por isso." É difícil prever quando o relacionamento terminará, mas não é impossível que o aluno com o violão cujas paredes epistêmicas foram desmanteladas por Matthew Stevenson, por sua vez, desmantele as paredes do pai. Afinal, não há meramente confiança entre Derek e Don, mas amor. De fato, a discussão deles pode um dia levar à conversão mais dramática de todas: a de um dos supremacistas brancos de mais alto nível da história política moderna.

"Eles dizem que a desconfiança é contagiosa", diz Matthew. "Às vezes, a confiança também pode ser contagiosa."

6

ALÉM DA MÉDIA

I

Até agora, analisamos os perigos da homofilia, da dinâmica de dominância e das câmaras de eco. Exploramos o poder da mentalidade externa e da inovação recombinante. Também vimos como o entendimento da diversidade ilumina tudo, desde os fracassos da CIA até os benefícios de divergências construtivas. Neste capítulo, investigaremos a diversidade sob outra perspectiva. Observaremos como um defeito conceitual na maneira como pensamos a respeito de nós mesmos como seres humanos pode minar a influência da diversidade e impedir que instituições e sociedades alcancem seu pleno potencial. De fato, veremos que esse defeito conceitual infiltrou muitos ramos da própria ciência.

Para entender essa falácia e suas consequências, será necessária uma análise detalhada. Começaremos com uma das manifestações mais confusas, com a qual todos estamos familiarizados: os conselhos ambíguos e contraditórios sobre dieta e nutrição. Isso parece alheio à ciência da diversidade, parece estar muito distante do que vimos até agora. No entanto, veremos que as tensões nos conselhos dietéticos iluminam uma faceta importante de nosso mundo e influenciam muito nosso futuro.

210 IDEIAS REBELDES

*

Eran Segal estava confuso. Na verdade, é mais correto dizer que estava perturbado. Para um cientista brilhante com doutorado em Stanford, essa não era uma sensação agradável. A fonte de sua confusão será familiar para quem passou mais de alguns momentos contemplando dieta e nutrição. O que comemos é importante para a saúde e tem um enorme impacto na longevidade, e, no entanto, as evidências parecem nos deixar desorientados.

Na graduação, Segal jogava handebol e se alimentava bem, mas estava 20kg acima do peso. Quando se casou com Keren, que conheceu em uma festa, aos 23 anos, sua confusão aumentou. Keren logo se tornaria nutricionista clínica, munida com a ciência mais recente. Ela cozinhava refeições saudáveis, com muitos legumes, seguindo amplamente as diretrizes da American Dietetic Association, mas Eran não estava emagrecendo.

"Decidi parar de seguir as diretrizes e analisar as evidências científicas em que se baseavam", disse Eran quando conversei com ele e Keren. "Não era o que esperava. Muitos estudos foram baseados em pequenas amostras de pessoas, e muitos foram financiados por empresas do ramo alimentício, o que nos deixa céticos em relação aos resultados. Não eram tão rigorosos quanto eu esperava."[1]

Enquanto Eran fala, o rosto de Keren se abre com um sorriso. "Ele é bem tranquilo na maioria das vezes, mas se preocupa muito com os dados. Ele os considera para valer."

Talvez a maior surpresa de Eran tenha sido a evidência parecer contraditória. Alguns estudos apontavam dietas com pouca gordura. Outros, ricas em gordura. Os livros populares mencionam dietas Paleo, mediterrânea, asiática ou uma combinação das três, ou outra moda que atrai os consumidores e depois desaparece, talvez para retornar de outra forma, com poucas mudanças.

ALÉM DA MÉDIA

Ou pense nos carboidratos. Algumas evidências sugerem que dietas com baixo teor de carboidratos e alto teor de gordura podem melhorar a saúde, enquanto outras sugerem que as melhores dietas são as com baixo teor de gordura e alto teor de carboidratos. Há evidências que sustentam ambas, o que, de certo modo, não sustenta nenhuma das duas. Isso não é apenas confuso: é absolutamente misterioso. Isso fez com que a frustração de Segal aumentasse, transformando-se em um tipo de fascínio.

Eran tem um rosto interrogativo e seus olhos brilham enquanto fala sobre sua jornada intelectual. Em muitos aspectos, é como qualquer outra pessoa que tenha sido confundida por conselhos alimentares. Mora com Keren, três filhos, seu cachorro, Snow, e seu gato, Blue, e faz o possível para viver com responsabilidade. Mas ele tinha uma vantagem considerável para chegar ao núcleo do enigma: uma formação em computação (na casa dos 20 anos, foi vencedor do prestigioso prêmio Overton, concedido anualmente pela realização excepcional de um jovem cientista) e uma vaga no Instituto Weizmann, uma das principais instituições acadêmicas do mundo. Segal diz:

> Não é de surpreender que as pessoas estejam confusas. Em 2012, a American Heart Association e a American Diabetes Association sugeriram que as pessoas bebessem refrigerante diet para saúde e perda de peso. Houve então um grande aumento no consumo de refrigerantes dietéticos, apesar de pesquisas mostrarem o contrário. Em 1977, o governo dos EUA disse que a gordura é ruim e a fibra, boa, então as pessoas reduziram o consumo de gordura e aumentaram o de fibra. Logo em seguida, a obesidade masculina triplicou e a feminina dobrou.

212 IDEIAS REBELDES

Esse último ponto mostra que as preocupações de Segal são mais do que teóricas. A dieta tornou-se um enorme problema de saúde pública. Se você mora nos Estados Unidos, tem quase 70% de chance de estar acima do peso e 40% de chance de ser obeso. No Reino Unido, as estatísticas são semelhantes. As taxas de obesidade em todo o mundo mais que dobraram desde 1980 e, em 2014, mais de 1,9 bilhão de adultos, cerca de 39% da população mundial, estavam acima do peso, com 600 milhões de obesos. Segal diz: "A epidemia da obesidade não pode ter sido ajudada pelo fato de tantas pessoas ficarem confusas com o aconselhamento. As pessoas que fazem dietas geralmente recuperam seu peso. Na verdade, existem muitas evidências que sugerem que as dietas estão associadas ao acúmulo de peso, em vez de à perda."

Um estudo do *The Biggest Loser*, um programa de dieta com grande audiência na televisão norte-americana, mostrou que os participantes perderam enormes quantidades de peso com a contagem de calorias e exercícios. E, no entanto, essa perda drástica fez com que suas taxas metabólicas despencassem a tal ponto que, seis anos depois, seus metabolismos eram tão lentos que não conseguiam ingerir as mesmas calorias que as pessoas do mesmo peso que nunca foram obesas. Os cientistas chamam isso de "adaptação metabólica persistente". E, no entanto, essa foi apenas uma das dezenas de anomalias que Segal encontrou ao investigar a ciência. "Havia certos consensos, como qualquer dieta precisar conter gordura, sal, proteína, fibra, vitaminas e minerais, mas, além disso, quase tudo parecia funcionar", diz.

Outra frustração surgiu quando ele passou a treinar para uma maratona, já aos 30 e poucos anos, e procurou saber se a dieta poderia ajudá-lo a melhorar seus tempos. Com certeza, os

ALÉM DA MÉDIA

conselhos alimentares oferecidos aos corredores são tão contraditórios quanto os dados a todos os outros. Ele diz:

> Quando comecei a correr, o "carregamento de carboidratos", na noite anterior a uma grande corrida, era muito bem falado. Era um axioma da maratona. Normalmente, eu comia três pratos de macarrão na noite anterior à corrida e algumas tâmaras ou barras energéticas 30 minutos antes da corrida. No começo, não questionei esse conselho, mas depois de um tempo, decidi analisá-lo.

Quanto mais pesquisava, mais perplexo ficava. Alguns estudos tratavam os carboidratos da mesma forma. Outros sugeriam que havia carboidratos "bons" e "ruins". Um estudo afirmava que comer tâmaras de 30 a 60 minutos antes de correr dava energia a alguns, enquanto outros se sentiam tão exaustos que precisavam parar alguns minutos durante a corrida.

"Decidi realizar um experimento comigo mesmo", diz Segal. "Certa noite, em vez de comer vários pratos de macarrão, comi uma salada com muitas fontes de gordura, como abacate, nozes e tahine. Na manhã seguinte, fiz uma corrida de 30km em jejum." Isso contradiz os conselhos tradicionais. Muitos nutricionistas teriam descrito o feito como autossabotagem. No entanto, ele se sentia mais forte e preparado do que nunca. Ele continua: "Meus níveis de energia eram mais altos do que com carboidratos e minhas dores de fome pós-corrida desapareceram. Deduzi que meu corpo havia mudado de queima de carboidratos para queima de gordura, alterando minha energia e fome."

Por volta dos 30 anos, alcançou o objetivo de correr uma maratona em menos de 3 horas, em Paris. Em 2017, completou outra maratona em menos de 3 horas, dessa vez em Viena. E, no entanto, ainda não havia conquistado sua ambição de entender a

214 IDEIAS REBELDES

ciência da dieta. "Não consegui deixar para lá", diz. "Esse era um mistério que precisava ser resolvido."

II

No fim dos anos 1940, a Força Aérea dos EUA enfrentou um mistério. Era o início da era dos voos a jato, quando a engenharia deveria ter atingido níveis sem precedentes de confiabilidade, mas a Força Aérea estava passando por ocorrência atrás de ocorrência. Houve aterrissagens de emergência, mergulhos não planejados e muito mais. "Os problemas eram tão frequentes e envolviam tantas aeronaves diferentes que a Força Aérea tinha um mistério alarmante de vida ou morte em suas mãos", escreveu Todd Rose, acadêmico de Harvard. "Foi um momento difícil", disse um aviador aposentado. "Você nunca sabia se ia acabar na fossa."[2]

Para ter uma noção da proporção do problema, considere os registros oficiais da Força Aérea dos EUA em fevereiro de 1950. No primeiro dia do mês, foram relatados incidentes de segurança por Charles L. Ferguson em um Packet C-82, uma aeronave de carga bimotora e com lança dupla; por Medford Travers em um Mustang P-51, uma aeronave de carga de assento único; por Malcolm W. Hannah em um Texan T-6, um modelo de treinamento; e por Herman L. Smith em um Boeing B-29. Outros que sofreram incidentes incluem Harry L. McGraw, William K. Hook e George T. Shuster. Só para confirmar, todas essas ocorrências foram *no mesmo dia*. Porém 1º de fevereiro de 1950 não foi um ponto fora da curva, mas um dia comum. No segundo dia do mesmo mês, houve 4 ocorrências de segurança, no terceiro houve 7 e no quarto houve mais 7. No dia 14, houve 16 *incidentes*. No total, em fevereiro, foram registrados 172 incidentes.[3]

ALÉM DA MÉDIA 215

O que estava acontecendo? O problema não parecia ser os sistemas mecânicos ou eletrônicos dos aviões, pois haviam sido exaustivamente testados por engenheiros e considerados em boas condições de funcionamento. No entanto, os incidentes também não pareciam ter sido causados por uma deterioração repentina da habilidade dos pilotos. Eles eram profissionais bem treinados, altamente conceituados na indústria.

Porém, se não era a engenharia ou a habilidade, o que mais poderia ser? No coração desse mistério, estava um ex-aluno de Harvard, especializado em antropologia física. O tenente Gilbert S. Daniels não era um aviador convencional: um homem quieto, de fala mansa, metódico e científico, incluía jardinagem entre seus hobbies. No que diz respeito a sua personalidade e interesses, não era diferente de Eran Segal. E Daniels tinha um palpite. Ele acreditava que o problema não estava na engenharia ou nas decisões do piloto, mas *no design da cabine de pilotagem.*

A história da aviação explica. O design da cabine havia sido padronizado em 1926 pela Força Aérea dos EUA após tabular as dimensões de centenas de aviadores. Esse processo descobriu as características físicas médias dos pilotos, que foram usadas para determinar a altura da cadeira, a distância dos pedais e do manche, a altura do para-brisas, a forma dos capacetes etc. Alguns membros da Força Aérea ponderaram se os pilotos haviam engordado desde 1926, dificultando a operação dos controles. Essa pode ser a explicação para todas as falhas? Daniels teve um palpite diferente. Ele estipulou que o problema não se baseava no peso dos aviadores, mas no que haviam definido como "aviador médio", que era impreciso. Talvez não houvesse aviador médio.

Em 1952, Daniels teve a oportunidade de testar sua intuição. Ele liderou um projeto na Base da Força Aérea de Wright-Patterson, que pretendia medir as dimensões dos pilotos. Daniels se dedicou à tarefa, tabulando cuidadosamente 4.063 pilotos em 140 classificações de tamanhos. Eles incluíam "comprimento do polegar, altura da virilha e distância do olho à orelha".[4] Ele então calculou a média das dez dimensões que considerou mais importantes para o design da cabine. Em outras palavras, ele estava tabulando as dimensões do piloto médio.

Mas quantos aviadores fariam parte dessa média? Daniels foi bastante generoso na maneira como calculou a abrangência. Se as medidas de determinado piloto estivessem dentro dos 30% da faixa de valores da dimensão média, ele era considerado como médio. Por exemplo, a altura média dos aviadores era de 1,80m. Por isso, Daniels considerou qualquer piloto como médio se tivesse entre 1,74m e 1,86m de altura.

A maioria dos especialistas das Forças Armadas supôs que grande parte dos pilotos estivesse na faixa média dessas dez dimensões. Parecia ser uma conclusão óbvia. Afinal, a média foi calculada a partir dessa mesma amostra de aviadores! Além disso (como Rose ressalta), esses aviadores haviam sido pré-selecionados precisamente porque estavam em conformidade com as especificações básicas exigidas pela Força Aérea. Afinal, eles nunca teriam contratado um piloto de 1,65m.

Mas, então, o que houve? Quantos pilotos estavam dentro da faixa média entre as dez dimensões? *Absolutamente nenhum*. De um corte de mais de 4 mil, nenhum deles era médio. O palpite de Daniels foi enfaticamente confirmado. O problema não era o piloto médio ter engordado desde 1926. O problema era que não havia piloto médio. Como Todd Rose explica: "Um piloto pode ter um comprimento de braço maior do que a média, mas um comprimento de perna menor. Outro piloto pode ter um peito grande, mas quadris pequenos." Mesmo quando Daniels selecionou apenas três das dez dimensões de tamanho — digamos,

ALÉM DA MÉDIA

circunferência do pescoço, coxas e pulsos — menos de 3,5% dos pilotos foram considerados médios.[5]

Como isso é possível? Aparentemente, a constatação de que nenhum aviador se adequava à média parece não apenas confusa, mas contraditória. Se você pegar um grupo de pessoas e calcular a média de alguma característica, certamente essa média diz algo sobre os indivíduos do grupo. Afinal, a média foi calculada a partir dessa amostra de indivíduos! No entanto, verifica-se que tirar uma conclusão em função das médias pode ser enganoso. Pegue o comprimento do corpo das formigas-tecelãs. Existem dois tipos delas — algumas muito grandes, outras muito pequenas. Isso significa que, se você calcular a média de todas essas formigas, essa média não representa nenhuma delas. A média é, de certa forma, não representativa. Isso é chamado de "distribuição multimodal".

A altura masculina em seres humanos, por outro lado, está de acordo com outro tipo de distribuição: a clássica curva em sino. Isso significa que a maioria das pessoas se agrupa em torno da média. Existem muitos homens com 1,80m, mas muito poucos com 1,50m ou com 2,10m. Se você considerar determinada pessoa, é quase certo de que estará próxima da média. Mas o design de uma cabine de pilotagem não se resume apenas à altura, mas às dimensões humanas em vários âmbitos, como circunferência do peito, comprimento do braço, comprimento da perna, circunferência do tronco etc. É fácil supor que, se você tiver a circunferência do pescoço larga, também terá uma cintura larga. Mas essas correlações são, na verdade, fracas. Isso significa que qualquer estipulação da média dessas dimensões ocultará a diversidade.

Veja os dois homens na Figura 9. Se você medir a média das nove dimensões, eles seriam praticamente idênticos. E, no entanto, o homem à esquerda é mais pesado, mais baixo, tem ombros mais estreitos, pescoço mais largo, alcance mais curto e cintura mais larga, enquanto o homem à esquerda é mais alto, mais leve e assim por diante. Tendo suas dimensões somadas, ambos estão próximos da média, mas, se consideradas individualmente, eles estão longe.

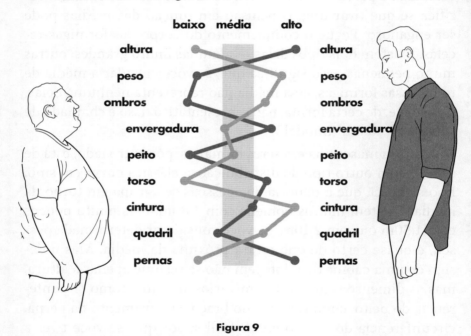

Figura 9

Podemos analisar esse aspecto de maneira diferente usando outra métrica: o QI. É fácil supor que, se considerar duas pessoas com, digamos, QI 105, elas terão pontuações semelhantes em cada um dos vários componentes do QI, como vocabulário, resolução de problemas etc. Na verdade, como Rose observou, as correlações são fracas. Você pode ter um bom raciocínio matricial,

ALÉM DA MÉDIA 219

pouco conhecimento, ser mediano em block design, bom em procura de símbolos e péssimo em codificação — ou vice-versa. A classificação do QI não expressa essa variação, mas a oculta. E, na maioria das áreas do desempenho, é a variação que importa.[6]

O trabalho de Daniels levou a uma constatação importante. Uma cabine padronizada para o piloto médio pode parecer lógica, até científica, mas está repleta de perigos latentes. A cabine padronizada foi a causa principal da alarmante taxa de incidentes, causando várias ocorrências. E forçou a Força Aérea a pensar o design de outra forma. Em vez de exigir que o piloto se adapte a uma cabine padrão, que quase não convinha a ninguém, eles a redesenharam para se adaptar à diversidade de pilotos.

Quando os aviões foram projetados para permitir aos pilotos ajustar a altura do assento, a distância do manche etc., o nível de incidentes despencou. Além disso, o custo dessa adaptação foi mínimo em relação à economia com os incidentes, sem mencionar o custo humano de ferimentos e mortes. Por sua vez, o desempenho em segurança da Força Aérea dos EUA disparou.

III

A padronização da cabine da Força Aérea dos EUA não caracteriza apenas um perigo, mas uma metáfora. Esse é apenas um exemplo da padronização mundial. Padronizamos a educação, acordos trabalhistas, políticas, medicina e até teorias psicológicas. Todos, de maneiras diferentes, deixam de levar em consideração a diversidade humana. Tratam todas as pessoas como manifestações de uma média mítica, e não como indivíduos. Isso nos leva de volta ao ponto no início deste capítulo sobre como essa falha pode nos fazer esquecer a diversidade humana e desperdiçar seus benefícios. Somos todos diferentes uns dos outros. Temos diferentes dimensões físicas, mas também diferentes traços cognitivos, pontos fortes e fracos, experiências e interesses. Essa é uma das coisas mais maravilhosas de nossa espécie.

Porém, se nos diferenciamos de maneiras significativas, os sistemas bem desenvolvidos devem, sempre que possível, levar em conta essa variação. Na verdade, devemos celebrá-la. Afinal, como colher os benefícios das diferenças humanas quando somos alvos de sistemas rígidos (e não apenas de cabines de pilotagem)? Como podemos aproveitar a diversidade quando somos iludidos por médias que obscurecem as maneiras pelas quais nos diferenciamos?

Vamos dar um exemplo para destacar a lógica. Em um experimento do Google, de 2014, uma equipe de psicólogos realizou um pequeno workshop para os funcionários de vendas e administração. Esse trabalho tende a ser realizado de maneira padronizada, nos mesmos horários e com as mesmas ferramentas. Essa padronização não é física, mas conceitual. A ideia de ter flexibilidade em tais empregos parecia loucura. Afinal, esses são os administradores e o pessoal de vendas, não os engenheiros.[7]

Contudo, o workshop incentivou os profissionais a pensar em seus trabalhos não como parâmetros, como cabines de pilotagem inflexíveis, mas como projetos ajustáveis. Foram ensinados a considerar como poderiam aproveitar seus pontos fortes, moldando os contornos de seu trabalho em torno de seus interesses e talentos, bem como os objetivos da empresa. Foram convidados, na prática, a pensar em si mesmos como indivíduos com habilidades e percepções diferentes, em vez de engrenagens homogêneas. Como Adam Grant, um dos pesquisadores, afirmou:

ALÉM DA MÉDIA

Apresentamos centenas de funcionários à ideia de que os trabalhos não são esculturas estáticas, mas blocos de construção. Demos exemplos de pessoas que se tornaram arquitetas dos próprios empregos, personalizando suas tarefas e relacionamentos para se alinhar melhor com seus interesses, habilidades e valores — como um vendedor artístico se voluntariando para criar um novo logotipo ou um analista financeiro afável se comunicando com clientes por vídeo em vez de conversar por e-mail [...] Eles se propuseram a criar uma nova versão de seus papéis que fosse mais adequada, mas ainda realista.[8]

O que aconteceu? Aqueles que participaram do workshop foram classificados pelos gerentes e colegas de trabalho como mais felizes e com melhor desempenho, e tinham *uma probabilidade 70% maior* de conseguir uma promoção ou mudar para um emprego preferido quando comparados a um grupo de controle. Grant escreve: "Em vez de usar apenas seus talentos já conhecidos, eles tomaram a iniciativa de desenvolver novos recursos que lhes permitissem criar um trabalho original e personalizado. Tornaram-se mais felizes e eficazes — e se qualificaram para papéis que julgaram mais adequados."

Observamos no Capítulo 2 que considerar médias é eficaz à previsão. Você deve se lembrar de que a previsão média de seis economistas foi significativamente mais precisa do que a previsão do principal economista. Neste capítulo, no entanto, parecemos argumentar que as médias são ruins. Como entendemos essa diferença? Existe uma contradição na análise? Na verdade, essas duas perspectivas não são apenas compatíveis, mas complementares. Os analistas econômicos tinham diferentes modelos. Eles

222 IDEIAS REBELDES

expressavam suas estimativas de forma independente. Estavam livres para apresentar as próprias previsões. Avaliar a média dessas diferentes perspectivas foi uma maneira de agregar informações diversas e, ao mesmo tempo, filtrar os erros.

A padronização é diferente. Nela, pessoas de tamanhos diferentes são forçadas a usar a mesma cabine. Ou são convidadas a fazer seu trabalho da mesma maneira, independentemente de suas diferenças, tirando de cena a diversidade antes mesmo que tenha a chance de se manifestar. Seria como forçar os economistas a usar o mesmo modelo: aquele usado pelo economista médio. Isso eliminaria completamente diferenças proveitosas. As ideias rebeldes desapareceriam.

Em outras palavras, calcular a média de diferentes previsões é uma forma de explorar a diversidade. Padronizar a maneira como as pessoas trabalham, aprendem ou o que quer que seja, mina a diversidade. Como Neil Lawrence, chefe de aprendizado de máquina da Amazon, afirma: "Quando uma média está sendo bem usada, ela aproveita as ideias de várias pessoas. Quando mal utilizada, impõe uma solução *para* várias pessoas."[9]

Obviamente, a padronização pode ser útil e importante. Com roupas, por exemplo, as opções da prateleira nem sempre servem perfeitamente, mas permitem que os consumidores obtenham os benefícios de roupas baratas produzidas em massa. As soluções individualizadas (feitas sob medida) geralmente são mais caras, implicando uma troca entre o personalizado e o genérico. Porém, com frequência, o genérico é escolhido não por ser mais econômico, mas porque mal consideramos a alternativa. Esse foi o caso das cabines de pilotagem, em que projetos padronizados foram criados não após uma análise de custo-benefício, mas porque poucos conceberam a possibilidade de que uma cabine projetada para o piloto médio não se adequasse à maioria dos pilotos — pelo menos até o tenente Daniels chegar.

Quando as instituições são muito rígidas, todos sofrem. Isso não se aplica só às organizações, mas à maneira como os padrões de pensamento que orbitam o conceito de média nos fazem ignorar a diversidade humana de maneiras sutis, padrões tão enraizados que permeiam a própria ciência. Com isso em mente, voltemos a Eran Segal, pois enfatizará os riscos — e por que se estendem para além do que aceitamos como verdade.

*

Depois de sua maratona com pouco carboidrato, Eran Segal estava finalmente expandindo sua visão do problema da ciência da dieta. Diretrizes alimentares padronizadas, assim como cabines padronizadas, parecem rigorosas, mas ignoram uma variável determinante: *a diversidade das pessoas*. Segal diz:

> Um bom exemplo é o chamado índice glicêmico, um sistema de classificação de alimentos de acordo com o quanto influenciam a taxa de açúcar no sangue. A maneira de obter esse índice é solicitar a um grupo de pessoas que comam diferentes alimentos e medir a resposta. Dessa forma, pode-se obter um índice de um a cem, que classifica os alimentos de acordo.[10]

Descrito dessa maneira, o índice glicêmico soa como um padrão-ouro da ciência. Ele é desenvolvido em torno de medições e dados. Entretanto, é desenvolvido também em torno de outro fator: a resposta *média* ao alimento. Mas e se as pessoas reagem aos mesmos alimentos de maneiras fundamentalmente diferentes? As pessoas que baseiam o que comem no índice glicêmico podem estar comendo alimentos que, para elas, não são saudáveis.

224   IDEIAS REBELDES

Na primavera de 2017, Segal e seus colegas pesquisadores realizaram um experimento para testar essa possibilidade. O objetivo era medir a resposta dos sujeitos a dois tipos diferentes de pão: o pão branco produzido comercialmente, muitas vezes demonizado pelo lobby da saúde, e o pão de massa artesanal feita com grãos integrais, adorado pelos loucos por saúde. Como sempre, as evidências foram mistas. Alguns estudos sugeriam que o pão reduzia o risco de câncer, doenças cardiovasculares e diabetes tipo 2. Outros sugeriam praticamente o oposto: ou seja, que o pão teve pouco efeito nos indicadores clínicos de saúde.

O experimento de Segal foi muito simples. Selecionou um grupo de pessoas saudáveis, das quais nenhuma fazia uma dieta específica. Foram então distribuídas aleatoriamente em dois grupos. Algumas comeriam pão branco todos os dias por uma semana, e outras, integral. Nenhum grupo foi autorizado a comer outros produtos derivados do trigo, e foram obrigados a comer apenas pão no café da manhã, enquanto tinham a opção de inclui-lo em outras refeições, conforme desejado. Os dois grupos fizeram uma pausa de duas semanas e depois se alternaram.

Precisamente, todos no experimento foram examinados várias vezes para saber como estavam reagindo ao pão. Vários exames foram feitos, incluindo resposta à inflamação, absorção de nutrientes e mais. Talvez o exame mais importante tenha sido a taxa de glicose no sangue. Ela é crucial para a saúde, e vale a pena explicar o porquê. Uma das primeiras coisas que os estudantes de biologia aprendem sobre o corpo humano é a importância do metabolismo da glicose. Depois que comemos, nosso corpo digere os carboidratos, os decompõe em açúcares simples e os libera na corrente sanguínea. A partir daí, com a ajuda da insulina, a glicose é transferida para as células e o fígado, onde é usada para sintetizar glicogênio para uso posterior como energia.

ALÉM DA MÉDIA 225

No entanto, a insulina também sinaliza as células para converter o excesso de açúcar em gordura e a armazenar — esse é o principal motivo do aumento de peso. Além disso, se uma quantidade excessiva de glicose fluir para o sangue, causa excesso de produção de insulina, baixando muito os níveis de glicose. Isso nos deixa com fome e com vontade de comer mais, mesmo que tenhamos comido mais do que o suficiente.

Picos de glicose são um fator de risco para diabetes, obesidade, doenças cardiovasculares e outros distúrbios metabólicos. Um estudo que acompanhou 2 mil pessoas durante mais de 30 anos descobriu que respostas mais altas à glicose apontam taxas maiores de mortalidade. Níveis cronicamente altos de açúcar no sangue exercem pressão sobre todo o sistema. Uma taxa constante de açúcar no sangue, por outro lado, com aumentos modestos e suaves depois de comer, reduz a probabilidade de doenças cardíacas, câncer e outras doenças crônicas, como excesso de gordura e mortalidade. Em suma, a resposta do açúcar no sangue é importante não apenas em termos de peso, mas também de saúde.

Quando os resultados do experimento de Segal chegaram, descobriu-se que os dois pães não faziam diferença no que se refere à resposta de açúcar no sangue ou a qualquer outro indicador clínico. O pão branco industrializado e o de massa artesanal tiveram praticamente o mesmo efeito. Isso parecia implicar que o aconselhamento alimentar deveria ser neutro. Se um pão não é melhor do que o outro, por que não aconselhar os consumidores a escolher o que tem sabor melhor ou é mais barato?

E, no entanto, essa inferência "científica" foi baseada na resposta média. E as respostas individuais? As pessoas eram diferentes a ponto de interferir na resposta? Os resultados foram notáveis. Algumas pessoas mostraram-se beneficiadas por ingerir a farinha de trigo integral e prejudicadas pelo pão branco comercial, enquanto outras tiveram a *resposta contrária*. Alguns mostraram pouca diferença entre os dois, enquanto outros mostraram diferenças drásticas. "Todo o conjunto de dados era altamente pessoal", diz Segal. "Era necessário analisar os indivíduos, não apenas as médias."

Por que as respostas foram tão diferentes? Segal percebeu que, da mesma maneira que o tamanho do corpo tem múltiplas dimensões que influenciam se uma pessoa se encaixa em uma cabine ou não, o corpo humano tem várias dimensões que influenciam a maneira como um indivíduo responde a determinado alimento. Essas dimensões incluem aspectos inesperados como idade, genética, estilo de vida e muito mais.

Talvez a dimensão mais fascinante seja o microbioma, as bactérias que todos hospedamos em nossos sistemas gastrointestinais. Existem cerca de 40 trilhões de células e até 1.000 espécies microbianas diferentes em nossos corpos. Esse "universo" tem cerca de 200 vezes mais genes do que o hospedeiro humano e exerce uma grande influência sobre como digerimos alimentos e extraímos nutrientes, bem como sobre o sistema imunológico. E esses microbiomas variam de pessoa para pessoa.

Quando você analisa a dieta sob essa perspectiva, com diferentes fatores que se traduzem em diferentes enzimas, genes humanos, genes bacterianos e talvez dezenas de outros fatores singulares, é quase absurdo supor que alguma dieta seja adequada a todos ou à maioria das pessoas. "Quanto mais eu pensava a respeito, mais curioso ficava", diz Segal. "Os conselhos dietéticos padronizados sempre serão inadequados, pois levam em consideração apenas o alimento e não a pessoa que o ingere."

ALÉM DA MÉDIA

Um dos estudos mais ambiciosos de Segal foi mais longe. Diversos experimentos selecionam um pequeno grupo de pessoas, dão-lhes algum tratamento ou intervenção e depois medem o impacto médio em um momento específico. O experimento de Segal recrutou quase mil indivíduos. Cerca de metade deles estava acima do peso e um quarto era obeso, correspondendo à população não diabética do mundo desenvolvido. Esses indivíduos foram então conectados a um sensor de glicose e examinados a cada cinco minutos durante uma semana, apontando respostas particulares de açúcar no sangue por quase 50 mil refeições.[11]

Os participantes registraram tudo o que comeram em um aplicativo propriamente elaborado. Eles tiveram permissão para comer o que quisessem, mas tinham que tomar um café da manhã padronizado: um menu rotativo de pão comum, pão com manteiga, pó de frutose diluído em água ou glicose misturada com água. Isso criou um rico conjunto de dados, incluindo um total de 46.898 refeições normais e 5.107 refeições padronizadas, com 10 milhões de calorias registradas, junto com dados de saúde associados. Para o normal de experimentos de nutrição, esse foi bem diferente. E, em vez de calcular uma resposta média, Segal e seus colegas analisaram a resposta de cada indivíduo.

Os resultados, quando chegaram, foram impressionantes. Para algumas pessoas, tomar sorvete levou a uma taxa saudável de açúcar no sangue, enquanto sushi teve o efeito inverso. Para outros, a experiência foi ao contrário. "Para cada resultado médico ou nutricional que surgia, havia muitas pessoas cujos resultados eram muito diferentes", disse Segal. "Muitas vezes, as pessoas respondem de maneiras completamente opostas."

Keren — esposa de Segal — ficou impressionada com os resultados. Como nutricionista clínica treinada, ela havia atendido dezenas de pacientes em sua clínica e confiava em diretrizes gerais para oferecer conselhos. Entre os pré-diabéticos, o conselho é parar de tomar sorvete e ingerir carboidratos complexos, como arroz. "Percebi que estava dando conselhos que poderiam prejudicar as pessoas. Foi preocupante. Agora eu os aconselho a medir as próprias respostas de açúcar no sangue. Dessa forma, recebem uma dieta que funciona para cada um."[12]

Talya é um exemplo arquetípico. Enfermeira pediátrica aposentada de 64 anos, do norte de Israel, estava caminhando para o diabetes. Era clinicamente obesa e estava cada vez mais preocupada com a saúde. "Eu estava ganhando muito peso", disse-me. "Meus níveis de açúcar no sangue estavam muito altos." Ela estava comendo de maneira saudável: omelete no café da manhã, refeições equilibradas durante o dia e muitas frutas e legumes. Cultivava os próprios produtos em seu quintal e gostava muito de maçãs e nectarinas. "Parecia ser uma dieta excelente", disse. "Eu não conseguia entender o que estava fazendo de errado."

Quando recebeu um sensor de glicose para medir regularmente sua resposta às refeições, ficou pasma. Ela tinha picos ao ingerir nectarina, melão, tomate e leite com 1% de gordura. No entanto, sua resposta de açúcar no sangue foi perfeitamente saudável para melancia e leite com 3% de gordura. "Foi impressionante", disse. "Não fazia ideia de que isso estava acontecendo."

Talya alterou sua dieta conforme as orientações, perdendo 17kg e diminuindo seus níveis de açúcar no sangue em 20%. "Não há duas pessoas iguais. Temos DNA diferente, biologia diferente. Sou casada com um homem muito magro. Antes, quando comíamos as mesmas coisas, seu nível de açúcar no sangue era bom. Agora, meu nível de açúcar no sangue está voltando ao normal. Quem diria que meu problema eram as nectarinas!"

Entretanto, o estudo de Segal ainda não tinha terminado. Os pesquisadores então atribuíram todos os dados a um algoritmo projetado para prever as taxas de açúcar no sangue de novos participantes. Efetivamente, eles estavam usando uma abordagem semelhante à maneira como varejistas online como a Amazon preveem os tipos de livros que os compradores vão gostar. Para testar o algoritmo, cem pessoas foram recrutadas e avaliadas em características pessoais como tipo sanguíneo, idade, microbioma e similares. Esses dados foram então alimentados no algoritmo. Esse era um teste determinante da pesquisa. O algoritmo preveria com mais precisão como as pessoas responderiam a diferentes refeições do que a contagem padrão de carboidratos?

A resposta foi um enfático "sim". "Foi emocionante ver que poderíamos prever a resposta de qualquer pessoa à glicose, mesmo pessoas que não faziam parte do estudo original", disse Segal. "Garantiu-nos que o algoritmo havia sido bem desenvolvido."

Por fim, eles recrutaram 26 novos participantes com predisposição a desenvolver diabetes e pediram que o algoritmo projetasse duas dietas para cada sujeito. Na "dieta boa", o algoritmo foi solicitado a prever refeições que surtiriam baixa resposta de açúcar no sangue. Na "dieta ruim", foi solicitado o oposto.

Até agora, você não ficará surpreso ao saber que a dieta "ruim" de alguns correspondia à dieta "boa" de outros. A boa dieta de uma pessoa era composta de ovos, pão, homus, pita, edamame, macarrão, tofu de legumes e sorvete, enquanto a dieta ruim era composta de muesli, sushi, marzipã, milho, nozes, chocolate e café. Como previsto, as "dietas ruins" foram associadas a níveis anormalmente altos e ao metabolismo prejudicado da glicose.

Na boa dieta, apesar do mesmo número de calorias, os níveis de glicose permaneceram normais, sem um único pico durante a semana. "Esses resultados foram impressionantes para nós", disse Segal. "Foi a prova de que você pode manipular os próprios níveis de açúcar no sangue de forma tão significativa que pode passar dos níveis pré-diabéticos para o normal em uma semana, apenas alterando suas escolhas alimentares."

Esses resultados são importantes, mas o principal para nossos propósitos é que aprofundam a compreensão da diversidade. Presumindo que todos os pilotos estavam de acordo com as dimensões de piloto médio, houve uma série de incidentes no início dos anos 1950. A mesma falha conceitual persiste, quase despercebida, no coração da ciência nutricional. A menos que você leve em consideração a diversidade de indivíduos, é provável que projete diretrizes e sistemas defeituosos, restritos ou ambos.

Quando se trata de nutrição personalizada, há um longo caminho a percorrer. São necessários mais estudos com acompanhamentos de longo prazo que meçam os resultados de saúde diretamente, e não apenas indicadores indiretos, como a taxa de glicose no sangue. Mais pesquisas são necessárias para entender o microbioma e outros fatores de influência. O início, no entanto, foi altamente promissor e oferece aos pesquisadores a chance de superar as contradições que atormentaram o campo. Acima de tudo, articula uma verdade vital que a própria ciência pode nos dispor a esquecer: a diversidade faz toda diferença.

ALÉM DA MÉDIA

IV

Na primavera de 2010, Michael Housman, economista voltado às relações trabalhistas, estava trabalhando em um projeto para descobrir por que alguns funcionários de call center se saem melhor do que outros. Não importava o quanto procurasse, não encontrava resposta. Nada parecia explicar. Ele me disse:

> Eu estava trabalhando como executivo-chefe de análises em uma empresa que vende software para empregadores recrutarem e reterem funcionários. Tínhamos dados de 50 mil pessoas que fizeram uma avaliação de trabalho online de 45 minutos e que foram contratadas em seguida. Examinamos todos os aspectos da avaliação para ver se continha pistas sobre longevidade e desempenho, mas continuamos sem nada.

A equipe de Housman estipulara que aqueles com histórico de muitos empregos eram mais propensos, em média, a sair mais rápido. Mas não era verdade. Se determinada pessoa teve cinco empregos nos anos anteriores ou apenas um, isso não influenciava na longevidade. A equipe achou que certos aspectos da personalidade revelados pela avaliação também se relacionavam ao desempenho, mas isso também não se comprovou.

Então, um dos assistentes de Housman teve uma epifania. A equipe possuía dados dos navegadores que foram usados pelos candidatos para preencher os formulários. Alguns dos candidatos usaram o Safari, outros o Firefox. Alguns usaram o Internet Explorer, outros o Google Chrome. A escolha do navegador pode prever o desempenho? Para Housman, isso parecia improvável. Certamente, era apenas uma questão de preferência pessoal.

No entanto, os resultados foram surpreendentes. Aqueles que preencheram suas avaliações no Firefox ou Chrome permaneceram em seus empregos 15% mais do que os que usaram o Safari ou o Internet Explorer. Eles então verificaram o número de faltas ao trabalho. Mais uma vez, encontraram a mesma lacuna. Aqueles que usaram o Firefox ou Chrome tiveram 19% menos ausências do que os que usaram o Internet Explorer ou Safari.

Se não fosse suficientemente intrigante, os números relacionados ao desempenho eram ainda mais impressionantes. Aqueles que usaram o Firefox e o Chrome tiveram maior produtividade, mais vendas, clientes mais felizes e menor tempo de ligação. "Foi um dos conjuntos mais enfáticos de resultados que encontramos", disse Housman. "Eram grandes e consistentes diferenças."

O que estava acontecendo? Housman disse:

> Demorou um pouco para descobrir. A questão é que o Internet Explorer e o Safari estão pré-instalados. Os PCs vêm com o Explorer como parte do pacote e os Macs com o Safari. Esses são os padrões. Para usá-los, você só precisa ligar o computador. Chrome e Firefox são diferentes. Para usar esses softwares, você precisa ter curiosidade suficiente para verificar se existem opções melhores. Então, você precisa fazer o download e os instalar.

Não foi o software em si o responsável por essas diferenças no desempenho, mas o que as escolhas mostram sobre diferenças segundo a psicologia. Algumas pessoas tendem a aceitar o mundo como é. Elas mantêm o *status quo*. Outros veem o mundo como mutável. Eles se perguntam se existem maneiras melhores de fazer as coisas e, se houver, agem de acordo com elas. Uma decisão aparentemente irrelevante sobre que navegador usar revelou posições diferentes em um espectro psicológico.

ALÉM DA MÉDIA

Traduzido para as funções que ocupavam, isso significava muito. Lembre-se: eram profissionais que trabalhavam em call centers de varejo e hospitalidade. Esses trabalhos geralmente têm um roteiro usado para consultar os consumidores. É fácil seguir o roteiro. Ele representa o padrão. Mas, de vez em quando, você encontra uma situação que não é tratada no roteiro ou em que uma nova abordagem pode funcionar melhor. Você se apega ao que sempre fez ou encontra uma nova maneira de resolver um problema, vender uma ideia ou agradar o cliente?

Os funcionários do call center que saíam do básico tiveram desempenho melhor. Quando o *status quo* não era bom o suficiente, eles criavam algo original. Essa mentalidade também ajuda a explicar por que os usuários do Chrome e Firefox permaneceram em seus empregos por mais tempo e tiveram menos ausências. Trabalhadores capazes de alterar o roteiro são mais propensos a tomar medidas para corrigir problemas e fazer alterações em seus trabalhos que os tornam mais felizes e produtivos. Quem vê o *status quo* como imutável tem menos probabilidade de resolver problemas no trabalho. Eles apenas suportam o padrão. Até que a frustração os impeça por completo. "Inicialmente, ficamos chocados com a dimensão dos resultados", disse Housman. "Mas percebemos que a decisão do navegador jogava luz a uma característica crucial. A capacidade de questionar padrões faz uma enorme diferença em um mundo em constante mudança."[13]

O experimento de Housman é justamente tomado como evidência do poder da agilidade mental. Eram pessoas com mentalidade aberta, capazes de sair do paradigma. Isso as tornou mais produtivas e realizadas. Elas resolviam problemas em vez de simplesmente os suportar.

234 IDEIAS REBELDES

Porém há outra lição relacionada a este capítulo. Pense no conceito de melhores práticas. Esta é uma das ideias mais familiares nos negócios e depende de uma confirmação simples: se existe uma maneira comprovadamente melhor de fazer as coisas, faz sentido que todos a adotem. Na área da saúde, por exemplo, estudos mostram que os médicos geralmente realizam procedimentos de diferentes maneiras, resultando no fato de os pacientes não receberem o melhor tratamento possível. As melhores práticas geralmente são determinantes.

Outro aspecto das melhores práticas também amplamente conhecido. É "melhor" não em sentido absoluto, mas em sentido comparativo. É o "melhor até então". Se alguém mostrar que existe uma maneira alternativa de fazer coisas superiores ao *status quo*, as melhores práticas devem ser alteradas. Nessa concepção, as melhores práticas evoluem ao longo do tempo, de maneira racional e com base em dados.

Mas devemos perceber que essa análise, embora útil, também é incompleta. Por quê? Voltemos à pesquisa de Eran Segal para expor a falha. Suponha que você classifique as dietas de acordo com a resposta de açúcar no sangue para dada população. Você poderia conduzir o estudo com rigor e determinar que uma dieta é superior a todas as alternativas. E, no entanto, essa *não seria a dieta ideal*. Seria apenas a melhor dieta padronizada. Uma abordagem diferente seria adotar a personalização, o que não consiste em comparar diferentes dietas entre toda a população, mas adotar a flexibilidade de acordo com cada indivíduo. E, como Segal mostrou, essa abordagem pode diminuir a resposta de açúcar no sangue, deixando um indivíduo com uma dieta significativamente mais saudável.

ALÉM DA MÉDIA

Agora pense nos funcionários do call center. Muitas organizações testam roteiros diferentes, comparam os resultados, realizam testes estatísticos e chegam ao que parece ser uma conclusão científica sobre qual roteiro é o melhor em geral. Mas isso geralmente desperdiça os benefícios da flexibilidade. O experimento de Housman mostra que, quando os trabalhadores se afastam moderadamente do roteiro, geralmente têm um desempenho melhor. Isso ocorre em parte porque estão se adaptando a uma nova situação, conforme observamos. Mas é também porque lhes dá a chance de aproveitar seus pontos fortes, de trazer suas personalidades para a questão. O roteiro varia de acordo com a individualidade do trabalhador. Em outras palavras, não é possível estabelecer as melhores práticas comparando soluções padronizadas, é necessária também a comparação de diferentes tipos de flexibilidade. E, dado o que aprendemos sobre diversidade, são os sistemas mais flexíveis que geralmente se sobrepõem, quer se trate de cabines de pilotagem, dietas, roteiro ou qualquer outra coisa.

A questão de como flexibilizar o mundo do trabalho é, atualmente, um tópico importante. Geralmente gira em torno de questões como trabalhar em casa, férias, carga horária e assim por diante. Normalmente, o trabalho é mais gratificante quando os profissionais têm liberdade para adequar os horários aos compromissos pessoais, e oferecer tal flexibilidade significa que as organizações acessam novos talentos (como pessoas que talvez não desejem trabalhar de acordo com o padrão 9h às 17h). Isso representa bem a geração Y. De acordo com um estudo, o equilíbrio entre vida profissional e pessoal foi o fator mais importante para os jovens na escolha de um empregador.

236 IDEIAS REBELDES

E, no entanto, isso representa apenas uma faceta do poder da flexibilidade. O significado mais profundo é expresso na ciência da diversidade e ainda não chegou à superfície do funcionamento das instituições e sociedades. Isso provará ser uma fonte essencial de inovação no design de sistemas, permitindo que os indivíduos potencializem suas qualidades e tragam suas concepções para o ambiente de trabalho.

A flexibilidade tem suas desvantagens, é claro. Quando temos liberdade para implementar mudanças, também temos a liberdade de cometer erros. Há sempre um equilíbrio. Mas, embora as instituições costumem se ater ao controle e ao erro, raramente reconhecemos os perigos da rigidez que espreitam, sem ser detectados, no coração dos sistemas modernos. Em resumo, precisamos nos tornar mais científicos sobre a diversidade.

V

A padronização está imbuída em nossas vidas. Os reformadores da educação, no início do século XX, projetaram escolas com "currículos padronizados, livros didáticos padronizados, notas padronizadas, feriados padronizados e diplomas padronizados".[14] A ideia era que a educação não deveria atender às necessidades de cada aluno, mas que cada indivíduo deveria atender às necessidades do sistema.

O paradigma era a produção em massa: as escolas produziam estudantes da mesma maneira que as fábricas produziam produtos. Eles devem ser ensinados da mesma maneira, no mesmo ritmo, com as mesmas ferramentas, mesmos livros e avaliados com os mesmos testes. Como Ellwood Cubberley escreveu em seu influente guia de 1916: "Nossas escolas são, de certo modo, fábricas, nas quais a matéria-prima (crianças) deve ser modelada

ALÉM DA MÉDIA

e transformada em produtos para atender às diversas demandas da vida."[15]

Essa abordagem teve vantagens sobre o sistema desconexo que sucedeu, mas também teve suas limitações. Afinal, se os jovens são diferentes uns dos outros em aspectos importantes, a flexibilidade deve ser projetada de acordo com o aluno (fato que os professores sábios sempre souberam). De fato, existem boas evidências para sugerir que a flexibilidade oferece melhores resultados a estudantes e escolas.

As tabelas do Pisa de 2015 mostram que a "instrução adaptativa" é o segundo fator mais influenciador de altos níveis de resultado educacional, superando a disciplina, o tamanho de sala de aula e muito mais. (A única coisa que se correlaciona mais fortemente com o desempenho é a riqueza.) A instrução adaptativa é o que você deveria priorizar — professores que se adaptam às necessidades de cada aluno, em vez de fazer com que todos façam a mesma coisa, no mesmo ritmo e ao mesmo tempo.

Um artigo recente da autora e professora Maria Muuri resume os princípios fundamentais da educação finlandesa, considerados os melhores do mundo. Cinco desses fatores se encaixam nos temas deste livro, incluindo habilidades transversais, que buscam equipar as crianças com pensamento flexível, e aprendizado multidisciplinar, que ajuda os alunos a ver como os assuntos não são silos separados, mas domínios que podem ser utilizados para desenvolver novas ideias (recombinação).[16]

Muuri também fala sobre por que é importante que o sistema seja flexível. "Os alunos são indivíduos; logo, não podemos ensiná-los da mesma forma", afirma. "Nas escolas finlandesas, há pelo menos cinco níveis de tarefas na mesma classe ao mesmo tempo. Isso também significa que cada aluno tem os próprios objetivos específicos." Isso chama-se diferenciação.

IDEIAS REBELDES

Outro fator determinante é a diversidade na avaliação dos alunos. Ela afirma:

> O novo currículo finlandês enfatiza a diversidade nos métodos e na avaliação que orienta e promove a aprendizagem. As informações sobre o progresso acadêmico de cada aluno são dadas ao aluno e aos responsáveis com frequência não mais do que suficiente. Estabelecemos metas e discutimos o processo de aprendizado, e a avaliação é sempre baseada nos pontos fortes dos estudantes.

Muuri também enfatiza incrivelmente a maneira como os alunos podem se beneficiar da diversidade cognitiva nos grupos de estudo: "Fazemos questão de que alunos com experiências diferentes trabalhem juntos. Acredito que sempre há algo que se pode aprender com alguém diferente de você."

Alguns argumentam que há partes do sistema educacional em que a personalização foi longe demais. Outros, como Todd Rose, de Harvard, querem que vá muito mais longe. Esse é um debate saudável, que deve ser guiado pelas evidências. O que é universalmente aceito é que flexibilizar sistemas rígidos ajuda todos os alunos a se desenvolver.

Obviamente, a tirania da média afeta muitas áreas além da educação: permeou a ciência de maneira mais abrangente. Uma falácia clássica é tomar médias baseadas em indivíduos do sexo masculino e assumir que também se aplicam às mulheres. Voltemos às cabines de pilotagem. Se foram mal projetadas para diferentes tamanhos de homens, pense em quanto pior seria para as mulheres, que são, em média, menores. Em seu livro *Invisible Women*, Caroline Criado Perez ressalta que as teclas do piano foram projetadas para o tamanho da mão masculina, assim como itens como coletes à prova de balas e equipamentos militares.[17]

ALÉM DA MÉDIA

No entanto, essas falhas de design embasam uma variedade mais ampla de arranjos institucionais projetados para a média dos homens, e que invisivelmente dificultam a vida das mulheres. Como Perez afirma: "Uma das coisas mais importantes a dizer sobre a lacuna entre os gêneros, evidenciada nos dados, é que geralmente não é maliciosa ou mesmo deliberada. Muito pelo contrário. É simplesmente o produto de uma maneira de pensar que existe há milênios e, portanto, uma espécie de não pensar."

Essas confusões conceituais também ocorrem com as chamadas "*hard sciences*". Anos atrás, Michael Miller, neurocientista da Universidade da Califórnia, Santa Barbara, conduziu um experimento com 16 indivíduos, que foram colocados em um aparelho de ressonância magnética. Então, foram apresentados a uma lista de palavras e, um tempo depois, a uma outra. Em seguida, foram solicitados a pressionar um botão toda vez que vissem uma palavra que estava na primeira lista.[18] O escaneamento cerebral dos sujeitos foi analisado. O objetivo era determinar os circuitos neurais envolvidos na memória verbal. Normalmente, eles são apresentados em um mapa cerebral que mostra qual parte do cérebro é ativada, familiar a quem já leu um artigo sobre neurociência. O que talvez seja menos apreciado é que esse mapa é estipulado pela média entre os sujeitos.

Por alguma razão, Miller decidiu analisar não a média dos resultados, mas os mapas que detalhavam as respostas individuais. "Foi surpreendente", disse em entrevista a Todd Rose. "A maioria não se parecia com o mapa da média. O mais surpreendente foi que essas diferenças nos padrões não eram sutis, mas extensas."[19]

Reflita a respeito disso por um momento. A neurociência, um dos ramos mais incríveis da pesquisa moderna, fornece conclusões enganosas porque o mapa cerebral médio oculta a

240   IDEIAS REBELDES

diversidade das respostas individuais. Rose comenta: "As extensas diferenças que Miller encontrou no cérebro das pessoas não se limitam à memória verbal. Também foram encontradas em diversos estudos, de percepção facial e imagens mentais a aspectos cognitivos do aprendizado e das emoções." Nada disso significa que a neurociência é falha. Às vezes, usar médias faz sentido. Com frequência, no entanto, os cientistas usam médias enquanto mal estão conscientes disso,* ficando a um passo de tratar as pessoas não como indivíduos diversos, mas como clones.

*

Um dos meus experimentos favoritos em ciência da diversidade foi conduzido por Craig Knight, psicólogo da Universidade de Exeter. Antes de se tornar acadêmico, Knight foi vendedor, viajando por todo o país. Foi em um grande escritório em West Midlands que ele ficou impressionado com os perigos da padronização. Ele estava olhando para uma vasta fileira de mesas de melamina, idênticas, estendendo-se ao longe. A ideia em voga na época era que todos os ambientes de trabalho deveriam ser parecidos e que os trabalhadores deviam operar em espaços padronizados. Para Knight, parecia um pouco deprimente. Ele me diz:

> Isso foi chamado de conceito de escritório enxuto e fez sucesso na virada do milênio. A ideia era que não houvesse itens pessoais. Nada de fotos, quadros ou plantas. Tais coisas eram consideradas distração. Se fosse cientificamente provado que um tipo específico de ambiente de trabalho era mais eficiente, os gerentes acreditavam que todos deveriam estar em conformidade com ele.[20]

---

* Formalmente, usam médias pontuais para representar uma classe de pessoas enquanto generalizam (ou ignoram) a distribuição da qual foi calculada.

ALÉM DA MÉDIA

Como vendedor viajante, Knight percebeu o conceito enxuto em inúmeros escritórios, com gerentes olhando orgulhosamente para fileiras padronizadas e trabalhadores distribuídos em uma uniformidade estruturada. Os gerentes pensaram ter encontrado uma maneira empírica de aumentar a produtividade. Knight, que tinha formação em psicologia, não tinha tanta certeza:

> Meu palpite foi de que isso teria consequências imprevistas. Se você colocar um gorila ou um leão em um recinto moribundo, coitados. Eles ficam estressados, brigam, sentem-se impotentes, morrem cedo. Acho que os humanos são ainda mais alienados por espaços padronizados. As pessoas têm as próprias personalidades e caráter, interesses e ideias. Acho que as pessoas gostariam de criar espaços para si mesmas.

Foi apenas quando Knight se tornou acadêmico, alguns anos depois, que teve a oportunidade de colocar sua hipótese à prova. Seu experimento, conduzido com o colega pesquisador Alex Haslam, foi engenhoso. Eles selecionaram dois grupos de pessoas e lhes atribuíram tarefas cotidianas em um escritório. Os sujeitos tiveram que verificar documentos, processar informações, tomar decisões e muito mais.[21]

O primeiro grupo foi colocado na condição moribunda. Todos eram obrigados a trabalhar no mesmo espaço minimalista e superficialmente eficiente. Na verdade, quase as mesmas condições que Knight havia observado no escritório em West Midlands. O segundo grupo também foi colocado em áreas de trabalho padronizadas, mas com algumas diferenças. Para o segundo grupo, Knight colocou quadros nas paredes e plantas nas mesas. Knight definiu essa condição como enriquecida.

242 IDEIAS REBELDES

O que aconteceu? O desempenho do segundo grupo foi 15% superior. Talvez isso não fosse surpresa. As pessoas trabalham melhor em ambientes, mesmo padronizados, que são mais humanos. "Isso confirmou o que eu suspeitava há anos", Knight me disse. "A maioria das pessoas prefere um ambiente enriquecido. As pessoas disseram que as imagens e plantas realmente animavam o local. Os espaços moribundos podem funcionar em uma linha de montagem com tarefas organizadas, mas não para tarefas cognitivas ou criativas."

Knight então selecionou um terceiro grupo e mudou a configuração mais uma vez. Para esse grupo, os sujeitos foram autorizados a individualizar seu espaço de trabalho. Eles podiam escolher os próprios quadros e plantas, configurando o espaço de acordo com os próprios gostos, personalidades e preferências. "Eles foram instruídos a se sentir em casa", diz Knight. Essa condição foi chamada de personalizada.

Agora, analisando de fora para dentro, muitos dos espaços na condição personalizada se pareciam com os das condições moribunda e enriquecida. Afinal, algumas pessoas realmente gostam de um espaço minimalista, enquanto outras gostam de um espaço enriquecido. Em média, o segundo superou o primeiro quando foi imposto aos sujeitos — mas esta foi apenas a média. E este foi o ponto crucial da nova condição: esses novos espaços foram escolhidos por quem os utilizava. Eles não eram genéricos. Assim como as cabines de pilotagem com assentos e pedais ajustáveis e as dietas personalizadas criadas por Eran Segal, esses espaços de trabalho se encaixavam nas dimensões de cada trabalhador em particular.

Os resultados foram notáveis. A produtividade disparou. Foi quase 30% mais alta do que na condição moribunda — e 15% mais alta do que na condição enriquecida, mostrando efeitos

ALÉM DA MÉDIA

significativos. "Dê autonomia às pessoas para criar os próprios espaços e elas demonstrarão resultados melhores do que quase qualquer outra coisa que você pode dar a elas", diz Knight. Um participante disse: "Isso foi incrível, gostei mesmo. Quando posso vir trabalhar aqui?"

O aumento da produtividade pode ser atribuído a dois componentes. O primeiro é a autonomia. As pessoas estavam decidindo em vez de obedecer a ordens. Elas se sentiram empoderadas, por isso estavam mais motivadas. Esse elemento tem menos a ver com a escolha e mais com o ato de escolher. Mas o segundo componente foi influenciado não pelo ato de escolher, mas pelo poder da personalização. As pessoas puderam projetar espaços de que gostassem. Puderam moldar o espaço com as próprias características. Pode parecer um mero detalhe, mas é muito mais do que isso. Foi uma abordagem que levou a diversidade a sério.

VI

O pioneirismo de Eran Segal e seus colegas foi transformado em uma startup de alta tecnologia chamada DayTwo. Embora opere em um número limitado de países, o objetivo é espalhar a abordagem mundialmente. O processo é simples. Você fornece uma amostra de fezes e os resultados de um exame de sangue, o que permite ao laboratório DayTwo testar seu microbioma e avaliar seus níveis de açúcar no sangue. Esses resultados são então alimentados a um algoritmo, permitindo que os pesquisadores façam recomendações personalizadas de alimentos, junto com um banco de dados de previsões de variações na taxa de glicose para 100 mil refeições e bebidas. Esse método não é tão sistemático quanto o experimento realizado em 2015, que mediu as respostas de açúcar no sangue a todas as refeições, além das informações

244   IDEIAS REBELDES

sobre o microbioma, porém, ele aponta o caminho. A dieta, assim como outros ramos da ciência humana, está se afastando da padronização e caminhando em direção à personalização.

Eric Topol, professor de medicina molecular e um dos médicos mais respeitados do mundo, ficou tão intrigado com a pesquisa de Segal que se ofereceu para fazer um teste completo, acompanhando a resposta à glicose no sangue em função de cada refeição e ingestão de líquidos, e determinando como seu microbioma intestinal reagia. Dentro de semanas, ele aprendeu mais sobre as próprias respostas ao alimento do que seria possível testando quaisquer dietas padronizadas. Ele não apenas descobriu que possui um microbioma incomum, mas também que tinha picos de glicose devido a alimentos que vinha comendo há anos. "Meu microbioma intestinal é densamente povoado por um microrganismo em particular — *Bacteroides stercoris*, ocupando 27% dos meus coabitantes (a média desse microrganismo entre a população geral é de 2%)", escreveu Topol ao *New York Times*. "Tive vários picos de glicose que chegaram aos 160mg/dL de sangue (os níveis normais de glicose em jejum são inferiores a 100)."

Essa não foi apenas uma descoberta com implicações para sua saúde e longevidade, como também o fez compreender as contradições nos conselhos alimentares. "Apesar de décadas de modismos alimentares e pirâmides alimentares emitidas pelo governo, sabemos pouco sobre a ciência da nutrição. Os estudos se contradizem em série", escreveu. "Agora, a falha central em toda a premissa está se tornando clara: a ideia de que existe uma dieta ideal para todos."

Em abril de 2019, cientistas do DayTwo se reuniram com os líderes seniores do Serviço Nacional de Saúde em Londres. Outras pesquisas estão se desenvolvendo, não apenas no laboratório de

ALÉM DA MÉDIA

Segal, mas em outros lugares, buscando mais evidências.[22] O objetivo é usar não apenas o microbioma e o genoma para fazer recomendações alimentares, mas outros fatores pessoais, como medicamentos, sono e estresse. Topol escreve:

> O que realmente precisamos fazer é coletar vários tipos de dados de vários dispositivos, como adesivos de pele e relógios inteligentes. Com algoritmos avançados, isso é eminentemente possível. Nos próximos anos, você poderá ter um coach de saúde virtual baseado em aprendizado profundo que saberá suas métricas relevantes de saúde e fornecerá recomendações dietéticas personalizadas.

No entanto, a dieta é apenas um ramo dessa revolução conceitual. Em quase todas as áreas, nos veremos passando da era da padronização para a era da personalização. Se essa transformação for orientada com sabedoria, tem também o potencial de melhorar a saúde, a felicidade e a produtividade. Como Segal coloca: "A diversidade é uma parte integrante da humanidade. É hora de levá-la a sério."

7

O QUADRO GERAL

I

Falamos de tudo, desde os fracassos da CIA ao heroísmo de Rob Hall no cume do Everest, e da curiosa história de malas com rodas aos perigos das câmaras de eco políticas. Vimos que, quando se trata de inovação, é melhor ser sociável do que inteligente, e como a fixação nas médias obscurece a individualidade, um ponto que expõe os defeitos da ciência da dieta, sem mencionar os acidentes da Força Aérea dos EUA no final dos anos 1940.

Todos esses exemplos e histórias, experimentos e explorações conceituais têm o mesmo padrão subjacente. Evocam o poder da diversidade — com os perigos de negligenciá-la. O sucesso das organizações, assim como das sociedades, depende de aproveitar nossas diferenças na busca de interesses comuns vitais. Quando fazemos isso bem feito — com uma boa liderança, design, política e conhecimento científico — os benefícios são enormes.

E, no entanto, vale a pena retomar o que continua sendo um dos maiores obstáculos nessa jornada, chamado falácia do clone: pensar de maneira linear sobre desafios complexos e multidimensionais. Essa é uma daquelas falácias que parece óbvia quando afirmada, mas que se esconde na sociedade. Esse é o obstáculo, mais do que qualquer outro, que impede as pessoas de migrar da perspectiva do indivíduo para a perspectiva holística.

Hoje, o foco principal permanece individualista. Estamos preocupados em ajudar as pessoas a se tornarem mais inteligentes, mais perspicazes, mais capazes de se proteger contra preconceitos. Observamos que o trabalho excelente de artistas como Gary Klein e Daniel Kahneman é escrito sob esse ponto de vista. E, embora essa perspectiva seja importante, nunca devemos permitir que obscureça a perspectiva holística.

Os conceitos de organização apresentados neste livro são holísticos: o cérebro coletivo. A sabedoria das multidões. Segurança psicológica. Inovação recombinante. Homofilia. Teoria das redes. Os perigos do sortimento refinado. O conteúdo desses conceitos emerge não da parte, mas do todo. Isso é crucial em uma época em que nossos problemas mais urgentes são complexos demais para os indivíduos resolverem por conta própria. Vivemos em uma era em que a inteligência coletiva é cada vez mais importante e imprescindível.

Neste capítulo final, concluiremos nossa jornada pela ciência da diversidade ampliando completamente nossas concepções. Veremos que a diversidade não apenas explica o sucesso de indivíduos e instituições, como ilumina a evolução de nossa espécie. Essa análise apresenta o contraste final entre as perspectivas individualista e holística e repudia mais uma vez a falácia do clone.

Também analisaremos mais três implicações práticas que emergem do que aprendemos neste livro. Isso nos lembrará de que todas as ideias e conceitos motivadores associados à ciência da diversidade contêm lições imediatas que podem ser usadas para transformar a maneira como vivemos, trabalhamos e estruturamos as sociedades.

II

Nossa espécie domina o planeta. Prosperamos em praticamente qualquer habitat. Se considerarmos nossos animais domesticados, representamos 98% da biomassa terrestre de vertebrados. Criamos poderosas tecnologias, teorias e artes. Nos comunicamos com idiomas sofisticados. Nossos primos, os chimpanzés, estão confinados a um pequeno grupo da floresta tropical africana, mas não obedecemos a essas restrições. Como Kevin Laland, professor de biologia comportamental e evolucionária da Universidade de St. Andrews, afirma: "Nossa gama é sem precedentes: colonizamos praticamente todos os habitats do planeta, de florestas tropicais à tundra congelada."

Isso levanta a questão: Por que os seres humanos são tão bem-sucedidos?

Se você fechar o livro e pensar a respeito por alguns instantes, provavelmente encontrará uma resposta intuitiva. Os seres humanos são inteligentes. Nosso cérebro é grande. Isso nos permite resolver problemas que frustram outros animais. Ele nos ajuda a ter novas ideias, sejam teorias, tecnologias ou formas de comunicação. Isso significa que somos capazes de subverter a natureza de acordo com nossa vontade. O conceito básico é:

Cérebros grandes levam a grandes ideias (ou seja, tecnologias, cultura, instituições).

Contudo, exploraremos a possibilidade de que essa estrutura, que há muito domina nossa visão de mundo, não esteja apenas errada, mas seja contrária à verdade. Ela emerge da perspectiva individualista, colocando o cérebro humano no centro da análise. Veremos que a perspectiva apropriada é holística. Na verdade, sugerimos que a direção da causalidade pode ser a inversa:

Grandes ideias levam a cérebros grandes.

IDEIAS REBELDES

Pode parecer estranho, mas traçar o argumento levará nossa análise da diversidade cognitiva a seu apogeu. Veremos que a diversidade não é apenas o fator que impulsiona a inteligência coletiva dos grupos humanos, mas é o que conduziu a trajetória evolutiva singular de nossa espécie. A diversidade, de certa forma, é o mecanismo oculto da humanidade.

Para entender o porquê, considere que nossos ancestrais tinham cérebros do mesmo tamanho ou um pouco menores do que os neandertais, um argumento levantado por, entre outros, Joseph Henrich, professor de biologia evolutiva humana na Universidade de Harvard. Isso implica que nossos ancestrais podem ter sido menos inteligentes que os neandertais. Como Henrich coloca: "Entre os primatas, o preditor mais forte das habilidades cognitivas entre as espécies é o tamanho do cérebro. Consequentemente, não é implausível que fôssemos mais burros do que os neandertais, de cérebro maior."

Porém nossos ancestrais tinham uma vantagem crítica, mas ignorada: eram sociáveis. Vivíamos em grupos maiores e mais conectados. Essa diferença acabou tendo uma consequência sísmica. Por quê? Considere que, se houver um grupo de animais por perto, há mais chances de aprender alguma coisa. Mesmo que cada membro desse grupo tenha apenas ideias rudimentares sobre como encontrar comida, fabricar ferramentas ou qualquer outra coisa, a densidade de tais ideias significa que qualquer pessoa — mesmo alguém inteligente — pode aprender mais com o grupo do que aprenderia em toda uma vida por conta própria.

Isso significa que a seleção natural favorece os bons aprendizes, ou seja, pessoas habilidosas em observar e captar ideias. Essas habilidades não eram importantes para os neandertais porque não tinham um grupo social denso com o qual pudessem aprender. A questão não é que os neandertais tinham ideias inferiores aos nossos ancestrais. Pelo contrário, é que aprender

O QUADRO GERAL   253

custa caro (tempo que poderia ser gasto caçando etc.) e não há alternativas suficientes de como pagar o investimento.

Uma vez que a seleção natural começa a favorecer os bons aprendizes, no entanto, a trajetória da evolução começa a mudar. Pois, se as pessoas têm a habilidade de aprender ideias da geração anterior e adicionar mais algumas para passar à próxima, as ideias começam a se *acumular*. Nenhuma ideia concebida por um humano primitivo é mais sofisticada do que qualquer ideia concebida por um neandertal, mas o conjunto geral de conhecimentos estava crescendo — e se recombinando.

Para os neandertais, as inovações morriam com seus criadores. Os indivíduos faziam descobertas, mas não as compartilhavam entre grupos sociais ou gerações futuras. Entre os ancestrais dos seres humanos, por outro lado, mentalidades individuais estavam conectadas dentro de grupos sociais e ao longo do tempo. Era menos provável que as inovações fossem perdidas. Pelo contrário, era provável que se desenvolvessem. Essa é a dinâmica da repercussão de informações ao longo da evolução.

Voltando à terminologia do Capítulo 4, nossos ancestrais não eram mais inteligentes do que os neandertais em virtude do cérebro individual, mas do cérebro coletivo. Como Henrich afirma:

> Os neandertais, que precisaram se adaptar aos recursos dispersos da Europa da era do gelo e lidar com as mudanças drásticas das condições ecológicas, viviam em pequenos grupos amplamente dispersos. Enquanto isso, os imigrantes africanos [nossos ancestrais] viviam em grupos maiores e mais interconectados. Os bloqueios criados pela inteligência individual dos neandertais teriam sido apaziguados pelo poder da interconectividade social dos cérebros coletivos dos africanos.

Pense novamente na diferença entre os Gênios e os Expansivos do experimento mental do Capítulo 4. Observamos que os Gênios eram mais espertos do que os Expansivos, mas eram menos propensos a implementar inovações. A inovação é mais influenciada pela interação dos indivíduos e das redes que habitam. À medida que o conhecimento se acumula, retorna ao cérebro coletivo e à própria seleção natural.

Na prática, esse processo se mostrou tão poderoso que a transição do cérebro individual para o coletivo representa o que os biólogos chamam de "transição impactante". É aqui que a complexidade do processo de armazenagem e transmissão das informações sofreu uma mudança significativa. Exemplos clássicos são a transição de procariontes (organismos unicelulares) para eucariontes (cujas células possuem núcleo fechado dentro das membranas) e de clones assexuais para populações sexuais.

O cérebro coletivo humano representa a transição impactante mais recente do nosso planeta. Ela levou a um conjunto acumulado de ideias, mas também a um ciclo de feedback que alterou a própria evolução genética. Por quê? Devido ao fato de o conjunto de ideias em expansão (às vezes chamado de "cultura cumulativa") ter criado uma pressão de seleção para que cérebros individuais maiores armazenassem e categorizassem esse corpo de informações em rápido crescimento.

Nos últimos 5 milhões de anos, o cérebro humano cresceu de cerca de 350 centímetros, comparável a um chimpanzé, para 1.350 centímetros, com a maior taxa de crescimento nos últimos 2 milhões de anos. Essa expansão atingiu o limite apenas há 200 mil anos, devido a restrições do canal de parto feminino, parte essencial do desenvolvimento corpóreo de primatas. Se a cabeça do bebê crescer muito, não consegue sair (ou pode matar a mãe ao tentar). É por isso que a seleção natural favoreceu as inúmeras dobras corticais, interconexões de alta densidade e crânios

O QUADRO GERAL   255

infantis que permanecem sem fusão até se espremer pelo canal e, em seguida, se expandir rapidamente.

Portanto, os seres humanos têm cérebros impressionantemente grandes, mas observe a causalidade. O acúmulo de ideias é o que impulsiona a expansão do cérebro, e não o contrário:

Grandes ideias (via acumulação e recombinação de ideias simples) levam a cérebros maiores.

Como Laland afirma: "Uma vez que o tamanho cerebral da população alcançou um limiar crítico, de modo que pequenos grupos de caçadores e agricultores tinham maior probabilidade de entrar em contato um com o outro e trocar bens e conhecimento, as informações culturais eram menos propensas a se perder, e o conhecimento e habilidades começaram a se acumular."[1]

Então, por que os chimpanzés e outros animais não se juntaram aos seres humanos nesse caminho evolutivo? Por que apenas os seres humanos têm o que os biólogos chamam de herança dupla (nós herdamos os genes e um crescente conjunto de ideias). A razão é que o surgimento de cérebros coletivos enfrenta um problema como o da galinha e do ovo. Já abordamos a lógica. Cérebros projetados para aprender com os outros são caros. De uma perspectiva evolutiva, esses cérebros só fazem sentido quando já existe um conjunto decente de ideias por aí para adquirir. E, no entanto, sem a capacidade de aprender com os outros, não haverá um volume suficiente de ideias no ambiente local para justificar esse custo. Isso representa uma restrição fundamental ao surgimento de cérebros coletivos. Henrich chama isso de "problema de inicialização".

Os gorilas, por exemplo, nunca justificariam esse custo porque vivem em grupos unifamiliares com apenas um macho e várias fêmeas. Os orangotangos são solitários, o que significa que os filhotes geralmente crescem apenas com a mãe para aprender. Os chimpanzés são mais inclinados a se agrupar, mas estudos com chimpanzés filhotes e juvenis mostram que só têm acesso às mães como modelos.

É por isso que esses animais não têm nada além de tecnologia rudimentar. Inovações tendem a morrer com seus criadores. Eles herdam capacidades genéticas, mas não herdam um corpo de ideias acumulativas. Na medida em que estavam a caminho de verdadeiros cérebros coletivos, os neandertais eram superados pelos ancestrais dos humanos modernos quando estes deixaram a África. Esses outros grupos não puderam competir não porque fossem individualmente menos inteligentes, mas porque eram coletivamente menos inteligentes.

Essa perspectiva explica a natureza não apenas do cérebro, mas do corpo humano. Depois que as ideias se tornaram uma parte estável do meio ambiente, começaram a impulsionar a própria evolução genética. Tome a invenção do fogo como exemplo, uma das maiores ideias rebeldes da história de nossa espécie. Não sabemos quem conseguiu produzir fogo primeiro, mas sabemos que os humanos foram capazes de ensinar essa habilidade uns aos outros e a seus filhos. Ou seja, o fogo se tornou parte da ecologia cultural dos primeiros seres humanos, transmitida de geração em geração.

Mas isso significava que não precisávamos de intestinos grandes para desintoxicar os alimentos, o que já acontecia no processo de cozimento. A seleção natural, portanto, começou a favorecer os seres humanos com tripas menores, reservando a energia metabólica necessária para o crescimento de nossos cérebros. Não precisávamos de bocas e dentes tão grandes, nem de mandíbulas, cólons ou intestinos tão fortes, que começaram a se adaptar a uma cultura com fogo e cozimento. Henrich diz:

> Técnicas como o cozimento potencializam a energia dos alimentos e facilitam a digestão e a desintoxicação. Esse

efeito permitiu que a seleção natural economizasse energia, reduzindo nosso tecido intestinal... Essa externalização das funções digestivas pela evolução cultural tornou-se um dos ajustes que permitiram que nossa espécie desenvolvesse e gerisse cérebros maiores.[2]

Ou considere o fato de que os seres humanos estão entre os maiores corredores de resistência do mundo. Vencemos antílopes e similares, principalmente em dias quentes. Temos uma série de características que nos permitem o fazer, como nossa capacidade de transpiração. Podemos suar de 1 a 2 litros por hora, o que é um maravilhoso mecanismo de resfriamento.

Porém isso gera um enigma: nossos estômagos são pequenos para absorver as grandes quantidades de água necessárias para sustentar uma corrida por longas distâncias. Como, então, conseguimos correr com esse armazenamento inadequado? Por que suamos tão profusamente se não podemos tomar água suficiente antes de mais nada? O enigma só é esclarecido quando consideramos a tecnologia. Depois que aprendemos a transportar água em cabaças, peles e ovos de avestruz, e essa tecnologia se tornou uma característica presente em nosso ambiente, transmitida pelas gerações, não precisamos de um grande sistema de armazenamento em nossos corpos. Terceirizamos o armazenamento de água da mesma maneira que terceirizamos a desintoxicação de alimentos, levando a uma trajetória evolutiva diferente.

Mas observe, mais uma vez, a direção da causalidade. Nossas adaptações eficientes a longas corridas não poderiam ter evoluído sem a tecnologia *antecedente* de armazenamento externo. Como Henrich coloca: "A evolução de nosso complexo e extraordinário sistema termorregulador à base de suor só poderia acontecer depois de termos desenvolvido o hábito de construir recipientes de água (e localizar as fontes)."

258 IDEIAS REBELDES

Nossas ideias e tecnologias não mudam apenas nossos genes, mas também modificam nossa biologia de maneira não genética. O fato de estar lendo essas palavras significa que você é alfabetizado. Você aprendeu a técnica da leitura com seus pais e professores que, por sua vez, aprenderam com os deles. Mas, ao adquirir a capacidade de ler, você também modificou seu cérebro. Aprender a ler altera a região temporal occipital ventral esquerda do cérebro, engrossa o corpo caloso, modifica o sulco temporal superior e o córtex pré-frontal inferior. Essa conexão cerebral que ocorre por meio do processo de aprendizado da leitura é uma modificação biológica associada às sociedades alfabetizadas, mas não é uma modificação genética. Como Henrich diz:

> A leitura é um produto evolutivo cultural que conecta nosso cérebro para desenvolver uma capacidade quase mágica de transformar rapidamente padrões de formas em linguagem. A maioria das sociedades humanas não tinha um sistema de escrita e, até os últimos cem anos, a maioria das pessoas não sabia ler ou escrever. Isso significa que a maioria das pessoas nas sociedades modernas (aquelas com alta proficiência em leitura) tem cérebros diferentes com habilidades cognitivas um pouco diferentes do que a maioria das pessoas na maioria das sociedades ao longo da história. O ponto crucial é que as diferenças culturais são biológicas, não genéticas.

Esses são alguns exemplos das maneiras como as ideias rebeldes moldaram nossos cérebros e corpos e, consequentemente, normas e instituições sociais. Elas também moldaram nossa psicologia. Uma vez que fomos capazes de aprender mais com nosso grupo social do que jamais antes, a seleção natural começou a favorecer aqueles que eram hábeis em extrair ideias de outros

O QUADRO GERAL   259

cérebros. Isso significa a capacidade de prestar atenção àqueles com quem mais aprendemos. Como Henrich coloca:

> Uma vez que as ideias começaram a se acumular, a principal pressão de seleção sobre os genes girava em torno de melhorar nossas habilidades psicológicas para adquirir, armazenar, processar e organizar o conjunto de habilidades e práticas de aprimoramento da aptidão que cada vez mais estavam disponíveis nas mentes dos outros do grupo. Esse processo é autocatalítico, o que significa que produz o combustível que o impulsiona.

III

Essa pesquisa admitidamente superficial da evolução humana nos fornece o maior contraste entre as perspectivas individual e holística. O cérebro humano é impressionante, mas o sucesso da espécie humana consiste na intrincada rede de conexões, que se estende por todo o planeta e pela história, o que levou à evolução de um vasto conjunto de ideias, tecnologias e cultura. Por um período de mais ou menos 2 milhões de anos, isso guiou o processo de evolução genética humana, expandindo o cérebro, alterando nossa fisiologia e realimentando o conjunto de ideias.

Nossa espécie é, nesse sentido, *construída sobre a diversidade.* Nossa espécie é única na maneira em que diferentes ideias, experiências, descobertas e recombinações aleatórias varrem nossas redes de conexão, construindo o cérebro coletivo, expandindo a inteligência coletiva e alterando a trajetória da seleção natural. É a diversidade dessas ideias que nos torna inteligentes. Despojado do conjunto acumulado de ideias, o cérebro humano nu é muito menos impressionante.

De fato, os antropólogos desenvolveram experimentos que buscam medir a capacidade cognitiva humana pura (ou seja, privada de acesso a informações cumulativas). Uma maneira de fazer isso é comparando crianças humanas de 2 anos com chimpanzés e outros primatas com idades semelhantes. Nesse estágio de desenvolvimento, as crianças humanas absorveram bastantes informações de seus pais, mas muito menos do que os filhos entre 5 e 10 anos. Um estudo realizado por pesquisadores do Instituto de Antropologia Evolucionária de Leipzig comparou a memória espacial de crianças humanas (de 2,5 anos), chimpanzés e orangotangos (os sujeitos precisavam se lembrar da localização de um objeto), a causalidade (avaliação de formas e sons) e outras tarefas cognitivas. Os resultados foram praticamente idênticos em todos os desafios. Os humanos e os chimpanzés apresentaram resultados semelhantes, com os orangotangos ligeiramente atrás.

A única tarefa em que os seres humanos se destacaram foi a aprendizagem social. Os indivíduos observaram um demonstrador usar uma técnica complexa para extrair alimentos de um tubo estreito. As crianças adotaram a técnica e conseguiram aplicá-la em seguida. Os outros primatas não conseguiram entender o que haviam visto ou aplicá-lo. Henrich escreve:

> No subteste de aprendizado social, a maioria dos humanos de 2,5 anos obteve resultado de 100%, enquanto a maioria dos macacos obteve 0%. No geral, esses achados sugerem que a única capacidade cognitiva excepcional que as crianças possuem em comparação com a de dois grandes macacos se relaciona ao aprendizado social e não ao espaço, quantidades ou causalidade.

Parece controverso, mas justifica o que aprendemos. Os seres humanos são inteligentes porque evoluíram para se conectar com outros cérebros. É por isso que uma criança humana com 9 anos supera qualquer outro primata de qualquer idade em praticamente qualquer tarefa cognitiva. O conhecimento absorvido pelos adultos mune o cérebro com uma capacidade incrível.

Chimpanzés e orangotangos não ficam mais inteligentes à medida que envelhecem. Quando seus cérebros atingem a maturidade, aos 3 anos, é o mais longe que irão. Não há cérebro coletivo para se conectar, nem corpus de ideias, nem cultura cumulativa. E, mesmo que houvesse, eles não desenvolveram as capacidades mentais para extrair essas informações de outros animais, porque em sua história evolutiva não houve pressão de seleção para desenvolver tais capacidades.

Michael Muthukrishna resume: "Por que os seres humanos são tão diferentes de outros animais? Não é por causa do hardware. Não são esses cérebros gigantes que nos tornam mais inteligentes. Na verdade, alguns chimpanzés nos vencem em tarefas básicas de memória de trabalho. O que nos diferencia de outros animais é nosso cérebro coletivo." Kevin Laland escreve: "O sucesso da humanidade às vezes é creditado a nossa inteligência, mas [as ideias] são realmente o que nos torna inteligentes. A inteligência não é irrelevante, obviamente, mas o que destaca nossa espécie é a capacidade de usar nossas percepções e conhecimentos e desenvolver as soluções uns dos outros."[3]

Essa análise parece depreciativa do cérebro humano individual. Afinal, é considerada a entidade mais complexa do universo científico. Nós nos orgulhamos de nossa capacidade de cognição e processamento. Mas o argumento subjacente pode ser feito usando o próprio cérebro como metáfora. O cérebro é composto de inúmeros neurônios e axônios. É um sistema complexo composto de uma infinidade de partes. No entanto, a inteligência do cérebro não surge da inteligência de suas partes. Nenhum neurônio é responsável por apresentar uma percepção. Pelo contrário, o poder do cérebro é baseado na interação de suas partes. Como Marvin Minsky escreve em *A Sociedade da Mente*: "Você pode construir uma mente a partir de diversas partes pequenas, ainda que não representem uma mente em si."

O cérebro individual está para o cérebro coletivo assim como o neurônio está para o cérebro individual. A metáfora não é precisa, pois os cérebros individuais têm ideias por conta própria. Ao contrário dos neurônios, eles não são burros. Mas o conceito permanece: se estamos operando no tempo histórico (medido em minutos, horas, anos e séculos) ou no tempo evolutivo (medido em centenas de milhares de anos), o desenvolvimento humano depende da maneira como diversos cérebros interagem muito mais do que dos próprios cérebros em si.

Ficamos com uma visão interessante. Nossa espécie é a mais formidável do planeta, não porque somos formidáveis individualmente, mas porque somos coletivamente diversos. Reunindo diferentes percepções, conectando-nos entre gerações e recombinando ideias rebeldes, criamos inovações bastante impressionantes. É a nossa socialidade que impulsiona nossa inteligência, e não o contrário.

A diversidade não é apenas o ingrediente que impulsiona a inteligência coletiva dos grupos humanos, como também o ingrediente oculto que impulsionou o caminho evolutivo único de nossa espécie. Esse é, parafraseando Henrich, o segredo do nosso sucesso.

IV

Tendo analisado o quadro geral, vamos restringir o foco para ver mais maneiras de aplicar as lições deste livro à prática. Como podemos aproveitar a diversidade em nossos empregos e vidas? Examinaremos três aplicações finais, todas com relevância

O QUADRO GERAL 263

imediata para a maneira como vivemos, trabalhamos e estruturamos sociedades.

Viés Inconsciente

O viés inconsciente domina muitos debates contemporâneos sobre diversidade. Ele se refere à maneira como as pessoas são rejeitadas, não por falta de talento ou potencial, mas por fatores arbitrários, como raça ou gênero.

Talvez o exemplo mais intuitivo viés inconsciente tenha surgido nos anos 1970. Naquela época, as orquestras dos Estados Unidos (e de outros lugares) eram dominadas por homens. A justificativa era simples: aqueles que conduziam as audições pensavam que os homens eram, normalmente, melhores músicos. Eles insistiam que se tratava de meritocracia. Dizia-se que os homens eram melhores pianistas, violinistas etc.

Foi aí que Claudia Goldin, de Harvard, e Cecilia Rose, de Princeton, tiveram uma ideia: por que não realizar testes às cegas? Isso significava que os jurados ouviriam a música e avaliariam sua qualidade, mas não veriam o gênero dos músicos. Quando o teste foi realizado, as chances das mulheres de ser aprovadas na primeira rodada aumentaram em 50% e nas rodadas finais em 300%. Desde então, a presença de mulheres nas principais orquestras aumentou entre 5% e 40%.

O fascinante é que os recrutadores não perceberam que estavam discriminando mulheres até o teste ser feito. Só então perceberam que não avaliavam candidatos pela habilidade, mas pelo filtro de estereótipos sobre a aparência de um bom músico. A eliminação do viés não beneficiava apenas as músicas, mas também as orquestras. Eles recrutavam talentos, independentemente da aparência. O viés inconsciente tende a não se manifestar quando as diferenças entre os candidatos são óbvias. Afinal, por que um empregador escolheria deliberadamente um músico inferior? Isso prejudicaria a própria organização. É somente quando os candidatos têm habilidades semelhantes, quando o recrutador tem o que os psicólogos chamam de "espaço discricionário", que o viés inconsciente assume maior significado.

Tomemos como exemplo um estudo em que estudantes universitários foram atribuídos com a tarefa de decidir entre candidatos para um emprego. Quando os candidatos negros eram indiscutivelmente superiores aos candidatos brancos, eram quase sempre selecionados. O mesmo acontecia com os candidatos brancos. Foi somente quando os currículos eram semelhantes que o viés inconsciente aparecia. Nessa etapa, os alunos mostraram uma pequena, mas significativa, tendência aos candidatos brancos. Eles não o fizeram conscientemente, e ficaram surpresos quando o viés foi apontado a eles. Se qualquer decisão tivesse sido contestada em tribunal, a discriminação teria sido quase impossível de provar. E, no entanto, o estereótipo de que negros têm menor capacidade do que brancos influenciou a maneira como inconscientemente processavam os currículos.

As consequências cumulativas desses pequenos vieses são determinantes. Para percebê-los, é necessário passar por avaliações determinantes. Você precisa passar por um processo seletivo para conseguir uma vaga na equipe de debate da escola, estágio, universidade, garantir seu primeiro emprego, ser promovido e assim por diante. Esses são apenas os exemplos principais. As avaliações estão presentes em quase todas as interações diárias.

Agora, pense na matemática dessa sequência. Um viés de apenas 10% contra negros em 10 avaliações reduz a probabilidade de um deles ser aprovado em massivos 90%, número salientado por Scott Page. Considere também como isso gera incentivos perversos. Pois, para conquistar colocações, antes de mais nada, é necessário muito esforço e sacrifício, não apenas na escola e

O QUADRO GERAL   265

na universidade, mas além. O sucesso exige que se abra mão de momentos da vida pessoal, de inúmeras maneiras.[4]

E, no entanto, se a conquista associada a esses sacrifícios é tão gravemente diluída, por que alguém se daria ao trabalho de se esforçar? Roland Fryer, economista de Harvard, mostrou o quão distorcidas as oportunidades de acesso à educação podem ser para as minorias. Isso aponta o que ficou conhecido como viés estrutural: a maneira pela qual o legado de injustiça histórica, discriminação inconsciente e incentivos distorcidos reforça barreiras concretas contra certos indivíduos.

Desconstruir o viés inconsciente, portanto, não é apenas um primeiro passo importantíssimo para a criação de um sistema mais justo — é também o primeiro passo para criar uma sociedade mais inteligente coletivamente. Desconstruí-lo dá às pessoas de todas as origens a chance de buscar seus talentos, ampliando o conjunto de pessoas com o conhecimento para contribuir com nossos desafios mais prementes. O combate à discriminação estrutural deve estar próximo do topo de qualquer agenda política.

E isso nos leva de volta à audição às cegas da orquestra. Este foi um teste eficaz porque eliminou a subjetividade do recrutamento. Os vieses foram removidos pela própria avaliação. Eles também tiveram efeitos mais profundos, dando às aspirantes músicas do sexo feminino a confiança de que seu talento seria avaliado de maneira justa — conferindo, assim, um incentivo maior para obter as qualificações, antes de mais nada.

Em seu livro *What Works*, a acadêmica de Harvard Iris Bohnet oferece uma extensa análise de diferentes medidas para reforçar a objetividade das avaliações. Isso inclui currículos "cegos" (em que estão ausentes tipos de informações demográficas) e alteração da maneira como as empresas fazem recrutamentos, como anunciam cargos, onde publicam vagas, como avaliam candidatos, como criam listas curtas, como entrevistam e como fazem suas seleções finais.[5]

No entanto, embora eliminar o viés inconsciente seja uma técnica vital quando se trata de ampliar a inteligência coletiva, não basta. Reconsidere Bletchley Park. Suponha que os recrutadores tivessem se interessado em contratar matemáticos. Ao remover o viés inconsciente, poderiam identificar os principais matemáticos, em vez de ser corrompidos por estereótipos.

E, no entanto, isso não os ajudaria a encontrar especialistas e outras mentes idiossincráticas que se mostrariam cruciais para resolver o Enigma. A eliminação do viés inconsciente ajuda a encontrar os melhores indivíduos, independentemente de raça ou sexo. Mas não otimiza a diversidade cognitiva. Esses desafios são distintos. Grandes organizações precisam fazer os dois.

Shadow Boards

Outra maneira pelas quais as empresas de ponta estão aproveitando a diversidade é com o uso de "shadow boards". Elas consistem em jovens que aconselham executivos sobre decisões e estratégias importantes, atenuando, assim, as falhas associadas à idade. Afinal, cada um de nós cresceu em um determinado momento e absorveu um paradigma cultural e intelectual específico. Isso influencia a maneira como pensamos de tantas maneiras que podemos ficar inconscientes disso.

De fato, isso se aplica tanto à ciência quanto a qualquer outra coisa, um argumento que foi levantado pelo filósofo Thomas Kuhn. Os cientistas praticantes geralmente operam de acordo com um conjunto particular de suposições e teorias implícitas, algo que pode restringir o desenvolvimento de novas ideias. Foi isso que levou o grande físico Max Planck a dizer: "A ciência avança um funeral de cada vez."

O QUADRO GERAL

As shadow boards geralmente consistem em um grupo com os jovens mais capacitados de toda a organização, que contribuem regularmente para a tomada de decisões de alto nível. Isso permite que os executivos "alavanquem as ideias" dos grupos mais jovens e diversifiquem as perspectivas às quais estão expostos. Isso, por sua vez, gera um fluxo maior de ideias rebeldes.

Quem tem dificuldade com novas tecnologias e já se impressionou com a rapidez com que os mais jovens aprendem a dominá-las, compreende o significado de uma shadow board. Quem se surpreende com a diferença com que os jovens podem conceber problemas antigos também entende a lógica. E é por isso que não deve ser surpresa as empresas terem criado shadow boards, as integrado à tomada de decisões de alto nível e recebido grandes recompensas.

Um artigo da *Harvard Business Review* dos especialistas em administração Jennifer Jordan e Michael Sorell contrastou a sorte da Prada e da Gucci, duas grandes marcas de moda. Tradicionalmente, a Prada desfruta de altas margens, mas teve uma queda entre 2014 e 2017. Por quê? Um anúncio público em 2018 reconheceu que a empresa "demorou a perceber a importância dos canais digitais e dos 'influenciadores' de blogs online que influenciam o setor." O CEO Patrizio Bertelli disse: "Cometemos um erro."

Já a Gucci criou uma shadow board de jovens que interagem consistentemente com a equipe sênior. "Eles conversam sobre as questões nas quais o comitê executivo está focado e suas ideias 'servem de alerta para os executivos'. Desde então, as vendas da Gucci cresceram 136% — de 3,497 milhões de euros (FY2014) para 8,285 milhões de euros (FY2018) — um crescimento impulsionado em grande parte pelo sucesso de suas estratégias digitais e online. No mesmo período, as vendas da Prada caíram

268   IDEIAS REBELDES

11,5%, de 3,551 milhões de euros (FY2014) para 3,142 milhões de euros (FY2018)."[6]

Oferecer para Receber

A colaboração bem-sucedida requer uma atitude específica. É preciso estar disposto a oferecer ideias e compartilhar perspectivas para transmitir a sabedoria. É apenas dando que ganhamos a oportunidade, por sua vez, de receber. De fato, talvez a evidência mais significativa da crescente importância da diversidade seja que pessoas generosas estão se tornando cada vez mais bem-sucedidas.

Considere um estudo realizado com mais de 600 estudantes de medicina, que descobriu que os individualistas — aqueles focados no próprio progresso e que pouco se importavam com o dos outros — tiveram um desempenho muito bom em seu primeiro ano. Esses "recebedores" eram bons em extrair informações daqueles que os cercavam e, oferecendo pouco em troca, conseguiam se concentrar no próprio progresso. Aqueles que foram mais generosos com seu tempo e estavam dispostos a oferecer ideias aos colegas, os "ofertantes", foram deixados para trás.

Mas eis um fato curioso: no segundo ano, a coorte mais colaborativa alcançou os individualistas e, no terceiro ano, os ultrapassou. Ao final do curso, os ofertantes haviam obtido notas significativamente mais altas. A mentalidade colaborativa é um preditor do bom desempenho educacional mais do que o efeito do fumo nas taxas de câncer de pulmão.

O que aconteceu? Os ofertantes não haviam mudado, mas a estrutura do programa, sim. Adam Grant escreve em seu livro *Dar e Receber*:

> À medida que os alunos progridem na faculdade de medicina, passam de aulas independentes para rotações clínicas, estágios e atendimento ao paciente. Quanto mais avançam, mais seu sucesso depende do trabalho em equipe e do serviço. Enquanto os recebedores, às vezes, ganham papéis independentes, em que o desempenho provém apenas de resultados individuais, os ofertantes prosperam em papéis interdependentes, em que a colaboração é importante. À medida que a estrutura do trabalho de classe muda, os ofertantes se beneficiam de suas tendências de colaborar de maneira mais eficaz.

Este é um achado que continua reaparecendo nas ciências sociais: pessoas com uma abordagem ofertante estão prosperando. Essa não é uma regra absoluta: há vários exemplos de pessoas mais voltadas a receber, que odeiam compartilhar méritos, mas que, no entanto, alcançaram coisas maravilhosas. O mundo raramente se encaixa em categorias estabelecidas. Mas as evidências sugerem um padrão amplo em favor de uma abordagem ofertante. Também mostra que os ofertantes mais bem-sucedidos são estratégicos, buscando diversidade significativa e cortando colaborações se estiverem sendo explorados. Isso permite que se beneficiem da vantagem do trabalho em equipe bem-sucedido, enquanto reduzem a desvantagem dos parceiros que viajam livremente. Como um pesquisador colocou: "A atitude ofertante é um ativo poderoso quando aliada à inteligência social."

Essa disposição de ofertar e colaborar também tem efeitos a longo prazo. Você pode ver isso em um experimento liderado pelo professor Daniel Levin, da Rutgers Business School, quando pediu a mais de 200 executivos que reativassem contatos que estavam inativos por pelo menos 3 anos. Os sujeitos pediram conselhos a dois desses contatos sobre um projeto em andamento no trabalho. Eles foram solicitados a avaliar o valor desse conselho comparado a obter duas opiniões no mesmo projeto.

Quais contatos forneceram informações mais recentes, melhores ideias e soluções mais práticas? A resposta foi clara. Os laços inativos ofereceram conselhos com valor significativamente maior. Por quê? Precisamente porque estavam inativos, esses contatos não estavam operando nos mesmos círculos, ouvindo as mesmas histórias ou tendo as mesmas experiências. Os laços inativos estavam efetivamente oferecendo um bônus de diversidade — e isso conta muito.

As pessoas ofertantes são capazes de construir redes mais diversificadas. Elas têm uma variedade maior de vínculos adormecidos e têm acesso a um número maior de ideias rebeldes. Ao ofertar, desfrutam do maior alcance de ideias. Como disse um executivo: "Antes de contatá-los, pensei que não teriam muito a oferecer além do que já havia pensado, mas eu estava errado. Fiquei muito surpreso com as novas ideias."

A vontade de compartilhar, oferecer conhecimento e ideias criativas paga enormes dividendos em um mundo complexo. É o fator agregador da colaboração eficaz, não apenas no momento, mas ao longo do tempo. Os benefícios são compostos. Como Grant escreve: "De acordo com a sabedoria convencional, pessoas bem-sucedidas têm três coisas em comum: motivação, habilidade e oportunidade [...] [mas] existe um quarto ingrediente: o sucesso depende muito de como abordamos nossas interações com outras pessoas. Reivindicamos o máximo de valor possível para nós, ou contribuímos com valor? Acontece que essas escolhas têm consequências surpreendentes para o sucesso."

V

Hoje, estamos à beira de uma revolução. A diversidade é frequentemente abordada como uma distração politicamente correta, uma questão de moralidade e justiça social, mas não em desempenho e inovação. Com frequência, é debatida em termos vagos, em conversas. Nossa concepção de diversidade não é apenas incompleta, mas radicalmente defeituosa.

Somente quando começamos a absorver as verdades da ciência da diversidade é que nossa perspectiva começa a mudar. Começamos a enxergar a inteligência não apenas em função do brilho intelectual dos indivíduos, mas de sua diversidade coletiva. Vemos que a inovação não se trata meramente das ideias de determinadas pessoas, mas das redes que permitem sua recombinação. E vemos que o sucesso da humanidade tem menos a ver com cérebros individuais e mais a ver com as propriedades emergentes do cérebro coletivo.

Essas verdades conceituais também têm implicações práticas. Lembre-se de nossa discussão sobre homofilia. Observamos que ela funciona como uma força gravitacional invisível, levando equipes e instituições à homogeneidade. Inconscientemente, gostamos de estar cercados por pessoas que pensam da mesma maneira, compartilham nossas perspectivas, corroboram nossos preconceitos. É reconfortante e validador. Isso nos faz sentir individualmente inteligentes, mesmo que, coletivamente, nos tornemos cada vez mais estúpidos.

Contudo, poderia haver maneira mais poderosa de combater a homofilia do que pela compreensão da ciência da diversidade? Por que desejamos nos cercar de pessoas com a mesma opinião quando isso prejudica os objetivos do grupo? Por que gostamos da experiência de ter nossas opiniões corroboradas quando isso significa que não estamos aprendendo nada? Por que almejamos

IDEIAS REBELDES

culturas de conformidade quando isso silencia as ideias rebeldes que catalisam a inovação?

O próprio significado da colaboração muda quando começamos a pensar na diversidade sob outra perspectiva. A dissidência honesta não é perturbadora, mas imperativa. Opiniões divergentes não são vistas como ameaça à coesão social, mas como uma contribuição ao dinamismo social. Alcançar pessoas de fora em busca de novas ideias não é um ato de deslealdade, mas a forma mais esclarecida de solidariedade. Pois, sem a inovação impulsionada pela recombinação, como qualquer grupo pode acompanhar o ritmo de um mundo em rápida mudança?

Dito de outra maneira, você só constrói uma *cultura* de diversidade depois que compreende seus *conceitos*. A Bridgewater, um dos principais fundos de hedge do mundo, contrata funcionários sob a perspectiva holística. Eles praticam princípios que, entre outras coisas, articulam a ciência da diversidade. É por isso que as pessoas são consideradas leais não quando concordam, papagaiam e validam, mas quando honestamente discordam, desafiam e divergem. São aplaudidas não quando ficam rigidamente dentro dos limites institucionais, mas quando buscam novas ideias. Como Ray Dalio, fundador da Bridgewater, diz:

> Grandes culturas trazem à tona problemas e desentendimentos, e os resolvem bem. Adoram imaginar e construir grandes coisas que não foram construídas. Fazendo isso, sustentam sua evolução. Em nosso caso, fazemos isso implementando meritocracia, estimulando o esforço para desenvolver um trabalho e relacionamentos significativos por meio da verdade e transparência radical.

O que vale para as organizações também vale para as sociedades. Culturas que incentivam novas ideias, estimulam a dissidência e têm fortes redes pelas quais ideias rebeldes podem fluir inovam

O QUADRO GERAL 273

mais rapidamente do que as retidas por culturas de conformidade intelectual. Como Henrich colocou:

> Depois de entendermos a importância dos cérebros coletivos, começamos a ver por que as sociedades modernas variam em termos de inovação. Não é a esperteza dos indivíduos; é a vontade e a capacidade de um grande número de indivíduos na fronteira do conhecimento de interagir livremente, trocar pontos de vista, discordar, aprender um com o outro, colaborar, confiar em estranhos e estar errados. A inovação não demanda um gênio ou uma grande aldeia: é preciso apenas uma grande rede de mentes interagindo livremente.

Essas ideias têm sido associadas a pensadores e filósofos radicais desde pelo menos a época dos gregos antigos, mas hoje são apoiadas por teorias formais e amplas bases de dados. A contribuição da diversidade para o dinamismo das sociedades, nesse sentido, foi da intuição à ciência pesada. A diversidade é o ingrediente que nos ajuda a resolver nossos problemas mais prementes, de mudanças climáticas à pobreza, e nos liberta das câmaras de eco que desfiguram nosso mundo. John Stuart Mill, o filósofo inglês do século XIX que se destaca como um dos mais eloquentes defensores da diversidade, disse:

> Dificilmente é possível superestimar o valor, no atual estado de desenvolvimento humano ralo, de colocar os seres humanos em contato com pessoas diferentes de si mesmos e com modos de pensamento e ação diferentes daqueles com os quais estão familiarizados. Essa comunicação sempre foi, e é mais ainda atualmente, uma das principais fontes de progresso.

VI

Vamos terminar este livro onde começamos. Nos anos seguintes ao 11 de Setembro, a CIA começou a se conscientizar de sua homogeneidade incapacitante. Um sinal desse despertar foi a contratação de Yaya Fanusie, um muçulmano afro-americano que cresceu na costa oeste e se formou em economia pela Universidade da Califórnia, Berkeley, antes de ganhar uma bolsa de estudos da Fulbright e se pós-graduar em Columbia. Ele se converteu ao Islã aos 20 e poucos anos, devotando-se à religião. Entrevistei Fanusie em uma manhã de primavera, procurando aprender sobre suas experiências na CIA. Ele disse:

> Quando entrei para a agência, em 2005, estava no setor de análise econômica, não de contraterrorismo. De certa forma, isso fazia sentido, dada minha formação em economia. Só porque sou muçulmano não significa que deveria trabalhar no contraterrorismo jihadista. Mas cheguei à conclusão de que poderia fornecer ideias únicas, dada minha vivência. Após os atentados de 7 de julho em Londres, pedi para ser transferido para a seção de combate à Al-Qaeda.

Fanusie deixou sua marca. Depois de um breve período na Sala de Situação da Casa Branca, suas suspeitas foram despertadas por Anwar al-Awlaki, um pregador muçulmano norte-americano nascido no Novo México de pais iemenitas. Entre meados de 1990 e 2001, al-Awlaki havia sido um imã em Denver, San Diego e norte da Virgínia. Alguns dos homens-bomba do 11 de Setembro haviam rezado em suas mesquitas. Depois que deixou os Estados Unidos, em 2002, foi primeiro ao Reino Unido e depois ao Iêmen. Seus sermões se tornaram cada vez mais extremistas. Fanusie diz: "Ele era um ótimo contador de histórias, entrelaçando o inglês norte-americano com o árabe clássico. Suas palestras costumavam durar horas. Ele foi envolvido em uma trama de sequestro em 2006, quase exatamente no momento em que me mudei para o contraterrorismo. Ficou claro que ele estava focado em alcançar jovens muçulmanos ocidentais em particular." Fanusie realizou uma pesquisa extensa de seus sermões históricos, identificando sinais de alerta claros. Ele disse:

> Awlaki apresentou um argumento para os muçulmanos se juntarem à causa jihadista. Não eram argumentos aleatórios, como alguns supunham, mas diretrizes estratégicas. Percebi como ele estava adotando aspectos do ensino e adaptando-os, de maneira inteligente, para a psique do muçulmano ocidental millennial. Após sua libertação da prisão, fundou o próprio blog. Ele estava no modo de recrutamento completo, atraindo jovens muçulmanos dos EUA, da Europa e de outros lugares para o Iêmen. Ele literalmente os armava.
>
> Um seguidor nigeriano pôs fogo em sua cueca durante a véspera de Natal em Detroit, no terreno de uma companhia aérea falida. A comunidade da inteligência não entendeu bem como um major do Exército chamado Nidal Malik Hasan, conflituoso e torturado por seu papel nas Forças Armadas dos EUA, procurou Awlaki em busca de conselhos. E quando o major Hasan abriu fogo contra seus companheiros militares e mulheres em Fort Hood, matando 13 e ferindo dezenas, Awlaki postou em seu blog que Nidal Malik Hasan havia feito a coisa certa.

Fanusie — muçulmano devoto e norte-americano patriota — continuou a analisar os ensinamentos de al-Awlaki, percebendo a crescente ameaça que representava para o Ocidente. "Ele telegrafava seus passes em blogs e entrevistas na mídia, mas você precisava ler as entrelinhas. O importante era entender o que estava acontecendo, no que ele mirava, para que estivéssemos um passo à frente dele e pudéssemos frustrar suas aspirações."

Em abril de 2010, al-Awlaki foi colocado na lista de morte da CIA por Barack Obama. Em 30 de setembro de 2011, foi eliminado enquanto se escondia no sudeste do Iêmen, em uma investida realizada pelo Comando Conjunto de Operações Especiais sob a direção da CIA. Nessa época, o governo dos EUA acreditava que ele era uma das figuras mais perigosas do mundo, descrita por uma estação de rádio saudita como o "bin Laden da internet".

Em 2015, Scott Shane, repórter de segurança nacional do *New York Times* que escreveu o livro sobre al-Awlaki, *Operation Troy: A Terrorist, a President, and the Rise of the Drone*, disse:

> Ele foi, de longe, o recrutador falante de inglês mais popular e influente da Al-Qaeda e de toda a causa jihadista. Ele se tornou uma das vozes mais poderosas e eficazes que persuadia as pessoas a ingressar na Al-Qaeda. Ele meio que foi pioneiro em uma abordagem "faça você mesmo" de maneira muito explícita. Se você precisasse construir uma bomba, ele tinha artigos a respeito. De certa forma, foi o pioneiro do que vemos agora do Estado Islâmico, do ISIS, em termos de incentivar as pessoas no Ocidente a não aguardar instruções, mas a seguir em frente e propor um ataque.[7]

Perguntei a Fanusie sobre o caso da diversidade na inteligência. Ele afirmou:

> Costuma-se dizer nos círculos de inteligência que poucos candidatos minoritários se aplicam à CIA. Além disso, quando há candidatos com conexões estrangeiras significativas (cidadãos não norte-americanos) em seus antecedentes familiares, normalmente há preocupações

O QUADRO GERAL 277

de contraespionagem que afetam o processo de contratação. Os recrutadores tendem a escolher candidatos cujo histórico se relaciona com o deles, geralmente por causa de experiências, cultura e perspectivas comuns. Não é por acaso que fui recrutado por uma mulher negra.

Existe o risco de a contratação de diversos candidatos diluir a qualidade da CIA? Perguntei. Fanusie respondeu:

Você nunca deve contratar pessoas apenas por causa de sua origem cultural ou étnica. Esse é um erro perigoso. Porém, ao ampliar a rede de recrutamento, também ampliamos o conjunto de talentos. Isso aumenta a chance de contratar pessoas excepcionais que também são diferentes. E isso tem consequências indiretas. A maior presença de minorias entre a classe alta as incentiva a se candidatar, ampliando ainda mais a diversidade.

A CIA avançou rumo a uma diversidade substancial desde o 11 de Setembro, mas a questão continua a perseguir a agência. Um relatório interno, de 2015, foi condenatório sobre a falta de diversidade em cargos altos. Como John Brennan, então diretor, disse: "O grupo de estudo analisou minuciosamente nossa agência e chegou a uma conclusão inequívoca: a CIA precisa fazer mais para desenvolver um ambiente de liderança diversificado e inclusivo que nossos valores pregam e nossa missão exige."

Quanto a Fanusie, ele atualmente é membro sênior do Centro de Poder Econômico e Financeiro da Fundação para a Defesa das Democracias. Ele é um dos principais pensadores de inteligência, palestrante regular em conferências internacionais e fundador de um podcast que alterna belissimamente entre a própria jornada como muçulmano norte-americano negro e algumas das questões mais prementes da segurança global. Quando deixou a

278   IDEIAS REBELDES

CIA, em 2012, recebeu uma placa assinada por Michael E. Leiter, ex-diretor do Centro Nacional de Contraterrorismo.

A placa agradecia Fanusie com as seguintes palavras: "Você exerceu grande influência sobre o governo dos EUA."

SOLUÇÃO DAS PALAVRAS CRUZADAS

Palavras cruzadas 5.062

***Daily Telegraph*, 13 de janeiro de 1942**

¹T	R	²O	U	³P	E		⁴S	⁵H	O	⁶R	T	⁷C	U	⁸T
I		L		S				O		E		U		A
⁹P	R	I	V	E	T		¹⁰A	R	O	M	A	T	I	C
S		V		U		¹¹A		D		I		T		K
¹²T	R	E	A	D		¹³G	R	E	¹⁴A	T	D	E	A	L
A		O		¹⁵O	W	E		D			R			E
¹⁶F	E	I	G	N		¹⁷N	¹⁸E	W	¹⁹A	R	K			
F		L		Y		D	R		I		²⁰T		²¹S	
			²²I	M	²³P	A	L	E		²⁴G	U	I	S	E
²⁵S		²⁶E			E		²⁷A	S	H		N		N	
²⁸C	E	N	²⁹T	³⁰R	E	B	I	T		³¹T	O	K	E	N
A		A		O		O		H		N		L		I
³²L	A	M	E	D	O	G	S		³³R	A	C	I	N	G
E		E		I		I				I		N		H
³⁴S	I	L	E	N	C	E	R		³⁵A	L	I	G	H	T

AGRADECIMENTOS

Cresci com um pai nascido e criado no Paquistão e uma mãe do norte de Gales, então a diversidade é parte integrante de minha vida. A ideia para este livro começou a se formar quando percebi que a diversidade não se resume a raça ou origem cultural, mas tem implicações que abrangem tudo, dos negócios à política, e da história à biologia evolutiva.

Sou imensamente grato a um grupo de pessoas maravilhosamente diversificado que leram os primeiros rascunhos deste livro e ofereceram sugestões. Elas incluem Adil Ispahani, Leona Powell, Neil Lawrence, David Papineau, Michael Muthukrishna, Kathy Weeks, Andy Kidd, Priyanka Rai Jaiswal e Dilys Syed.

Também gostaria de agradecer a meu excelente editor, Nick Davies, e a meu agente, Jonny Geller. Recebi um grande apoio de meus colegas do *Times*, que é uma publicação maravilhosa para se trabalhar. Sou particularmente grato a Tim Hallissey, meu editor há mais de 15 anos.

As inspirações intelectuais para o livro são, como você espera, diversificadas, mas agradeço a dois pensadores, em particular. O trabalho de Joseph Henrich, professor de biologia evolutiva humana na Universidade de Harvard, influenciou o livro de várias maneiras, assim como o de Scott Page, professor de sistemas complexos, ciência política e economia da Universidade de Michigan, Ann Arbor. Gostaria de agradecer tanto pela leitura

282 IDEIAS REBELDES

dos rascunhos quanto pelo tempo dedicado a discutir as questões principais.

Uma das coisas mais maravilhosas ao escrever um livro desse tipo é entrar em contato com uma enorme variedade de livros, trabalhos de pesquisa e estudos de caso. Tentei fazer referência a tudo isso nas notas finais para quem deseja examinar tópicos específicos com mais profundidade, mas estes são alguns dos livros que particularmente me inspiraram: *The Secret of Our Success*, de Joseph Henrich; *The Difference and The Diversity Bonus*, de Scott E. Page; *Constructing Cassandra*, de Milo Jones e Philippe Silberzahn; *The End of Average*, de Todd Rose; *Into Thin Air*, de Jon Krakauer; *The Secrets of Station X*, de Michael Smith; *Regional Advantage*, de AnnaLee Saxenian; *Echo Chamber*, de Kathleen Hall Jamieson e Joseph N. Cappella; *Friend and Foe*, de Adam Galinsky e Maurice Schweitzer; *Invisible Women*, de Caroline Criado Perez; *The Blunders of Our Governments*, de Anthony King e Ivor Crewe; *Der Spiegel, Inside 9/11, Infotopia*, de Cass R. Sunstein; *A Mente Moralista*, de Jonathan Haidt; *What Works*, de Iris Bohnet; *Give and Take*, de Adam Grant; *Principles*, de Ray Dalio; *The Origins of Political Order*, de Francis Fukuyama; *The Rational Optimist*, de Matt Ridley; *Wiser*, de Cass Sunstein e Reid Hastie; *The Second Machine Age*, de Erik Brynjolfsson e Andrew McAfee; *Imagine*, de Jonah Lehrer; *Creative Conspiracy*, de Leigh Thompson; *Darwin's Unfinished Symphony*, de Kevin N. Laland; *Superforecasting*, de Philip Tetlock e Dan Gardner; *Social Physics*, de Alex Pentland; *Scale*, de Geoffrey West; *Hit Refresh*, de Satya Nadella; *The Geography of Thought*, de Richard E. Nisbett; *From Bacteria to Bach and Back*, de Daniel C. Dennett; e *The Logic of Scientific Discovery*, de Karl Popper.

Também agradeço às muitas pessoas que concordaram em ser entrevistadas para o livro ou que ajudaram de outras maneiras. Entre elas estão Milo Jones, Geoffrey West, Carol Dweck,

AGRADECIMENTOS

Jonathan Schulz, Duman Bahrami-Rad, Anita Woolley, Russell Lane, Satya Nadella, Matthew Stevenson, Michael Smith, Leigh Thompson, Yaya Fanusie, Ole Peters, Alex Adamou, Craig Knight, Eran Segal e Jeremy Mogford, e a maravilhosa equipe do Old Bank Hotel. Stuart Gent inspirou a ideia de usar diagramas no Capítulo 2. O Capítulo 5 foi amplamente influenciado pelas pesquisas do brilhante filósofo C. Thi Nguyen e da psicóloga Angela Bahns, bem como do livro *Rising Out of Hatred*, de Eli Saslow.

Acima de tudo, agradeço a Kathy, minha esposa, Evie e Teddy, meus filhos, e Abbas e Dilys, meus pais. Vocês são os melhores.

AGRADECIMENTOS AOS DETENTORES DOS DIREITOS AUTORAIS DAS IMAGENS

O autor e os editores agradecem aos seguintes pela permissão para usar material com direitos autorais:

As Figuras 1–6 foram desenhadas por Kathy Weeks.

Palavras cruzadas 5.062 do *Daily Telegraph*, 13 de janeiro de 1942 © Telegraph Media Group Limited 1942.

As Figuras 7 e 8 são de *The Sociology of Philosophies: A Global Theory of Intellectual Change*, de Randall Collins, Cambridge, Mass.: The Belknap Press of Harvard University Press, Copyright © 1988 pelo Presidente e Bolsistas da Harvard College.

A Figura 9 foi desenhada por Rodney Paull, adaptada de uma ilustração usada pelo Dr. Todd Rose em seu vídeo *The End of Average*.

Foram feitos todos os esforços razoáveis para rastrear os detentores de direitos autorais, mas, se houver algum erro ou omissão, a John Murray terá o prazer de inserir o reconhecimento apropriado em quaisquer impressões ou edições subsequentes.

NOTAS

1: Cegueira Coletiva

1. As fontes variam um pouco quanto à data precisa da inscrição de Moussaoui na academia de voo. Usamos a referência do Office of the Inspector General: https://oig.justice.gov/special/s0606/chapter4.htm

2. Para se aprofundar, veja http://edition.cnn.com/2006/US/03/02/moussaoui.school/index.html and http://edition.cnn.com/2006/US/03/02/moussaoui.school/index.html.

3. Bruce Hoffman, "The Modern Terrorist Mindset", in R. D. Howard e R. L. Sawyer (eds.), *Terrorism and Counterterrorism: Understanding the New Security* (McGraw-Hill, 2011). Veja também Milo Jones e Philippe Silberzahn, *Constructing Cassandra: Reframing Intelligence Failure at the CIA, 1947–2001* (Stanford Security Studies, 2013).

4. *The 9/11 Commission Report: Final Report of the National Commission on Terrorist Attacks Upon the United States* (W. W. Norton, 2004).

5. "Russian Files on Al Qaeda Ignored", *Jane's Intelligence Digest*, 5 de outubro de 2001.

288   IDEIAS REBELDES

6. https://www.researchgate.net/publication/223213727_I_Knew_ It_ Would_Happen_Remembered_Probabilities_of_Once-Future_Things.

7. Malcolm Gladwell, "Connecting the Dots: The Paradoxes of Intelligence Reform", *New Yorker*, 10 de março de 2003.

8. Amy B. Zegart, *Spying Blind: The CIA, the FBI, and the Origins of 9/11* (Princeton University Press, 2009).

9. Entrevista com o autor com fontes anônimas.

10. Milo Jones and Philippe Silberzahn, *Constructing Cassandra*.

11. https://www.tandfonline.com/doi/pdf/10.1080/08850600150501317?needAccess=true.

12. Entrevista com o autor.

13. Robert Gates, *From the Shadows: The Ultimate Insider's Story of Five Presidents and How They Won the Cold War* (Simon & Schuster,2008).

14. Milo Jones e Philippe Silberzahn, *Constructing Cassandra*.

15. Idem Ibidem.

16. https://www.youtube.com/watch?v=SbgNSk95Vk

17. Veja http://reasoninglab.psych.ucla.edu/KH%20pdfs/Gick Holyoak%281980%29Analogical%20Problem%20Solving.pdf.

18. http://reasoninglab.psych.ucla.edu/KH%20pdfs/Gick-Holyoak%281980%29Analogical%20Problem%20Solving.pdf.

19. Reni Eddo-Lodge, *Why I'm No Longer Talking to White People About Race* (Bloomsbury, 2017).

20. Sparber "Racial Diversity and Aggregate Productivity"; Florida e Gates "Technology and Tolerance: The Importance of Diversity to High-Tech Growth", *Research in Urban Policy*, 9:199–219, dezembro de 2003.

NOTAS 289

21. Para as empresas francesas, a diferença no retorno sobre o investimento não era significativa.

22. Citado em Philip Shenon, *The Commission: The Uncensored History of the 9/11 Investigation* (Twelve, 2008).

23. *The 9/11 Commission Report.*

24. Entrevista com o autor.

25. Michael Scheuer, *Through Our Enemies' Eyes: Osama bin Laden, Radical Islam, and the Future of America* (Potomac Books, 2003).

26. Milo Jones e Philippe Silberzahn, *Constructing Cassandra.*

27. John Miller e seus pares, que escreveram *The Cell: Inside the 9/11 Plot* (Hyperion, 2002), defendem o mesmo argumento com o eufemismo: A CIA "continuou ignorando, ou pelo menos subestimando, a amplitude e o poder do movimento fundamentalista de reforma islâmica que varre o Oriente Médio".

28. A única unidade especificamente encarregada de monitorar a Al Qaeda foi encaminhada para uma instalação no norte da Virgínia e seu chefe, marginalizado. Quando enviou um aviso ao chefe da CIA, foi rebaixado para bibliotecário júnior.

29. Pillar se referia a ataques nucleares, bacterianos e químicos, mas, como Jones e Silberzahn apontam, "falhou em apreciar a possibilidade de que o 'grande' terrorismo pudesse ser alcançado com abordagens convencionais". Veja *Constructing Cassandra* e também Paul Pillar, *Terrorism and U.S. Foreign Policy* (Brookings Institution Press, 2003).

30. Segundo outras fontes, bin Laden estava no Paquistão no momento dos ataques.

31. Grande parte da cronologia das ações dos terroristas do 11/9 é retirada de *Der Spiegel, Inside 9-11: What Really Happened* (St Martin's Press, 2002) e Lawrence Wright, *The Looming Tower: Al Qaeda's Road to 9/11* (Penguin, 2007).

32. *The 9/11 Commission Report.*

290 IDEIAS REBELDES

33. Havia muita ênfase no consenso e pouca na dissidência. Em seu livro *Spying Blind*, a acadêmica Amy Zegart identifica fraquezas estruturais na agência. Várias outras preocupações foram levantadas por estudiosos e amplamente reconhecidas, sobre a CIA.

2: Rebeldes Versus Clones

1. Veja http://aris.ss.uci.edu/~lin/52.pdf.

2. Anthony King e Ivor Crewe, *The Blunders of Our Governments* (Oneworld, 2013).

3. Anthony King e Ivor Crewe, *The Blunders of Our Governments*.

4. https://www.linkedin.com/pulse/forget-culture-fit-your-team-need-add-shane-snow.

5. James Surowiecki, *The Wisdom of the Crowds: Why the Many Are Smarter Than the Few* (Abacus, 2005).

6. https://www.researchgate.net/publication/232513627_The_Differential_Contributions_of_Majority_and_Minority_Influence.

7. Scott E. Page, *The Diversity Bonus: How Great Teams Pay off in the Knowledge Economy* (Princeton University Press, 2017).

8. Scott E. Page, *The Difference: How the Power of Diversity Creates Better Groups, Firms, Schools, and Societies* (Princeton University Press, 2007).

9. https://www.sciencenews.org/blog/scicurious/women-sports-are-often-underrepresented-science.

10. Michael Smith, *The Secrets of Station X: How the Bletchley Park Codebreakers Helped Win the War* (Biteback, 2011).

11. Michael Smith, *The Secrets of Station X*.

12. Robin Denniston, *Thirty Secret Years, A. G. Denniston's Work in Signals Intelligence 1914–1944* (Polperro Heritage Press, 2007).

NOTAS

13. Michael Smith, *The Secrets of Station X.*

14. Sinclair McKay, *The Secret Life of Bletchley Park: The History of the Wartime Codebreaking Centre, de the Men and Women Who Were There* (Aurum Press, 2010).

15. Michael Smith, *The Secrets of Station X.*

16. Idem Ibidem.

17. https://www.telegraph.co.uk/history/world-war-two/11151478/ Could-you-have-been-a-codebreaker-at-Bletchley-Park.html.

18. https://www.telegraph.co.uk/history/world-war-two/11151478/ Could-you-have-been-a-codebreaker-at-Bletchley-Park.html.

19. Michael Smith, *The Secrets of Station X.*

3: Dissidência Construtiva

1. Jon Krakauer, *Into Thin Air: A Personal Account of the Mt. Everest Disaster* (Macmillan, 1997).

2. https://www.sheknows.com/entertainment/articles/1109945/ interview-jan-arnold-rob-halls-wife-everest/.

3. John Krakauer, *Into Thin Air.*

4. Edmund Hillary, *The View from the Summit* (Transworld, 1999).

5. Esses dados se aplicam à época da expedição ao Everest, de 1996.

6. Jon Krakauer, *Into Thin Air.*

7. Idem Ibidem.

8. https://www.thetimes.co.uk/article/everest-film-assassinates- -my-character-says-climber-87frkp3j87z

9. https://www.researchgate.net/publication/297918722_ Dominance _and_Prestige_Dual_Strategies_for_Navigating_ Social_Hierarchies

IDEIAS REBELDES

10. Argumento de Malcolm Gladwell em seu livro *Outliers: The Story of Success* (Allen Lane, 2008).

11. https://www.ncbi.nlm.nih.gov/pubmed/24507747.

12. https://www.bbc.co.uk/news/health-33544778.

13. https://www.bbc.co.uk/news/health-33544778.

14. https://repub.eur.nl/pub/94633/.

15. https://www.bbc.co.uk/news/business-39633499.

16. https://www.kaushik.net/avinash/seven-steps-to-creating-a-data-driven-decision-making-culture/.

17. Jon Krakauer, *Into Thin Air*.

18. *Storm Over Everest*, um filme de David Breashears.

19. Jon Krakauer, *Into Thin Air*.

20. Idem Ibidem.

21. *Storm Over Everest*, um filme de David Breashears.

22. *Idem Ibidem*.

23. *Idem Ibidem*.

24. Conversas com o autor.

25. Conversas com o autor. Veja também Leigh Thompson, *Creative Conspiracy: The New Rules of Breakthrough Collaboration* (Harvard Business Review Press, 2013). O trabalho de Thompson endossa a pesquisa de Anita Woolley, psicóloga da Universidade Carnegie Mellon, que liderou um experimento com mais de 78 grupos designados para diferentes tarefas, da criatividade à tomada de decisões. Os pesquisadores presumiram que as equipes com maior QI agregado teriam o melhor desempenho.

Outros dois fatores se revelaram mais importantes que o QI. Equipes em que os membros que falavam igualmente tinham um desempenho melhor do que as dominadas por uma ou duas vozes — os

NOTAS   293

pesquisadores chamam isso de "tomada de turno conversacional". O segundo fator foi a percepção social: as equipes tinham melhor desempenho quando seus membros sabiam ler uns aos outros. Elas tendiam a ter mais mulheres, que, em média, têm níveis mais altos de inteligência social.

Os resultados convencem. Quando uma pessoa está dominando, as ideias de outros membros da equipe são superlotadas. A percepção social também contribui para o fluxo de informações, garantindo que as perspectivas não sejam apenas expressas, mas entendidas. A inteligência emocional não se resume a ouvir o que alguém está dizendo, mas acarreta entender o que foi dito. Como Woolley diz: "Ter pessoas realmente inteligentes no grupo não era suficiente para formar um grupo inteligente. [...] O que impulsiona a inteligência coletiva é a maneira como o grupo interage. Quando interagiram de maneira eficaz, as pessoas excediam a capacidade dos membros individuais."

26. Cass Sunstein e Reid Hastie, *Wiser: Getting Beyond Groupthink to Make Groups Smarter* (Harvard Business Review Press, 2014).

27. Adam Galinsky e Maurice Schweitzer, *Friend and Foe: When to Cooperate, When to Compete, and How to Succeed at Both* (Crown, 2015).

28. https://journals.aom.org/doi/10.5465/ambpp.2017.313.

29. Adam Galinsky and Maurice Schweitzer, *Friend and Foe.*

30. Citado em Joseph Henrich, *The Secret of Our Success* (Princeton University Press, 2015).

31. O artigo seminal foi escrito por Henrich e Gil-White, https://www.ncbi.nlm.nih.gov/pubmed/11384884.

32. Conversas com o autor.

33. https://static1.squarespace.com/static/56cf3dd4b6aa-60904403973f/t/57be0776f7e0ab26d736060e/1472071543508/dominance-and-prestige-dual-strategies-for-navigating-social--hierarchies.pdf.

34. Conversas com o autor.

35. https://creighton.pure.elsevier.com/en/publications/psychological -safety-a-meta-analytic-review-and-extension.

36. https://rework.withgoogle.com/blog/five-keys-to-a-successful-go ogle-team/.

37. Conversas com o autor.

38. Conversas com o autor.

39. https://www.linkedin.com/pulse/ beauty-amazons-6-pager-brad-porter.

40. Conversas com o autor.

41. Citado em Adam Grant, *Originals: How Non-Conformists Change the World* (W. H. Allen, 2017).

42. https://www.pnas.org/content/112/5/1338.

43. Adam Galinsky e Maurice Schweitzer, *Friend and Foe*.

44. Idem Ibidem. Curiosamente, embora a hierarquia tenha levado a mais fatalidades, também levou mais montanhistas a chegar ao cume. Por quê? Quando falei com Anicich, o pesquisador principal, ele disse que isso dependia do contexto. O domínio funciona quando as condições são estáveis e o trabalho em equipe tem a ver com coordenação e velocidade. Quando as condições são complexas e mudam, no entanto, o domínio sombreia o perigo. "É quando um líder precisa ouvir as perspectivas da equipe", disse ele.

45. https://www.researchgate.net/publication/51169484_ Differences_ Between_Tight_and_Loose_Cultures_A_33-Nation_Study.

46. Stephen Sales, "Economic Threat as a Determinant of Conversion Rates in Authoritarian and Nonauthoritarian churches", *Journal of Personality and Social Psychology*, setembro de 1972, 23(3), pp. 420–8.

NOTAS

47. https://www.independent.co.uk/news/obituaries/obituary-rob-
-hall-1348607.html.

48. É provável que Harris e Hansen estivessem mortos quando Hall falou suas últimas palavras. Veja também Jon Krakauer, *Into Thin Air*.

4: Inovação

1. Oan Morris, *Why the West Rules – For Now: The Patterns of History and What They Reveal About the Future* (Profile, 2011).

2. Erik Brynjolfsson e Andrew McAfee, *The Second Machine Age: Work, Progress, and Prosperity in a Time of Brilliant Technologies* (W.W. Norton, 2014).

3. Brynjolfsson e McAfee, *The Second Machine Age*.

4. Andrew McAfee e Erik Brynjolfsson, *Machine, Platform, Crowd: Harnessing Our Digital Future* (W. W. Norton, 2017).

5. Shaw Livermore, "The Success of Industrial Mergers", *Quarterly Journal of Economics*, Vol. 50, Ed. 1, novembro de 1935, pp.68–96.

6. https://www.researchgate.net/publication/24092915_The_Decline_of_Dominant_Firms_1905–1929.

7. https://abcnews.go.com/Travel/suitcase-
-wheels-turns-40-radical-idea-now-travel/
story?id=11779469.

8. McAfee e Brynjolfsson, *Machine, Platform, Crowd*.

9. Matt Ridley, *The Rational Optimist: How Prosperity Evolves* (4th Estate, 2010).

10. https://insight.kellogg.northwestern.edu/article/a_virtuous_mix_allows_innovation_to_thrive.

11. https://insight.kellogg.northwestern.edu/article/a_virtuous_mix_allows_innovation_to_thrive.

12. https://royalsocietypublishing.org/doi/full/10.1098/rsif.2015.0272.

13. Scott E. Page, *The Diversity Bonus*.

14. Veja Brynjolfsson e McAfee, *The Second Machine Age*.

15. Idem Ibidem.

16. http://startupsusa.org/fortune500/.

17. https://pubs.aeaweb.org/doi/pdfplus/10.1257/jep.30.4.83

18. https://www.kauffman.org/what-we-do/resources/entrepreneurship-policy-digest/the-economic-case-for-welcoming-immigrant-entrepreneurs.

19. https://www.hbs.edu/faculty/Publication%20Files/17-011_da2c-1cf4-a999-4159-ab95-457c783e3fff.pdf.

20. https://www.kauffman.org/~/media/kauffman_org/resources/2015/entrepreneurship%20policy%20digest/september%202015/the_economic_case_for_welcoming_immigrant_entrepreneurs_updated_ september_2015.pdf.

21. McAfee e Brynjolfsson, *Machine, Platform, Crowd*.

22. Veja também Erik Dane "Reconsidering the Trade-off Between Expertise and Flexibility", *Academy of Management Review*, Vol. 35, Nº 4, pp. 579–603.

23. https://www.sciencedirect.com/science/article/pii/S0883902616300052.

24. https://www.apa.org/pubs/journals/releases/psp9651047.pdf.

25. https://www.squawkpoint.com/wp-content/uploads/2017/01/Identification-of-scientists-making-long%E2%80%90term-high%E2%80%90impact-contributions-with-notes-on-their-methods-of-working.pdf.

26. https://www.psychologytoday.com/files/attachments/1035/arts--foster-scientific-success.pdf.

NOTAS

27. https://www.forbes.com/sites/catherinewines/2018/09/07/why-immigrants-are-natural-entrepreneurs/.

28. https://blog.aboutamazon.co.uk/company-news/2018-letter-to-shareholders.

29. https://www.weforum.org/agenda/2016/11/introducing-a-new--competition-to-crowdsource-a-more-inclusive-economy/.

30. Matt Ridley, *The Rational Optimist*.

31. Veja Steven Johnson, *Where Good Ideas Come From: The Seven Patterns of Innovation* (Allen Lane, 2010).

32. Randall Collins, *The Sociology of Philosophies: A Global Theory of Intellectual Change* (Belknap Press, 1998).

33. Randall Collins, *The Sociology of Philosophies*.

34. https://royalsocietypublishing.org/doi/full/10.1098/rstb.2015.0192

35. Steven Johnson, *Where Good Ideas Come From*.

36. https://royalsocietypublishing.org/doi/full/10.1098/rspb.2010.0452.

37. Joseph Henrich, *The Secret of Our Success*.

38. Idem Ibidem.

39. Joseph Henrich e Michael Muthukrishna argumentam que as diferenças no QI individual são uma propriedade emergente do cérebro coletivo. Veja "Innovation in the Collective Brain", *Philosophical Transactions of the Royal Society*, 19 de março de 2016.

40. Joseph Henrich, *The Secret of Our Success*.

41. AnnaLee Saxenian, *Regional Advantage: Culture and Competition in Silicon Valley and Route 128* (Harvard University Press, 1994).

42. AnnaLee Saxenian, *Regional Advantage*.

298 IDEIAS REBELDES

43. Glenn Rifkin e George Harrar, *The Ultimate Entrepreneur: The Story of Ken Olsen and Digital Equipment Corporation* (Contemporary Books, 1988).

44. AnnaLee Saxenian, *Regional Advantage*.

45. Idem Ibidem.

46. Tom Wolfe, "The Tinkerings of Robert Noyce: How the Sun Rose on the Silicon Valley", *Esquire*, dezembro de 1983.

47. Walter Isaacson, *Innovators: How a Group of Inventors, Hackers, Geniuses and Geeks Created the Digital Revolution* (Simon & Schuster, 2014).

48. https://www.cnet.com/news/steve-wozniak-on-homebrew-computer-club/.

49. AnnaLee Saxenian, *Regional Advantage*.

50. https://www.vox.com/2014/12/9/11633606/techs-lost-chapter--an-oral-history-of-bostons-rise-and-fall-part-one.

51. AnnaLee Saxenian, *Regional Advantage*.

52. http://djcoregon.com/news/2012/06/19/building-20-what-made--it-so-special-and-why-it-will-probably-never-exist-again/.

53. Outra linha de pesquisa é conduzida pelos teóricos das redes. Um estudo famoso, de Sandy Pentland, do MIT, analisou o eToro, uma plataforma para traders financeiros. Os usuários podem procurar negociações, portfólios e o desempenho anterior, e copiar as ideias de negociação se acharem que isso aumentará os próprios lucros. Pentland e seus colegas coletaram dados de 1,6 milhão de usuários, rastreando quase tudo sobre suas trocas e o retorno financeiro.

Eles descobriram que os traders isolados na rede tinham um desempenho ruim. Tinham "parcas oportunidades de aprendizado social porque tinham poucos vínculos com os outros". Mas descobriram que as pessoas altamente interconectadas também tinham um desempenho ruim. Por quê? Porque entravam em uma rede de loops de feedback, de modo que ouviam as mesmas ideias repetidamente. Ficavam presas em câmaras de eco.

Foram os traders cujas redes os expuseram a novas ideias, não ideias obsoletas recicladas, que tiveram o melhor desempenho. De fato, remodelando sutilmente a estrutura da rede e oferecendo pequenos incentivos para tirar as pessoas das câmaras de eco, a Pentland conseguiu aumentar o retorno financeiro de toda a rede. "Ao reduzir o fluxo de ideias para viabilizar maior diversidade, transferimos a rede social de volta a seu ponto ideal e aumentamos o desempenho médio", disse ele.

54. Esses pontos sobre inovação recombinante no futebol também foram apresentados na minha coluna para o *Times*: https://www.thetimes.co.uk/article/why-english-footballs-reluctance-to-embrace-idea-sex-is-stopping-the-game-from-evolving-gs75vb30v.

55. Owen Slot, *The Talent Lab: How to Turn Potential Into World-Beating Success* (Ebury, 2017).

56. Owen Slot, *The Talent Lab.*

57. https://www.open.edu/openlearn/history-the-arts/history/history-science-technology-and-medicine/science-the-scottish-enlightenment/content-section-3.1.

58. https://www.open.edu/openlearn/ocw/mod/oucontent/view.php?id=1944&printable=1.

5: Câmaras de Eco

1. https://usatoday30.usatoday.com/life/2001-07-16-kid-hate-sites.htm.

2. https://www.splcenter.org/20140331/white-homicide-worldwide.

3. http://nymag.com/intelligencer/2019/04/ex-white-nationalist--says- they-get-tips-from-tucker-carlson.html.

IDEIAS REBELDES

4. Veja Eli Saslow, *Rising Out of Hatred: The Awakening of a Former White Nationalist* (Doubleday, 2018). Veja também: https://iop.harvard. edu/forum/im-not-racist-examining-white--nationalist-efforts-normalize-hate https://www.youtube.com/watch?v=LMEG9jgNj5M.

5. Dados da acadêmica Angela Bahns; correspondência pessoal.

6. https://www.ncbi.nlm.nih.gov/pubmed/26828831.

7. Dados de Bahns, medidos em 2009.

8. Conversas com o autor.

9. http://www.columbia.edu/~pi17/mixer.pdf.

10. Eli Pariser, *The Filter Bubble: What the Internet is Hiding from You* (Viking, 2011).

11. https://qz.com/302616/see-how-red-tweeters-and-blue-tweeters--ignore-each-other-on-ferguson/.

12. https://pdfs.semanticscholar.org/e05f/05f773c9fc3626fa20f9270e6cefd89950db.pdf e https://arxiv.org/abs/1903.00699.

13. https://www.ncbi.nlm.nih.gov/pmc/articles/PMC6140520/.

14. https://www.tandfonline.com/doi/pdf/10.1080/1369118X.2018.1428656.

15. Kathleen Hall Jamieson e Joseph N. Cappella, *Echo Chamber: Rush Limbaugh and the Conservative Media Establishment* (Oxford University Press Inc., 2010).

16. https://aeon.co/essays/why-its-as-hard-to-escape-an-echo--chamber-as-it-is-to-flee-a-cult.

17. Idem Ibidem.

18. Idem Ibidem.

19. Idem Ibidem.

20. Eli Saslow, *Rising Out of Hatred*.

NOTAS 301

21. Para grande parte dos detalhes biográficos desta seção, Veja Eli Saslow, *Rising Out of Hatred*.

22. https://www.splcenter.org/sites/default/files/derek-black-letter--to- mark-potok-hatewtach.pdf.

23. https://philpapers.org/rec/HINTFO-3.

24. John Locke, *An Essay Concerning Human Understanding* (Clarendon Press, 1975).

6: Além da Média

1. Material sobre Eran e Keren Segal retirado de uma entrevista pessoal; veja também Eran Segal e Eran Elinav, *The Personalized Diet: The Revolutionary Plan to Help You Lose Weight, Prevent Disease and Feel Incredible* (Vermilion, 2017).

2. Todd Rose, *The End of Average: How to Succeed in a World that Values Sameness* (Penguin, 2017).

3. http://www.accident-report.com/Yearly/1950/5002.html

4. Todd Rose, *The End of Average.*

5. Idem Ibidem.

6. Idem Ibidem.

7. A. Wrzesniewski, Berg, J. M., Grant, A. M., Kurkoski, J. e Welle, B., "Dual mindsets at work: Achieving long-term gains in happiness". Artigo de 2017.

8. Adam Grant, *Originals.*

9. Conversas com o autor.

10. Conversas com o autor.

11. https://www.ncbi.nlm.nih.gov/pubmed/26590418.

12. Os detalhes deste capítulo foram extraídos de entrevistas com Segal e outros, além de Eran Segal e Eran Elinav, *The Personalized Diet.*

302 IDEIAS REBELDES

13. Entrevista com o autor.

14. Todd Rose e Ogi Ogas, *Dark Horse: Achieving Success Through the Pursuit of Fulfillment* (HarperOne, 2018).

15. Ellwood Cuberley, *Public School Administration: A Statement of the Fundamental Principles Underlying the Organization and Administration of Public Education* (1916).

16. https://www.edsurge.com/news/2018-07-31-6-key-principles--that -make-finnish-education-a-success.

17. Caroline Criado Perez, *Invisible Women: Exposing Data Bias in a World Designed for Men* (Kindle edition, 2019).

18. https://www.ncbi.nlm.nih.gov/pubmed/12495526.

19. Todd Rose, *The End of Average*.

20. Entrevista com o autor.

21. https://adobe99u.files.wordpress.com/2013/07/2010+jep+space+experiments.pdf.

22. Alguns dos mais recentes foram liderados por Tim Spector, epidemiologista do King's College, Londres.

7: O Quadro Geral

1. Kevin N. Laland, *Darwin's Unfinished Symphony: How Culture Made the Human Mind* (Princeton University Press, 2017).

2. Entrevista com o autor. Veja também Joseph Henrich, *The Secret of Our Success*.

3. Kevin N. Laland, *Darwin's Unfinished Symphony*.

4. Discuti esse aspecto do racismo em uma coluna do *Times*: https://www.thetimes.co.uk/article/black-players-helped-to-fight-racism-now-game-needs-them-in-positions-of-power-592jgc078.

NOTAS 303

5. Outra maneira de remover o viés é usar algoritmos para tomar decisões de contratação ou, no mínimo, reduzir a lista de candidatos. Afinal, as máquinas não estão sujeitas aos estereótipos que influenciam o julgamento humano. Ao menos, na teoria.

Na verdade, como a autora Cathy O'Neil mostrou em seu livro *Weapons of Math Destruction* (Penguin, 2017), os algoritmos refletem os preconceitos existentes nas sociedades. Ela relata o caso da Gild, uma startup norte-americana que analisa milhões de pontos de dados para avaliar a adequação de candidatos a empregos, principalmente no setor de tecnologia. Um preditor de sucesso no trabalho é o quão bem integrado um codificador está com a comunidade de codificação. Aqueles com maior número de seguidores obtêm uma pontuação mais alta, assim como aqueles conectados a codificadores influentes.

Mas, ao procurar correlações, o algoritmo Gild também encontra outros padrões. Acontece, por exemplo, que frequentar um site de mangá japonês é um "preditor sólido de codificação forte". Aparentemente, parece uma informação útil para qualquer empresa que deseje recrutar os melhores programadores.

No entanto, considere os efeitos sobre o gênero. As mulheres, em média, realizam 75% do trabalho não remunerado do mundo. Uma codificadora talentosa pode, portanto, esperar, em média, ter menos tempo para passar horas em sites como mangá. E se o conteúdo do site não for adequado para mulheres, é menos provável que o visite. Como O'Neil diz: "Se, como a maior parte da tecnologia, esse site de mangá é dominado por homens e tem um tom sexista, um bom número de mulheres da indústria provavelmente o evitará."

Isso significa que um algoritmo que reduz a pontuação relativa de pessoas que não visitam esses sites retornará um viés injusto contra codificadoras talentosas. "Gild, sem dúvida, não pretendia criar um algoritmo que discriminasse as mulheres", escreveu Caroline Criado Perez. "Eles pretendiam remover preconceitos humanos. Mas, se você não estiver ciente de como esses vieses operam, se não estiver coletando dados e demorando um pouco para produzir processos baseados em evidências, continuará a perpetuar cegamente as injustiças antigas. E, portanto, sem considerar as diferenças do cotidiano das mulheres e dos homens, muitas e muitas vezes, os codificadores de Gild criaram inadvertidamente um algoritmo com um viés oculto contra as mulheres."

6. https://hbr.org/2019/06/why-you-should-create-a-shadow-board-of-younger-employees.

7. https://www.npr.org/2015/09/14/440215976/journalist-says-the-drone-strike-that-killed-awlaki-did-not-silence-him.

ÍNDICE

Símbolos

11 de Setembro 4

A

Abdul Basit 30
Abordagem de prestígio 117
Acessibilidade 22
Acrônimo HiPPO 95
Adam Grant 23
Adam Smith 171
Adaptação metabólica persistente 212
Ad hominem 203
Agilidade mental 233
Agrupamento de conhecimento
   definição 64
Alan Turing 75
Algoritmos 184
Al-Qaeda 4, 26, 117, 274
Altair 8800 162
Amazon 118
Ambiente VUCA 90
American Dietetic Association 210
Angela Bahns 179
Apple 162
Aprendizado
   de máquina 68
   multidisciplinar 237
Aprendizagem social 260
Aristóteles 47
Assimilação 53
Autodepreciação 115
Autonomia 243
Avião

arma 5
Ayman al-Zawahiri 5, 31

B

Ballazs Szatmari 95
Barack Obama 176
Baruch Fischhoff 6
Bernard Sadow 133
Bletchley Park 74, 266
Bolhas
   de informação 186, 200
      vs câmaras de eco 188
   intelectuais 184
Brainstorming 119
Brainwriting 119
Brian Uzzi 14
Bridgewater 120

C

Call center 235
Câmaras de eco 187, 200, 273
   ideológicas 183
   políticas 249
   vs bolhas de informação 188
Capacidade
   cognitiva 96, 147
   mental 261
Capitólio dos EUA 5
Carmen Medina 34
Cascata de informações
   definição 108
Cegueira
   conceitual 55, 57
   de perspectiva 21, 23, 57

306 IDEIAS REBELDES

Cérebro 252
  coletivo 152, 183, 253, 271
  individual 253, 262, 271
Chad Sparber 65
Charlan Nemeth 62, 117
Charles Darwin 69, 143
CIA 4, 35, 46
Ciência 165
  da diversidade 236, 250, 271
  da previsão 58
Cillies 76
Coesão social 272
Colaboração 272
Combinação rebelde 138
Compartilhamento
  de ideias 148
  de informações 111
Conectividade 149
Conformidade intelectual 47
Controle compensatório 123
Criatividade 134
Crise dos Mísseis Cubanos 36
Cultura 136
  cumulativa 254, 261
  de conformidade 272
Cumulonimbus 100

D

David Dudley Bloom 129
David Foster Wallace 21
David Sheepshanks 41
DayTwo 243
Derek Black 190
Desastre do Everest de 1996 88
Determinismo gradual 7, 33
Dieta 210, 234
Diferenças
  cognitivas 16
  culturais 17
Diferenciação 237
Dinâmica
  de dominação 95, 99, 106

Leigh Thompson 107
  de prestígio 116
  social 110
  vertical 159
Dinamismo social 272
Dióxido de carbono
  descoberta 171
Discriminação estrutural 265
  combate à 265
Dispositivo de criptografia 74
Distância conceitual 144
Distribuição multimodal 217
Diversidade 9, 34, 111
  ciência 45, 51
  cognitiva 15, 61, 97, 120, 252
  coletiva 271
  das pessoas 223
  de etnia 165
  de experiências 50
  de gênero 45, 165
  de identidade 15
  de indivíduos 230
  demográfica 15, 65, 180
  de pensamentos 108, 119, 161
  falta 49
  humana 219
  mecanismo oculto da humanidade
    252
  racial 45, 65
  significado generalizado 67
  social 49
Donald Trump 11
Duplo risco 117

E

Edema pulmonar 87
Eletricidade 132
  eletrificação 132
Ellwood Cubberley 236
Emma Pierson 184
Empatia 116, 195
Encadeamento de viagens 56

ÍNDICE

Engenharia social 12
Entomologista 13
Era da pós-verdade 201
Eran Segal 210
Eric M. Anicich 120
Espaço
    discricionário 264
    do problema 66
Espelhamento 24, 44, 55
Estados autoritários
    ascensão 123
Estereótipos de gênero 117
Estupidez coletiva 47
Excelência 11

F

Facebook 138
Fake news 188, 201
Falácia do clone 249
    definição 63
Fertilização cruzada 170
Flexibilidade mental 144
Flexibilizar
    benefícios 235
    mundo do trabalho 235
    sistemas rígidos 238
Fluxo horizontal de informações 160
Força Aérea 216
Formação de crenças 189
Francesca Gino 22
Frank Flynn 22
Fred Fleitz 11

G

George Orwell 91
Geração Y 235
Glicose 224
    metabolismo 224
    taxa da, no sangue 224
Google 111, 220
Gradiente de autoridade acentuado
    93

Gradiente hierárquico 112
Grupos focais 68
Guerra Fria 10

H

Habib Zacarias Moussaoui 3
Habilidades
    cognitivas 155, 252
    transversais 237
Harmonia social 51
Herança dupla 255
Heron de Alexandria 148
Hierarquia 99, 111
    de dominância 90, 115, 120
        concorrência 115
        politicagem 115
        punhaladas nas costas 115
        quid pro quos 115
        vigilância 115
    íngreme 100
    social 113
Holística 63
Homebrew 162
Homofilia 8, 46, 165, 271
Homogeneidade 8, 33, 63
    incapacitante 274
Hosni Mubarak 6

I

Ian Morris 130
Ideias rebeldes 91, 107
Iluminismo 156, 170
    escocês 171
Imaginação coletiva 62
Imigrantes 142
Imposto comunitário 48, 52
Indivíduos
    de prestígio 115
    dominantes 115
Informações culturais 255
Inovação 134
    digital 138

308 IDEIAS REBELDES

incremental 135, 145
 recombinante 135, 209, 250
Instagram 138
Instrução adaptativa 237
Insularidade 168
Inteligência
 artificial 15, 68
 coletiva 14, 44, 78, 134, 262
  diversidade 262
 emocional 293
 social 293
Interconectividade social 253
Inversão de suposições 147
Isolamento social 183

J

Jacinda Ardern 117
Jack Soll 58
James Dyson 135
 aspirador de pó 135
Jane Goodall 69
Jeff Bezos 118, 145
Jihad 29
Jihadistas 30
Johan Cruyff 168
John Brennan 277
John Cleese 21, 70
John Stuart Mill 273
Jon Krakauer 98
Jon Maner 114
Jordan Peterson 90
Joseph Henrich 113, 252
J. R. R. Tolkien 76
Julgamento coletivo 58

K

Karl Popper 70
Katherine Phillips 24
Kenneth Williams 6
Ku Klux Klan 177

L

Lawrence Wright 26
Leigh Thompson 107
Líder
 dominante 116, 118
  punitivo 116
 prestigioso 118
 sábio 118

M

Mao Tsé-Tung 7
Matthew Stevenson 195
Mavis Batey 77
Médias 238
Melhores práticas 234
Memorando de Phoenix 6
Mentalidade
 colaborativa 268
 de forasteiro 144
 exterior 143
 interior 155
Meritocracia 64
Meritocracia de ideias 119
Michael Housman 231
Michael Michalko 147
Michele Gelfand 123
Microbioma intestinal 244
Milo Jones 4, 8, 35, 36
Modelo
 definição 59
Mohamed Atta 32
Monte Everest
 cume 83

N

Nacionalismo branco 198
Neurociência 239
Neurodiversidade 45
Nicholas Ridley 49, 51
Nutrição 210

ÍNDICE

O

Operação Barbarossa 74
Osama bin Laden 4, 25
Osmose social 53
Oxigênio
  descoberta 149

P

Padronização 219, 236, 244
Palavras cruzadas 77
Paradoxo da lista de casamentos 22
Parasitismo 203
Paredes epistêmicas 187
Patrick Jenkin 51
Paul Pillar 31
Paul Romer 148
Penalidades 117
Percepção social 293
Personalização 244
Perspectiva
  do indivíduo 250
  holística 13, 77, 152, 272
  relevante e sinérgica 66
Pesquisa
  de mercado 68
  organizacional 116
Peter Twinn 75
Philippe Silberzahn 4, 8
Philip Tetlock 20
Pilotos 216
Platão 47
Polarização 186
  política 187
Polinização cruzada 54
Politicamente correto 11
Ponto cego 51, 60, 69
Preço da presença 120
Prestígio 113, 115
Primatologia 69
Privacidade 165

Problema
  de comunicação desigual 107
  de inicialização 255
Produção em massa 236
Produtividade 23, 242
Propósito evolutivo 91
Psicologia
  da subordinação 97
  de status 91
  humana 54
Publicidade 65

Q

QI 218

R

Ray Dalio 120
Recombinação 142, 237
Reformular o paradigma 142
Relações sociais
  formação das 179
Reni Eddo-Lodge 21
Repercussão de informações 148
Reprodução sexual 135
Resiliência 145
Revolução
  agrícola 183
  Industrial 131, 147
  Iraniana 36
Rhona Flin 94
Richard Clarke 4
Richard E. Nisbett 16
Richard Holbrooke 26
Richard K. Betts 4
Richard Nixon 6
Rigidez articular 104
Robert Gates 10
Rob Hall 83, 98, 124
Ronald Reagan 4
Rush Limbaugh 187
Ruth Beyth 6

310   IDEIAS REBELDES

S

Sabedoria
  das multidões 59, 109, 250
  do grupo 59
Sandy Pitman 87
Sarah Blair Hrdy 69
Satya Nadella 117
Scott Page 15, 59, 68
Segurança
  nacional 11
  psicológica 116, 250
Seleção natural 252, 256
Senso
  comum 12, 15
  de propósito 98
Seres humanos 251
Shadow boards 266
Shane Snow 53
Silêncio de ouro 118
Simbolismo 27
Solomon Asch 109
Soma positiva 115
Sortimento refinado 250
Stanley Sedgewick 78
Steve Jobs 162, 166
Steve Wozniak 162
Stormfront 175

T

Takahiko Masuda 16
Taleban 29
Tarefas cognitivas 260
Tasmânia 154
Teoria das redes 250
Thomas Kuhn 266
Tim Berners-Lee 183
Tim Weiner 10
Todd Rose 216
Tomada
  de decisão 56

  mulheres em 56
  de turno conversacional 293
Tom Chivers 77
Tom Clancy 5
Tony Blair 43, 52
Trajetória evolutiva 252, 257
Transparência radical 120
Twitter 186

U

Uber 148
Universalismo 17

V

Vale do Silício 158
Vantagem
  competitiva 16
    sustentada 167
  estratégica 119
Variedade refinada 181
Viés
  estrutural 265
  inconsciente 263, 266
Voo 173 91
Vozes alternativas 187
Vulnerabilidade 189

W

Waymo 138
Waze 138
Winston Churchill 75
World Trade Center 5

Y

Yaya Fanusie 274
Yazid Sufaat 28

CONHEÇA OUTROS LIVROS DA ALTA LIFE

Todas as imagens são meramente ilustrativas.

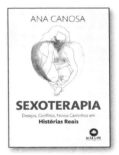

+ CATEGORIAS
Negócios - Nacionais - Comunicação - Guias de Viagem - Interesse Geral - Informática - Idiomas

SEJA AUTOR DA ALTA BOOKS!

Envie a sua proposta para: autoria@altabooks.com.br

Visite também nosso site e nossas redes sociais para conhecer lançamentos e futuras publicações!

www.altabooks.com.br

ALTA BOOKS
E D I T O R A

/altabooks ▪ /altabooks ▪ /alta_books

Este livro foi impresso nas oficinas gráficas da Editora Vozes Ltda.,
Rua Frei Luís, 100 – Petrópolis, RJ.